Bildungsmonitoring, Vergleichsstudien und Innovationen

Bildungsmonitoring, Vergleichsstudien und Innovationen

Von evidenzbasierter Steuerung zur Praxis

OECD/CERI-Regionalseminar für die deutschsprachigen Länder
in Potsdam (Deutschland) vom 25.–28. September 2007

Herausgeber:
Landesinstitut für Schule und Medien Berlin-Brandenburg
(LISUM, Deutschland)

Bundesministerium für Unterricht, Kunst und Kultur
(bm:ukk, Österreich)

Schweizerische Konferenz der kantonalen Erziehungsdirektoren
(EDK, Schweiz)

BWV • BERLINER WISSENSCHAFTS-VERLAG

Bibliografische Information der Deutschen Nationalbibliothek

Die Deutsche Nationalbibliothek verzeichnet diese Publikation in der Deutschen Nationalbibliografie; detaillierte bibliografische Daten sind im Internet über http://dnb.d-nb.de abrufbar.

ISBN 978-3-8305-1550-0

Mehrere Beiträge dieses Buchs wurden ins Englische übersetzt. Diese stehen zum Download bereit unter: http://www.bildung-brandenburg.de/ceri.html

Axel-Springer-Str. 54 a, 10117 Berlin
E-Mail: bwv@bwv-verlag.de, Internet: http://www.bwv-verlag.de

Umschlagmotiv: Lutz Hannemann, Internet: http://www.foto-hannemann.de

Redaktion: Agentur für Projekt- und Netzwerkmanagement,
Internet: http://www.agpronet.de

Das Regionalseminar sowie die Herausgabe dieses Werkes wurden vom Bundesministerium für Bildung und Forschung gefördert.

Vorwort

Vom 25. bis 28. September 2007 haben in Potsdam mehr als 80 Fachleute aus Wissenschaft, Bildungsverwaltung und Schule aus Deutschland, Österreich und der Schweiz Fragen der Innovationssteuerung im Bildungswesen diskutiert.

Die deutschsprachigen Länder der OECD führen seit 1977 alle zwei Jahre OECD/CERI-Regionalseminare durch. In einem Zyklus von sechs Jahren wurden in der Vergangenheit drei Seminare jeweils in einem anderen Land nach einem gemeinsamen Rahmenthema bearbeitet.

Das Potsdamer Seminar, es war das 16. seiner Art, durchbrach diesen Zyklus und wurde vom Gastgeber Deutschland, der das Bundesland Brandenburg mit der Ausrichtung beauftragt hatte, als Solitär vorbereitet. Der Grund war pragmatischer Natur: Im Ergebnis der Föderalismusreform und der Auflösung der Bund-Länder-Kommission für Bildungsplanung und Forschungsförderung vollzogen sich in Deutschland eine Reihe von strukturellen Veränderungen, die zeitweilig sogar die Zukunft dieser Seminare in Frage gestellt hatten. Um die erfolgreiche Zusammenarbeit der deutschsprachigen Länder nicht zu gefährden, aber auch um Handlungs- und Entscheidungsfreiheit für die Zukunft zu haben, entschied man sich für diese Lösung. So wird das Potsdamer Seminar als Brücke zwischen Tradition und Zukunft der OECD/CERI-Seminare in die Geschichte dieser Veranstaltungsreihe eingehen.

Unter dem etwas sperrigen Titel „Entstehung und Umsetzung von Innovationen im Bildungssystem als Konsequenz aus Bildungsmonitoring, Bildungsberichterstattung und vergleichenden Schulleistungsstudien – Möglichkeiten und Grenzen“ standen Fragen des Transfers – von Forschungsergebnissen aus Evaluationen und Bildungsmonitoring zur Implementierung in die Praxis von Schulen und Bildungseinrichtungen – im Mittelpunkt.

Drei wesentliche Ergebnisse lassen sich formulieren:

1. Empirische Bildungsforschung ist eine wesentliche Voraussetzung für die Verbesserung der Qualität in allen Bereichen der Bildung. Selbst die größten Datenmengen enthalten nicht die ganze Wahrheit über das System, es

bedarf der Interpretation und der klugen Schlussfolgerungen und Empfehlungen.

2. Netzwerke und überregionale Zusammenarbeit erhalten eine zunehmende Bedeutung. Österreich beispielsweise ist, bedingt durch seine Geschichte und geografische Lage, nicht nur Teil des tri-nationalen CERI-Arbeitszusammenhanges, sondern gehört auch zu einem Kreis südosteuropäischer Staaten, der sich mit Bildungsfragen beschäftigt. Deutschland wiederum steht nach der Neujustierung des Bund-/Länder-Gefüges im Bildungsbereich vor der Herausforderung, nationale wie internationale Kooperation unter veränderten Rahmenbedingungen weiterzuentwickeln und die Kompetenzen der KMK und ihrer Gremien neu zu gestalten. In der föderalen Schweiz schließlich ist Analoges auf Grundlage der revidierten Bildungsbestimmungen der Bundesverfassung im Gang und schlägt sich unter anderem in der umfassendsten Harmonisierung der obligatorischen Schule seit Gründung des Bundesstaates nieder.
3. Die Vermittlung der Methoden und Ziele innovativer Bildungskonzepte wird immer bedeutsamer. Dabei geht es um die Vermittlung von Forschungsergebnissen in die Politik, um Steuerungswissen zu generieren, aber gleichzeitig auch um Vermittlung in die Praxis der Schulen. Denn auch für Lehrerinnen und Lehrer muss der Wert von Begriffen wie ‚Standardisierung', ‚Monitoring', und ‚Evaluation' sichtbar sein, z. B. um bessere Lernergebnisse mit den Schülerinnen und Schülern zu erreichen und um die eigene berufliche Situation zu erleichtern.

Der vorliegende Dokumentationsband enthält die jeweiligen, für dieses Seminar verfassten Länderberichte, die Seminarreferate, den Bericht der Generalberichterstatterin sowie einen kurzen Rückblick auf die Zusammenarbeit der deutschsprachigen Länder im CERI-Kontext, die mittlerweile auf eine 30-jährige Vergangenheit zurückblicken kann.

Der Band ergänzt die Seminarwebsite www.bildung-brandenburg.de/ceri.html, auf der die Präsentationen der Referentinnen und Referenten zum Download bereitstehen.

Wir danken allen, die an der Vorbereitung, Durchführung und Nachbereitung des Seminars beteiligt waren. Ein besonderer Dank gilt dem Bundesministerium für Bildung und Forschung, Berlin, welches das Seminar in Potsdam finanziert hat und dem zu verdanken ist, dass mit dem hier vorgelegten

Band die Ergebnisse der Konferenz einer breiteren Öffentlichkeit zugänglich gemacht werden können.

Hans Ambühl, Generalsekretär, Schweizerische Konferenz der kantonalen Erziehungsdirektoren, Bern

Dr. Anton Dobart, Sektionschef, Bundesministerium für Unterricht, Kunst und Kultur, Wien

Dr. Jan Hofmann, Direktor, Landesinstitut für Schule und Medien Berlin-Brandenburg (LISUM), Ludwigsfelde

Inhalt

Entstehung und Umsetzung von Innovationen im Bildungssystem als Konsequenz aus Bildungsmonitoring, Bildungsberichterstattung und vergleichenden Schulleistungsstudien – Möglichkeiten und Grenzen

Petra Stanat

1 Ziele und Ablauf des Seminars

Internationale Schulleistungsstudien haben in den deutschsprachigen Ländern eine Reihe von Innovationen angestoßen, die dazu beitragen sollen, die Qualität der Bildungssysteme zu steigern und zu sichern. Hierzu gehören unter anderem Maßnahmen der quantitativen Erfassung von Bildungserträgen auf Systemebene (*Bildungsmonitoring*), eine kontinuierliche Bildungsberichterstattung sowie die verstärkte Förderung der Bildungsforschung. Mit diesen Maßnahmen ist die Erwartung verbunden, Hinweise auf Bedarf und Ansatzpunkte für die Optimierung der Systeme zu erhalten. Die Übersetzung von Ergebnissen des Bildungsmonitorings in Innovationen ist jedoch alles andere als trivial. So lassen sich anhand von Befundmustern aus Schulleistungsvergleichen kaum direkt Schlussfolgerungen darüber ableiten, an welchen Stellen Reformen ansetzen sollten. Weiterhin ist unklar, unter welchen Bedingungen sich beabsichtigte Innovationen umsetzen lassen, ob und in welcher Form sie in der Praxis ankommen und inwieweit sie tatsächlich zu den angestrebten Effekten führen. Neben erwünschten Effekten kann Steuerung auf der Grundlage von Bildungsmonitoring unter Umständen auch unerwünschte Nebenwirkungen zur Folge haben, etwa durch eine Verengung des Blicks auf solche Ziele des Bildungssystems, die sich relativ leicht überprüfen lassen. Darüber hinaus stellt sich die Frage, inwieweit internationale Schulleistungsvergleiche einer vorwiegend reaktiv agierenden Innovationskultur Vorschub leisten und welche Auswirkungen dies für die Bereitschaft und Fähigkeit des Systems hat, Innovationen aus sich selbst heraus zu initiieren und umzusetzen.

Im OECD/CERI-Regionalseminar der deutschsprachigen Länder, das vom 25. bis 28. September 2007 in Potsdam stattgefunden hat, wurde das Verhältnis zwischen Bildungsmonitoring, Bildungsforschung und Innovationen in Bildungssystemen analysiert. Die Tagung umfasste Vorträge, Podiumsdiskussionen, Diskussionen in Arbeitsgruppen sowie Praxisbesuche. Eröffnet wurde die Veranstaltung vom Leiter des Landesinstituts für Schule und Medien Berlin-Brandenburg (LISUM), Ludwigsfelde, Dr. Jan Hofmann, der für die Organisation der Tagung in Potsdam verantwortlich war. Es folgten Grußworte von Burkhard Jungkamp (Staatssekretär, Ministerium für Bildung, Jugend und Sport, Brandenburg und Mitglied der Amtschefskommission „Qualitätssicherung in Schulen"), Michael Thielen (Staatssekretär, Bundesministerium für Bildung und Forschung, Berlin), Tom Schuller (Leiter des Centre for Educational Research and Innovation CERI, Paris), Prof. Dr. Erich Thies (Generalsekretär der KMK, Bonn), Dr. Anton Dobart (BMBWK, Wien) sowie Hans Ambühl (Generalsekretär der EDK, Bern).

In vier Plenumsvorträgen von Prof. Dr. Olaf Köller (Institut zur Qualitätsentwicklung im Bildungswesen, Berlin), Mag. Dr. Werner Specht (Bundesinstitut für Bildungsforschung, Innovation und Entwicklung, Graz), Oberschulrat Norbert Maritzen (Behörde für Bildung und Sport, Hamburg) und Prof. Dr. Kurt Reusser (Pädagogisches Institut der Universität Zürich) wurde das Thema der Tagung aus unterschiedlichen Perspektiven analysiert. Diese Vorträge und die daran anschließenden Diskussionen bilden die Grundlage des vorliegenden Generalberichts. Einbezogen werden ferner die Darstellungen der Bildungsberichte für die Schweiz (Prof. Dr. Stefan C. Wolter, Universität Bern), für Deutschland (Prof. Dr. Hans Döbert, Deutsches Institut für internationale pädagogische Forschung, Frankfurt am Main) und für Österreich (Mag. Dr. Werner Specht, Bundesinstitut für Bildungsforschung, Innovation und Entwicklung, Graz). Weiterhin hatten die Teilnehmerinnen und Teilnehmer der Tagung die Möglichkeit, sich in Arbeitsgruppen vertieft mit den Konsequenzen aus Schulleistungsstudien und Bildungsmonitoring und deren Umsetzung auf unterschiedlichen Ebenen (Bildungssystem; Einzelschule/Unterricht; Übergänge; Lehreraus-, -fort- und -weiterbildung) zu beschäftigen. Im Rahmen von Besuchen wissenschaftlicher Institute und Praxiseinrichtungen im Raum Berlin/Brandenburg wurden Fragen der Implementierung von Bildungsstandards aus der Perspektive der jeweiligen Institution dargestellt und diskutiert. Zu den besuchten Einrichtungen gehörten das Institut zur Qualitätsentwicklung im Bildungswesen (IQB), das Institut für Schulqualität der Länder Berlin und Brandenburg (ISQ), das Landesinstitut für Schule und Medien Berlin-Brandenburg (LISUM) und das Max-Planck-Institut für Bildungsforschung. Den Abschluss der Tagung bildete eine von Dr. Jeanne Rubner (Süddeutsche Zeitung) moderierte Podiumsdiskussion zwischen den folgenden Vertreterinnen und Vertretern der Bildungsforschung, der Bildungspolitik und der Bildungsadministration: Dr. Hans-Gerhard Husung (Staatssekretär, Senat für Bildung, Wissenschaft und Forschung, Berlin), Dr. Stefan Luther (Bundesministerium für Bildung und Forschung, Berlin), Burkhard Jungkamp (Staatssekretär, Ministerium für Bildung, Jugend und Sport, Brandenburg; Mitglied der Amtschefskommission „Qualitätssicherung in Schulen"), Prof. Dr. Ingrid Gogolin (Universität Hamburg), Hans Ulrich Stöckling (Erziehungsdirektor Kanton St. Gallen, ehemaliger Präsident der EDK, Bern), DDr. Erwin Niederwieser (Nationalratsabgeordneter; Bildungssprecher der SPÖ, Wien).

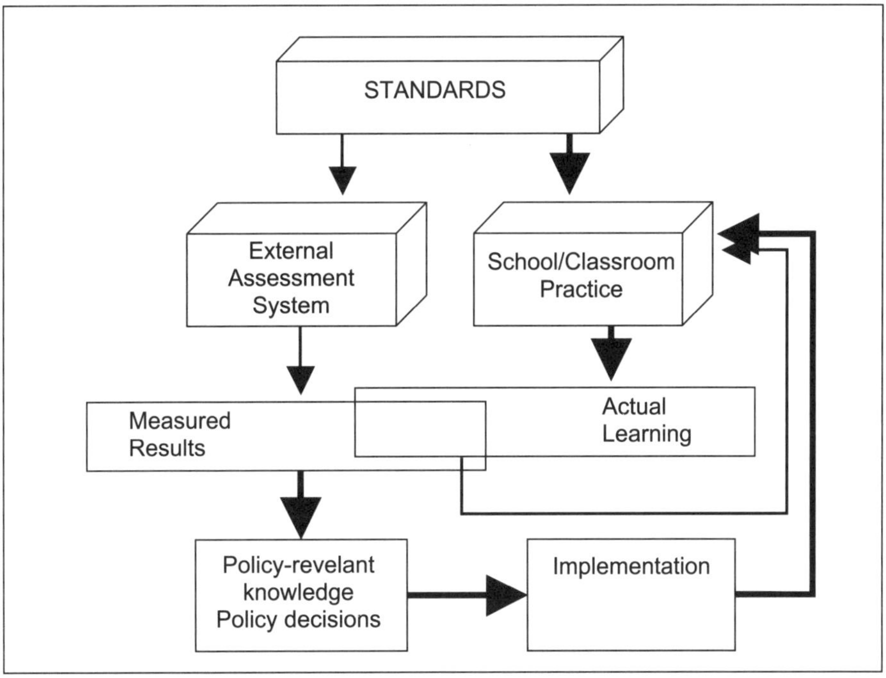

Abb. 1: Zusammenhang zwischen Accountability und Outcomes in Bildungssystemen (nach Herman 2005)

Um die Zusammenfassung der Tagungsbeiträge und deren Diskussionen zu strukturieren, orientiert sich der vorliegende Generalbericht an einem Modell des Zusammenhangsgefüges zwischen *Accountability Systems* und *Educational Outcomes* von Joan Herman (2005), das für den vorliegenden Zweck leicht modifiziert wurde (vgl. Abbildung 1). Dieses Zusammenhangsgefüge wurde auf der Tagung aus unterschiedlichen Perspektiven in den Blick genommen, wobei das Hauptaugenmerk auf den in Abbildung 1 gekennzeichneten Pfaden lag. Die Diskussionen zu diesen Pfaden werden im Folgenden skizziert. Zur Illustration der Ausführungen wird am Ende jedes Teils als Beispiel die Förderung von Schülerinnen und Schülern mit Migrationshintergrund herangezogen, die in allen drei Teilnehmerländern als besondere Herausforderung betrachtet wird.

2 Von Ergebnissen zu Steuerung

Eine Frage, die auf der Tagung im Zentrum des Austauschs stand, war die Frage nach der Übersetzung von Daten in Steuerungswissen und Steuerungshandeln. Neben Ergebnissen von Systemen des Bildungsmonitorings und der Bildungsberichterstattung wurden auch Befunde von Untersuchungen der Bildungsforschung in die Diskussion einbezogen, die für Steuerung relevant sein können. Es wurde gefragt, welche Voraussetzungen solche Daten erfüllen müssen, um für eine evidenzbasierte Politik nützlich zu sein, welche Möglichkeiten und Grenzen für die Ableitung möglicher Konsequenzen aus den Ergebnissen bestehen und wie das Verhältnis zwischen Bildungsforschung und Bildungspolitik zu gestalten ist, um die Qualität evidenzbasierter Steuerungsprozesse zu optimieren.

In der Diskussion über die Qualität von Daten, die für eine evidenzbasierte Politik herangezogen werden können, und die unter anderem Olaf Köller und Werner Specht in ihren Vorträgen thematisierten, wurde auf die Verfahren der Qualitätssicherung verwiesen, die in der Wissenschaft üblich sind. Im Zentrum stehen dabei *Peer-Reviews*, die als Grundlage für Entscheidungen über Projektanträge und über Veröffentlichungen angewendet werden. Dieses Verfahren hat sich in der Wissenschaft bewährt und ist im Bereich der empirischen Bildungsforschung weitgehend unumstritten. Zunehmend wird es auch bei der Vergabe von Projekten angewendet, die von der Bildungspolitik gefördert werden und die in der Vergangenheit häufig freihändig vergeben wurden. Dies dürfte zu einer Verbesserung der Qualität von themenorientierter Forschung beitragen, die zur Beantwortung von Fragen der Steuerung herangezogen werden soll.

Kontrovers wurde hingegen die Frage diskutiert, welchen Beitrag ein erleichterter Zugang der *Scientific Community* zu Daten der Bildungsforschung für die Sicherung der Qualität datenbasierten Steuerungswissens leisten kann. Mit der Einrichtung von Datenforschungszentren wird in Deutschland derzeit versucht, Daten der Sozial- und Wirtschaftsforschung für Reanalysen zugänglich zu machen. Damit ist unter anderem die Erwartung verbunden, dass die vorhandenen Datengrundlagen umfassend ausgewertet werden und durch den Prozess des wissenschaftlichen Austauschs die Befundlage optimiert wird. Eine Gefahr, die damit allerdings verbunden ist, besteht darin, dass unerfahrene Personen die oft hoch komplexen Datensätze mit unangemessenen Verfahren analysieren und Fehlinterpretationen publiziert werden, die sich anschließend nur schwer wieder ausräumen lassen und dem Ansehen der Bildungsforschung als Ganzes Schaden zufügen könnten. Diese Gefahr dürfte sich jedoch unter anderem durch umfassende Informationsangebote zum angemessenen Umgang mit den Datensätzen, durch eine verbesserte Qualitätssicherung bei Veröffentlichungen und durch Unterstützungsangebote für Politik und Medien bei der Interpretation von Befunden der empirischen Bildungsforschung eindämmen lassen.

Aber auch Ergebnisse von Analysen, die nach wissenschaftlichen Kriterien in angemessener Weise durchgeführt worden sind, können fehl- oder überinterpretiert werden. Dies ist im Grunde immer dann der Fall, wenn aus empirischen Daten unmittelbar Handlungskonsequenzen für die bildungspolitische Steuerung oder Gestaltung der Unterrichtspraxis abgeleitet werden. Ein Beispiel für solche umstrittenen Interpretationen wurde von Olaf Köller im Rahmen seines Tagungsbeitrags zur Schulstrukturdebatte, die auf der Grundlage von Ergebnissen aus PISA erneut geführt wird, beschrieben. Demnach würde der Befund aus PISA, dass die sozialen Disparitäten in Deutschland besonders ausgeprägt sind, vielfach auf die frühe Verteilung von Kindern auf die verschiedenen Schulformen der Sekundarstufe I zurückgeführt und eine Reform der Schulstruktur gefordert werden. Dies ließe sich anhand der PISA-Daten jedoch nicht belegen. Die Befunde anderer Studien, wie etwa BIJU oder COACTIV (vgl. z. B. Köller & Baumert 2008), deuteten darauf hin, dass es vor allem die unterschiedlichen Unterrichtskulturen in den verschiedenen Schulformen sind, die zur Vergrößerung von sozialen Disparitäten in der Leistungsentwicklung beitragen. Dies verweise auf die Notwendigkeit, bei der Interpretation von Ergebnissen der empirischen Bildungsforschung Befunde aus allen relevanten Studien zu berücksichtigen und zu integrieren.

Angesichts der erheblichen Zunahme der Menge an Daten, die von der empirischen Bildungsforschung produziert werden, ist die Forderung, alle einschlägigen Quellen einzubeziehen, allerdings keineswegs trivial. Ungeklärt ist unter anderem, welche Art von Evidenz als relevant betrachtet werden kann. So sind korrelative Studien in der Regel mit großer Unsicherheit behaftet und es ist unklar, inwieweit sich Erkenntnisse, die innerhalb eines schulischen Systems gewonnen worden sind, auf ein anderes schulisches System übertragen lassen (etwa die im Vortrag von Olaf Köller beschriebenen Befunde aus den USA zu relativen Effekten des schulischen und des außerschulischen Umfelds für die Entstehung von Disparitäten). Im Zusammenhang mit bildungspolitischen Entscheidungen über die Einführung von pädagogischen Programmen wird in den USA seit einigen Jahren dem echten Experiment mit Zufallszuweisung zu den Gruppen (*randomized trial*) ein hoher Stellenwert beigemessen, da sich mit solchen Forschungsdesigns relativ gesicherte Erkenntnisse über die Wirksamkeit von Interventionen erzielen lassen (Slavin 2002). Dieser Forschungsansatz ist in den deutschsprachigen Ländern noch wenig verbreitet und seine Bedeutung im Gesamtkontext pädagogischer Forschung ist auch in den USA nicht unumstritten (z. B. Olson 2002).

Zusätzlich zur wachsenden Menge an relevanten Daten wird eine angemessene Rezeption von Befunden der Bildungsforschung und ihrer Implikationen durch die Politik und Praxis auch durch die Komplexität der Datensätze und der verwendeten Analyseverfahren erschwert. Entsprechend wird für die Kommunikation zwischen Wissenschaft und Bildungspolitik in allen drei Teilnehmerländern der Tagung Optimierungsbedarf gesehen. So gebe es, Werner Specht zufolge, zu wenige „professionelle Interpreten“ von Daten der empirischen Bildungsforschung, was etwa in Großbritannien zur Einrichtung von entsprechenden *Brokerage Agencies* geführt hätte. Unter den Tagungsteilnehmern wurde allgemein die Auffassung geteilt, dass eine verbesserte Kommunikation zwischen Wissenschaft und Politik erreicht werden müsse. Ob hierzu die Einrichtung einer neuen Institution, wie etwa einer *Brokerage Agency* erforderlich ist, wurde dagegen kontrovers diskutiert.

Eine angemessene Interpretation von Daten, die *Monitoringsysteme*, Bildungsberichterstattung und Bildungsforschung generieren, setzt voraus, dass Klarheit darüber besteht, welche Rolle solche Ergebnisse für bildungspolitische Entscheidungen spielen können. Die Evidenz, die von der Bildungsforschung geliefert wird, kann dazu beitragen, dass solche Entscheidungen besser fundiert und ihre Grundlagen und Folgen transparenter werden. Aus den Befunden lassen sich jedoch so gut wie nie zwangsläufige, konkrete Handlungskonsequenzen ableiten. Entscheidungen im Bildungswesen sind und bleiben Entscheidungen unter Unsicherheit, die immer auch nach Maßgabe von normativen Erwägungen und unter Berücksichtigung von bestehenden Akzeptanzbedingungen getroffen werden müssen. Insofern kann die Bildungsforschung zwar Informationen liefern, die für bildungspolitische Entscheidungen hilfreich sind, sie kann der Bildungspolitik die Entscheidungen jedoch nicht abnehmen.

In Bezug auf das Beispiel der Situation von Schülerinnen und Schülern mit Migrationshintergrund haben die Ergebnisse der internationalen Schulleistungsstudien für alle deutschsprachigen Länder einen besonderen Handlungsbedarf identifiziert. Einzelne Befunde, wie der ausgeprägte Effekt der Familiensprache auf die Leistungen, weisen darauf hin, dass sich die Bemühungen um eine Verbesserung der Situation auf die Förderung von Kompetenzen in der Instruktionssprache beziehen sollten. Wie dabei vorzugehen ist, lässt sich aus den Ergebnissen der Schulleistungsuntersuchungen jedoch nicht ableiten. Hierzu wären systematische Analysen zur Effektivität verschiedener Ansätze der Sprachförderung notwendig, die bislang kaum vorliegen (Limbird & Stanat 2006). Zudem scheinen in einzelnen Migrantengruppen, etwa bei den in Deutschland lebenden Jugendlichen türkischer Herkunft, zusätzlich zu mangelnden Deutschkenntnissen weitere Faktoren dazu beizutragen, dass sie in der Schule weniger erfolgreich sind als Gleichaltrige ohne Migrationshintergrund (z. B. Müller & Stanat 2006). Um welche Faktoren es sich dabei handelt, ist derzeit ungeklärt.

Mit den Ergebnissen internationaler Leistungsstudien konnte also ein möglicher *Ansatzpunkt* für bildungspolitisches Handeln zu verbesserten Förderung von Heranwachsenden aus zugewanderten Familien identifiziert werden. Dieser lässt sich anhand der Daten jedoch nicht genauer spezifizieren. Hierzu sind zusätzliche Untersuchungen, insbesondere Interventionsstudien, notwendig. Angesichts der teilweise sehr ausgeprägten Benachteiligung von Schülerinnen und Schülern mit Migrationshintergrund ist es für die Bildungspolitik jedoch kaum möglich, die Ergebnisse solcher Studien abzuwarten, ohne zu handeln. Daher wurden vielfach Maßnahmen eingeführt, über deren Effektivität nichts bekannt ist. Sofern diese Programme flächendeckend umgesetzt werden, wie etwa im Falle der vorschulischen Sprachförderung, lässt sich ihre Effektivität nachträglich nur noch schwer überprüfen, da keine geeigneten Vergleichsgruppen zur Verfügung stehen. Und selbst wenn weitgehend gesicherte Evidenz darüber bestünde, dass ein bestimmter Ansatz der Förderung in Deutsch als Zweitsprache wirksam ist, wäre neben der Frage, wie sich dieser möglichst effektiv und effizient umsetzen lässt, weiterhin zu klären, wie mit der vielfach gestellten Forderung nach einer Förderung der Herkunftssprachen umgegangen werden soll. Da sich von der derzeit vorliegenden Evidenz keine Nützlichkeitsargumente für eine solche Förderung ableiten lassen, handelt es sich dabei um eine normative Entscheidung, bei der etwa bildungstheoretische Überlegungen zur Rolle von Schule in einer kulturell heterogenen Gesellschaft und integrationspolitische Überlegungen zur Rolle der Anerkennung der Herkunftskulturen von Migranten durch die Aufnahmegesellschaft einzubeziehen sind (Stanat im Druck). Auch die in verschiedenen Ländern sehr unterschiedlich behandelte Frage, ob und wie in Schulen der religiöse Hintergrund von Schülerinnen und Schülern aus Zuwandererfamilien zu berücksichtigen ist, lässt sich nur nach normativen Gesichtspunkten beantworten.

3 Von Steuerungswissen und Steuerungshandeln zur Implementation

Die Implementierung getroffener Steuerungsentscheidungen stellt eine weitere Herausforderung dar, die im OECD/CERI-Seminar ausführlich diskutiert worden ist. Die Komplexität dieses Transfers war unter anderem Gegenstand der Plenumsvorträge von Norbert Maritzen und Kurt Reusser, die in diesem Band dokumentiert sind, und wurde auch in verschiedenen Arbeitsgruppen thematisiert. Da die beschreibenden Befunde des *Bildungsmonitorings* kaum Schlussfolgerungen darüber zulassen, welche Maßnahmen zu ergreifen sind, um in einem identifizierten Problembereich eine Verbesserung zu bewirken, lassen sich bildungspolitische Entscheidungen nicht allein auf der Grundlage dieser Art von Daten begründen. Hierzu sind vielmehr auch analytische Studien notwendig, die Anhaltspunkte darüber liefern, wie die Maßnahmen wirken und wie ihre Wirkung optimiert werden kann. Bei Innovationen, die in die Fläche übertragen werden sollen, spielen nicht zuletzt auch Erkenntnisse über die Gelingensbedingungen von Transferprozessen eine zentrale Rolle. Gerade an dieser Art von Prozesswissen fehlt es jedoch häufig, was eine evidenzbasierte Steuerung und ihre Rechtfertigung deutlich erschwert. Die Implementierung von Neuerungen basiert meist weniger auf gesicherten Erkenntnissen über ihre Wirksamkeit und Übertragbarkeit als auf Plausibilitätsannahmen.

Die mit der Implementierung von Reformen im Bildungsbereich verbundenen Herausforderungen wurden auf der Tagung von Norbert Maritzen für den Prozess der Einführung von Systemen des *Bildungsmonitorings* anschaulich beschrieben. Als grundlegendes, aus der Implementierungs- und Transferforschung bekanntes Problem stellte er die verbreitete, überwiegend implizite Grundannahme heraus, die Implementierung ließe sich strategisch als eine Veränderung „von oben" umsetzen. Dies habe häufig zur Folge, dass die verschiedenen Akteure und Rahmenbedingungen, die für das Gelingen der Implementierung entscheidend sind, außer Acht gelassen würden. Nach Kurt Reusser birgt ein solcher *top-down* Ansatz die Gefahr, dass die eingeführten Reformen nur oberflächlich übernommen werden (vgl. z.B. auch deLeon & deLeon 2002).

Für eine erfolgreiche Umsetzung von Innovationen ist es notwendig, die verschiedenen Akteure auf allen beteiligten Ebenen des Systems so in einen iterativen Reformprozess einzubeziehen, dass die notwendigen Lern- und Anpassungseffekte ermöglicht werden und die Beteiligten im Sinne von *Ownership* Verantwortung für den Prozess übernehmen. Dabei ist nach Kurt Reusser zu berücksichtigen, dass Veränderungen von Systemen, Institutionen und Personen in der Regel träge verlaufen, da diese von tief verankerten Überzeugungen und Gewohnheiten geprägt sind. Daher sei es wichtig, den Reformen ausreichend Zeit zu geben und geeignete Unterstützungssysteme zur Verfügung zu stellen.

Auch das Beispiel der Implementierung einer verbesserten Förderung von Schülerinnen und Schülern mit Migrationshintergrund ist mit zahlreichen Herausforderungen verbunden. So ist es für eine gezielte Sprachförderung notwendig, das pädagogische Personal für diese Aufgabe zu schulen. Insbesondere im vorschulischen Bereich, aber auch in Schulen, handelt es sich dabei um eine nicht zu unterschätzende Anforderung.

Vorschulische Einrichtungen betrachten die an sie gestellten Erwartungen im Bereich der Sprachförderung als zusätzliche Aufgabe, die eine Erhöhung der zur Verfügung stehenden Ressourcen erfordert. Diesem Aspekt muss bei der Implementierung der Maßnahmen Rechnung getragen werden. Darüber hinaus ist die Sprachförderung in eine allgemein stärkere Betonung des Bildungsauftrags von vorschulischen Einrichtungen eingebettet, die teilweise als Versuch wahrgenommen wird, die Funktion der Einrichtungen umzudefinieren. Eine solche Reform erfordert die Aushandlung eines veränderten Verständnisses darüber, was vorschulische Einrichtungen leisten sollen, an der alle vom Reformprozess Betroffenen beteiligt werden müssen. Ohne einen entsprechenden Aushandlungs- und Beteiligungsprozess ließe sich eine nachhaltige Umsetzung der angestrebten Veränderungen kaum verwirklichen.

4 Von der Implementation über Schul- und Unterrichtspraxis zu Lernergebnissen

Mit der Einführung von Systemen des Bildungsmonitorings und der Bildungsberichterstattung ist eine Erhöhung der Transparenz bildungspolitischer Entscheidungsprozesse verbunden. Die Daten dieser Systeme machen Handlungsbedarf sichtbar und liefern eine Grundlage für die Bewertung umgesetzter Maßnahmen. Dabei ist allerdings unklar, inwieweit sich die von der Bildungspolitik implementierten Veränderungen tatsächlich auf die Schul- und Unterrichtspraxis auswirken und welche flankierenden Maßnahmen notwendig sind, um die angestrebten Effekte zu erzielen. So ist beispielsweise wenig darüber bekannt, wie Schulen und Lehrkräfte mit Rückmeldungen über die Ergebnisse umgehen, die ihre Schülerinnen und Schüler in Schulleistungstests erzielt haben, oder wie sie Berichte über Schulinspektionen, Schulvisitationen u. ä. verarbeiten. Unklar ist weiterhin, wie diese Art von Feedback gestaltet sein sollte, um erwünschte Prozesse der Unterrichtsentwicklung anzustoßen. Rückmeldungen im Rahmen vom System der *Accountability* können eine ganze Bandbreite unerwünschter Effekte nach sich ziehen, wie etwa die Literatur zu „teaching to the test“ bzw. „score inflation“ zeigt (Koretz 2002).

Die mit *Bildungsmonitoring* und Bildungsberichterstattung verbundene Transparenz trägt dazu bei, dass eine zunehmend informierte Öffentlichkeit Verbesserungen einfordert und Nachweise über die Wirkungen der eingeführten Maßnahmen erwartet. Nach Einschätzung von Werner Specht zählt dies zu den wichtigsten Effekten der stärker am *Output* orientierten Steuerungsmodelle. Rechenschaft über die Wirkung der Umsetzung bildungspolitischer Entscheidungen setzt jedoch voraus, dass änderungssensitive Messinstrumente zur Verfügung stehen, mit denen sich die Effekte der eingeführten Maßnahmen abbilden lassen. Bedingt durch eine Reihe von Problemen, die bei Veränderungsmessungen auftreten können (z. B. Testwiederholungs- und Testübungseffekte, Regression zur Mitte), zählen diese zu den schwierigsten methodischen Herausforderungen der empirischen Sozialforschung. Insbesondere über die Effekte, die auf Systemebene durch die Umsetzung bildungspolitischer Entscheidungen zu erwarten sind, ist wenig bekannt, und die Erfahrungsgrundlage, die im Hinblick auf die Erfassung solcher Veränderungen vorliegt, ist noch sehr eingeschränkt. Insofern ist unklar, inwieweit sich die aktuellen Reformanstrengungen in den Ergebnissen von Schulleistungsstudien niederschlagen werden.

Bezogen auf das Beispiel einer verbesserten Sprachförderung bedeutet dies, dass sich die eingeführten Maßnahmen in verbesserten Schulleistungen von Schülerinnen und Schülern mit Migrationshintergrund niederschlagen sollten. Inwieweit solche Effekte tatsächlich erreicht werden, muss sich noch zeigen. Ein Problem ist dabei, dass derzeit vielfältige Maßnahmen auf den Weg gebracht worden sind, die darauf abzielen, die Bildungsqualität für alle Schülerinnen und Schüler zu verbessern. Dies könnte zur Folge haben, dass das Niveau insgesamt ansteigt, sich die Disparitäten zwischen Heranwachsenden mit und ohne Migrationshintergrund aber nicht verringern. Die Effekte der gezielten Förderung würden also möglicherweise nicht sichtbar werden. Weiterhin ist die Frage, wie stark sich die Situation verändert haben muss, um als zufriedenstellend zu gelten. Die Literatur zu *No Child Left Behind* aus den USA weist darauf hin, wie schwierig es ist, zu überprüfen, inwieweit Mindeststandards nicht nur von den Schülerinnen und Schülern insgesamt, sondern auch innerhalb von Teilgruppen erreicht werden (z. B. Linn 2002). Zudem fehlt es in den deutschsprachigen Ländern derzeit an einer Definition dessen, was unter Mindeststandards zu verstehen ist. Als Indikator für die Effektivität der Förderung von Heranwachsenden aus zugewanderten Familien wird daher in der Regel die Differenz zwischen den Leistungen dieser Gruppe und der Gruppe von Heranwachsenden ohne Migrationshintergrund herangezogen. Dies impliziert, dass die Situation dann als zufriedenstellend bewertet werden kann, wenn sich die Differenz auf Null reduziert hat. Da die Schülerinnen und Schülerinnen mit Migrationshintergrund in den deutschsprachigen Ländern jedoch häufig aus sozial schwachen Familien stammen, die über weniger günstige Bildungsvoraussetzungen verfügen als der Durchschnitt der Familien ohne Migrationshintergrund, stellt sich die Frage, inwieweit dieses Ziel realistisch ist. Eine Alternative wäre, die Disparitäten unter Berücksichtigung der sozialen Lage der Familien zu bestimmen und zu bewerten. Da jedoch die soziale Lage der Familien zumindest ab der zweiten Zuwanderergeneration auch von der Effektivität der schulischen Förderung von Migranten abhängt, würde man mit diesem Vorgehen einer Unterschichtung Vorschub leisen, die nicht gewollt sein kann.

Dieses Beispiel illustriert, dass sich die Bewertung des Erreichten an normativen Gesichtspunkten orientieren muss, die von Vorstellungen über die Ziele des Bildungssystems ausgehen. Neben Aspekten der *Excellence* und der *Equity* sind dabei auch solche Ziele einzubeziehen, die den Erziehungsauftrag von Bildungsinstitutionen betreffen. Diese lassen sich im Rahmen von *Bildungsmonitoring* und Bildungsberichterstattung nur sehr eingeschränkt überprüfen und es wird im Zuge der Entwicklung und Implementierung neuer Steuerungsmodelle darauf zu achten sein, dass solche Aspekte nicht aus dem Blickfeld geraten.

Literatur

deLeon, P. & deLeon, L. (2002). What ever happened to policy implementation? An alternative approach. *Journal of Public Administration Research and Theory, 12*, 467–492.

Herman, J. (2005). Making accountability work to improve student learning. *CSE Report 649*. Los Angeles, CA: CRESST.

Köller, O. & Baumert, J. (2008). Entwicklung von Schulleistungen. In: Oerter, R. & Montada, L. (Hrsg.). *Entwicklungspsychologie* (6. Aufl.) . Weinheim: Beltz/PVU, 735–768.

Koretz, D. M. (2002). Limitations in the use of achievement tests as measures of educators' productivity. *Journal of Human Resources, 38*, 752–777.

Krauss, S., Brunner, M., Kunter, M., Baumert, J., Blum, W., Neubrand, M. & Jordan, A. (im Druck). Pedagogical content knowledge and content knowledge of secondary mathematics teachers. *Journal of Educational Psychology*.

Limbird, C. & Stanat, P. (2006). Sprachförderung bei Schülerinnen und Schülern mit Migrationshintergrund: Ansätze und ihre Wirksamkeit. In: Baumert, J., Stanat, P. & Watermann, R. (Hrsg.). *Herkunftsbedingte Disparitäten im Bildungswesen: Differenzielle Bildungsprozesse und Probleme der Verteilungsgerechtigkeit*. Wiesbaden: VS Verlag für Sozialwissenschaften, 257–307.

Linn, R. (2002). Accountability systems: Implications of requirements of the No Child Left Behind Act of 2001. *Educational Researcher, 31*, 3–16.

Müller, A. G. & Stanat, P. (2006). Schulischer Erfolg von Schülerinnen und Schülern mit Migrationshintergrund: Analysen zur Situation von Zuwanderern aus der ehemaligen Sowjetunion und aus der Türkei. In: Baumert, J., Stanat, P. & Watermann, R. (Hrsg.). *Herkunftsbedingte Disparitäten im Bildungswesen: Differenzielle Bildungsprozesse und Probleme der Verteilungsgerechtigkeit*. Wiesbaden: VS Verlag für Sozialwissenschaften, 223–255.

Olson, D. R. (2004). The triumph of hope over experience in the search for „what works": A response to Slavin. *Educational Researcher, 33*, 24–26.

Slavin, R. E. (2002). Evidence-based education policies: Transforming educational practice and research. *Educational Researcher, 31*, 15–21.

Stanat, P. (im Druck). Heranwachsende mit Migrationshintergrund im deutschen Bildungswesen. In: Cortina, K. et al. (Hrsg.). *Das Bildungswesen in der Bundesrepublik Deutschland*. Reinbek: Rowohlt.

Wenn sich Wissenschaft instrumentalisieren lässt – PISA und die Schulstrukturdebatte

Olaf Köller

Einleitung

Mit den Veröffentlichungen zu PISA 2000 und PISA 2003 (Deutsches PISA-Konsortium 2001, 2002, 2004, 2005) ist in der Bundesrepublik Deutschland erneut die Diskussion um die systematische Benachteiligung von Schülerinnen und Schülern aus sozial benachteiligten Familien und Familien mit Migrationshintergrund entbrannt. Kein anderes OECD-Land wies in PISA-2000 einen derart engen Zusammenhang zwischen sozialer Herkunft und Lesekompetenzen auf wie Deutschland (vgl. Baumert & Schümer 2001). Zumindest in der politischen Diskussion war die Ursache für die sozialen Disparitäten schnell gefunden: Es war das differenzierte Schulsystem, das Kindern und Jugendlichen mit Migrationshintergrund bzw. aus benachteiligten sozialen Schichten ungünstigere Lerngelegenheiten anbietet als sozial privilegierten Schülerinnen und Schülern. Den Höhepunkt dieser Diskussionen stellte dann ohne Frage der Bericht des UN-Inspektors Vernor Muñoz vor dem Menschenrechtsrat der Vereinten Nationen in Genf dar; die Süddeutsche Zeitung betitelte am 31.03.2007 online ihre Berichterstattung dazu mit „UN-Inspektor verdammt deutsches Schulsystem".

Auch einige wissenschaftliche Publikationen (z. B. Hanushek & Wößmann 2006; Wößmann 2007) auf der Basis von Reanalysen der Datensätze aus den internationalen Schulleistungsstudien suggerieren, dass sich mit Studien wie PISA oder IGLU (vgl. Bos u. a. 2003) klar die Ursachen für soziale und migrationsbedingte Disparitäten festmachen lassen. Demgegenüber steht hier die Aussage, dass die internationalen *Large-scale Assessments* und die auf ihnen basierenden Ergebnisberichte *per se* inadäquat sind, um Fragen nach den Ursachen für soziale und migrationsbedingte Disparitäten substanzwissenschaftlich zu beantworten. Ihre Anlage, die auf Systemmonitoring ausgerichtet ist, bedient die Bildungspolitik der Teilnehmerländer mit steuerungsrelevanten Indikatoren. Die Prüfung komplexerer Kausalitätshypothesen – hierzu zählen ohne Frage Hypothesen zur Rolle der Schulstruktur für Disparitäten – können mit Hilfe der in PISA oder IGLU realisierten Designs bestenfalls tendenziell, aber nicht wissenschaftlich fundiert beantwortet werden. Schlussfolgerungen aus den Resultaten sind also in der Regel politische, nicht aber wissenschaftliche abgesicherte.

Unten sollen ausgewählte empirische Studien referiert werden, die sich sehr viel besser eignen, um Fragen des Zusammenspiels von Schulstruktur und Disparitäten zu beleuchten (vgl. im Überblick Maaz u. a. 2006). Grundtenor soll dabei nicht sein, dass Schulstrukturen irrelevant für soziale Disparitäten sind, wohl aber, dass bei genauer Betrachtung der Forschungslage deutlich wird, dass sich die Diskussionen in Folge der PISA-Studien der Problematik unterkomplex genähert haben.

Begonnen werden soll mit einem kurzen historischen Aufriss der Problematik, gefolgt von einer kurzen Zusammenfassung der PISA-2000 Befunde. Anschließend sollen einige empirische Befunde berichtet werden, die deutlich machen, dass sich die Frage nach der Rolle der Schulstrukturen für Disparitäten nicht einfach beantworten lässt, solange Entscheidungsprozesse aufseiten von Eltern und Grundschullehrkräften unberücksichtigt bleiben. Weiterhin soll für die deutsche Situation gezeigt werden, dass Maßnahmen wie der spätere Übergang in die Sekundarstufe I in der Vergangenheit keineswegs die gewünschten Effekte erzielt haben.

1 Die Schulstrukturdebatte als Dauerthema im Bildungssystem der Bundesrepublik Deutschland nach dem Zweiten Weltkrieg

In der Auseinandersetzung um das gegliederte Schulsystem lassen sich historisch vier Argumentationslinien unterscheiden, die sich durch die politische und wissenschaftliche Diskussion der 1960er-Jahre in der Bundesrepublik Deutschland hindurchzogen und die Basis von Reformen im differenzierten Schulsystem bildeten (vgl. Köller 2003):

- Ein pädagogisch-psychologischer Argumentationsstrang setzte an der frühen Übergangsauslese nach der 4. Jahrgangsstufe, der faktisch äußerst begrenzten Korrigierbarkeit negativer Übergangsentscheidungen und den geringen Individualisierungsmöglichkeiten innerhalb der drei Schulformen des differenzierten Sekundarschulsystem an.
- Die bildungsökonomische Kritik am Ausleseverfahren des gegliederten Schulsystems lieferte ein zweites Argument. In international vergleichenden bildungsökonomischen Arbeiten wurde die Vermutung eines absehbaren Mangels an Hochqualifizierten geäußert, der die ökonomische Konkurrenzfähigkeit der Bundesrepublik Deutschland langfristig beeinträchtigen könnte. Die drohende „Bildungskatastrophe“ (Picht 1964) sollte nach Überzeugung aller politischen Parteien durch das Ausschöpfen von Begabungsreserven abgewendet werden. Die Diskussion führte sehr bald zur Diagnose: generelle Rückständigkeit des dreigliedrigen Schulsystems, dessen starre Gliederung in Schulformen und deren Bindung an relativ geschlossene Bildungsvorstellungen den Anforderungen einer sich schnell verändernden industriellen und wissenschaftlichen Lebenswelt kaum zu entsprechen schien. Genau diese Kritik ist in den letzten Jahren erneut entflammt (vgl. z. B. OECD 2007).
- Damit brach die bildungstheoretische Auseinandersetzung um die Begründbarkeit geschlossener Schullaufbahnen, um den Fächerkanon und die anzustrebende Mindestdauer des Schulbesuchs auf. Die einsetzende Diskussion um Lehrplan- und Curriculum-Reformen mündete in den 1970er-Jahren in den Versuch, Wissenschaftsorientierung zum gemeinsamen Fluchtpunkt einer differenzierten Grundbildung zu machen.
- Ein vierter Strang von Argumenten schließlich nahm die Kritik der Frühauslese und der Rückständigkeit auf, gab ihr jedoch eine entschieden sozialpolitische Wendung: Die sozialen Ungleichheiten der Bildungsbeteiligung schienen eine unmittelbare Folge der Organisationsstruktur des gegliederten Systems zu sein. Die Verminderung sozialer, ethnischer und regionaler Disparitäten in der Bildungsbeteiligung und beim Schulerfolg wurde zum tragenden Motiv einer Epoche der Bildungsreform.

In der Folgezeit waren nahezu alle Reformmaßnahmen struktureller Art – seien es die Landschul-, Hauptschul- oder Gesamtschulreform, aber auch die Reintegration von Sonderschülern in die Regelschule – immer zu einem Teil sozial motiviert. Auch an die Öffnung und Expansion der weiterführenden Schulen war die Hoffnung auf sozialen Ausgleich geknüpft (vgl. Dahrendorf 1965a, 1965b). Umso enttäuschender waren die Analysen des Mikrozensus, die Mitte der 1980er-Jahre vorgelegt wurden. Soziale Disparitäten der Bildungsbeteiligung erwiesen sich als außerordentlich konstant. Von der Bildungsexpansion schienen alle Sozialschichten in ähnlicher Weise zu profitieren, ohne dass sich die Struktur der Ungleichheit durchschlagend verändert hätte. Die Chancen, einen höheren Bildungsabschluss zu erreichen, stiegen generell an, während das Verhältnis der schichtspezifischen Bildungschancen offensichtlich weitgehend stabil blieb (vgl. Handl 1985; Köhler 1992).

Bei einer Analyse längerer Entwicklungszeiträume lässt sich allerdings für einzelne Länder gleichwohl eine Lockerung dieses Zusammenhangs zeigen. In Schweden wurde dieser Prozess zuerst und am deutlichsten sichtbar und dann auch für andere Länder belegt (vgl. Leschinsky & Mayer 1999). Für die Bundesrepublik Deutschland konnte eine Reduktion des Zusammenhangs von Merkmalen der sozialen Herkunft und der Bildungsbeteiligung gezeigt werden, die in der unmittelbaren Nachkriegszeit und in den 1950er-Jahren, also vor Beginn der Bildungsreform, besonders ausgeprägt waren (vgl. Henz & Maas 1995; Müller & Haun 1994). Einen sehr guten Überblick über die Entwicklung der sozialen Disparitäten der Bildungsbeteiligung von Jugendlichen im allgemeinbildenden Schulwesen vermittelt eine Reanalyse von Mikrozensus- und Volkszählungsdaten, die Schimpl-Neimanns (2000) vorgelegt hat. Die Ergebnisse lassen sich folgendermaßen zusammenfassen:

- Die These unverändert fortbestehender sozialer Ungleichheiten in der Bildungsbeteiligung lässt sich nicht aufrechterhalten. Trotz hoher Stabilität des Grundmusters sozialer Disparitäten lassen sich für bestimmte Segmente der Sozialstruktur Verminderungen der sozialen Ungleichheit nachweisen.
- Die Reduktion der sozialen Disparitäten vollzog sich vor allem bis zum Ende der 1970er-Jahre. Sie betrifft insbesondere die Disparitäten verursachenden Effekte der beruflichen Stellung des Familienvorstandes, weniger die des Bildungsniveaus.
- Im Laufe dieser Entwicklung ist vor allem der sozial diskriminierende Effekt der Entscheidungsalternative zwischen Haupt- und Realschulbesuch zurückgegangen. Von der Expansion des mittleren Schulwesens haben insbesondere Kinder schwächerer Sozialschichten profitiert.

- Dagegen blieben die sozialen Disparitäten des Gymnasialbesuchs weitgehend stabil. Im Kontrast des Besuchs eines Gymnasiums mit einem Realschulabschluss deuten sich in Abhängigkeit vom Bildungsniveau der Eltern sogar zunehmende Ungleichheiten an.

Diese Zusammenfassung von Schimpl-Neimanns beschreibt die Situation im Jahre 1989. Die Analysemöglichkeiten des Mikrozensus enden in diesem Jahr, weil in den späteren Erhebungen die von Kindern und Jugendlichen besuchte Schulform nicht mehr erfasst wurde. Mit der PISA-Studie (vgl. Deutsches PISA-Konsortium 2001, 2002, 2004, 2007) liegen aktuelle Daten bundesweit repräsentativer Stichproben von 15-Jährigen vor, auf deren Basis sich die aktuelle Situation sozialer Disparitäten im Sekundarschulsystem analysieren lässt. Baumert und Schümer (2001) haben für PISA-2000 die entsprechenden Analysen vorgelegt und gezeigt, dass die Schlussfolgerungen Schimpl-Neimanns nach wie vor ihre Gültigkeit haben. Beispielsweise besuchten über 50 Prozent der Kinder, deren Eltern Berufe der oberen Dienstklasse ausüben, ein Gymnasium, wohingegen es in der Klasse der un- und angelernten Arbeiter nur ca. 10 Prozent waren. Baumert und Schümer (2001) berechneten auf der Basis multinomialer logistischer Regressionsanalysen schichtspezifische Bildungsbeteiligungschancen, wobei sie die Entscheidungsalternativen zwischen den verschiedenen Schulformen des gegliederten deutschen Systems simultan berücksichtigten. Diese Analysen ergaben, dass die Chancen des Gymnasialbesuchs für den Jugendlichen aus der Familie der oberen Dienstklasse rund sechsmal so hoch sind wie die Beteiligungschancen des Jugendlichen aus einem Arbeiterhaushalt.

Hinsichtlich der Schulleistungen ergaben sich in PISA 2000 für das Leseverständnis in Deutschland besonders starke soziale Disparitäten, die in PISA 2003 und PISA 2006 auch nur marginal zurückgegangen sind (Deutsches PISA-Konsortium 2007).

2 Ursachen für Disparitäten im Bildungssystem

Die hohe Stabilität sozialer Disparitäten der Bildungsbeteiligung und der Bildungserträge in Deutschland legt es nahe, die Institution Schule selbst als

Schuldigen der Ungleichheiten zu identifizieren und eine nach wie vor existente soziale Diskriminierung von Arbeiterkindern im Bildungssystem zu beklagen (vgl. Rolff 1997). Die empirischen Belege für diese These sind allerdings ausgesprochen schwach. Die Befunde von Längsschnittuntersuchungen, die überhaupt erst eine Überprüfung der theoretischen Annahmen zulassen, liefern wenig Unterstützung. Anhand einer Langzeitstudie an amerikanischen Grundschulen konnten Entwisle und Mitarbeiter (vgl. Alexander & Entwisle 1996; Entwisle & Alexander 1992, 1994) zeigen, dass die Schule im Vergleich zum Lernen in sozialen Milieus eine Disparitäten reduzierende Rolle spielt. Die Leistungsentwicklung von Kindern unterschiedlicher Sozialschichten verläuft während der Schulzeit parallel, während sich die Leistungsschere erst in der schulfreien Sommerpause öffnet – einer Zeit, in der Kinder unterer sozialer Schichten im Leistungsniveau zurückfallen, während Kinder aus privilegierten Elternhäusern den erreichten Leistungsstand halten oder sogar verbessern können. Der Wechsel zwischen homogenen institutionellen Lerngelegenheiten und unterschiedlichem Anregungspotenzial in sozialen Milieus wirkt über die Schuljahre hinweg kumulativ auf die Entwicklung sozial bestimmter Leistungsunterschiede.

Zur Stützung dieses Arguments sollen im Folgenden Reanalysen der Daten aus einer Arbeit von Trautwein, Köller, Schmitz und Baumert (2002) berichtet werden (vgl. auch Köller & Baumert 2008). Berücksichtigt wurden Datensätze von $N = 1971$ Schülerinnen und Schülern aus 125 Klassen, deren Leistungsentwicklung in Mathematik im Laufe der 7. Jahrgangsstufe untersucht wurde. Die Mathematikleistungen der teilnehmenden Schülerinnen und Schüler wurden durch Leistungstests am Anfang und am Ende des Schuljahres erfasst. Um Rückschlüsse über den sozialen Hintergrund des Elternhauses zu gewinnen, wurde ein Indikator für das Prestige der elterlichen Berufe (SIOPS; Treiman 1977) verwendet. Die Auswertung erfolgte mit Hilfe von Mehrebenenanalysen. Dabei ergaben sich folgende Befunde:

- Die größten Leistungszuwächse zeigten sich am Gymnasium, an dem im betrachteten Zeitraum der Wissensgewinn um eine Standardabweichung höher lag als in den nicht-gymnasialen Bildungsgängen.
- Kognitiv stärkere Schülerinnen und Schüler wiesen signifikant höhere Zuwächse auf als kognitiv schwächere.

- Nach Kontrolle von Schulform und der kognitiven Grundfähigkeiten zeigte sich kein bedeutender Effekt der sozialen Herkunft mehr. Bei gleichen kognitiven Voraussetzungen zu Beginn des Schuljahres lernten sozial schwächere Schüler in derselben Schulform genauso viel wie sozial privilegierte Schüler.

Mit diesen Analysen konnte gezeigt werden, woher die sozialen Disparitäten in den Leistungen wenigstens teilweise stammen. Schulformen stellen danach differenzielle Entwicklungsmilieus dar (vgl. Baumert, Trautwein & Artelt 2003), sodass Wissenszuwächse an Gymnasien deutlich höher ausfallen. Da sozial benachteiligte Kinder deutlich seltener auf das Gymnasium wechseln, kommen sie auch nicht in den Genuss dieser besonderen Fördereffekte des Gymnasiums und verlieren in der Folge den Anschluss an sozial privilegierte Schüler, die das Gymnasium häufiger besuchen. Gelingt allerdings der Sprung auf das Gymnasium, so lernen sozial benachteiligte Schülerinnen und Schüler ebenso erfolgreich wie ihre sozial privilegierten Mitschülerinnen und Mitschüler.

Am ehesten scheinen Ergebnisse von Studien, die das Empfehlungsverhalten von Lehrerinnen und Lehrern am Ende der Grundschulzeit untersuchen, die These systematischer, freilich nicht notwendigerweise bewusster Benachteiligung von Kindern unterer Sozialschichten zu bestätigen. Ditton (1992), Lehmann, Peek und Gänsfuß (1997) sowie Bos u. a. (2003) konnten zeigen, dass Kinder unterer Sozialschichten bei gleicher Schulleistung seltener als Kinder aus privilegierten Elternhäusern eine Gymnasialempfehlung erhielten. Die Leistungshürden waren also für diese Schülerinnen und Schüler höher gesetzt. Vermutlich berücksichtigen Grundschullehrerinnen und -lehrer in ihren Übergangsempfehlungen neben den Fachleistungen auch andere prognoserelevante Merkmale, die wiederum mit der sozialen Herkunft kovariieren.

Eine bemerkenswerte Arbeit zum Übertritt haben Ditton und Krüsken (2006) anhand längsschnittlicher Daten aus bayerischen Schulen vorgestellt. Das bayerische System ist von besonderem Interesse, da Bayern in PISA 2000 als Land mit den größten sozialen Unterschieden beim Übertritt auf das Gymnasium abgeschnitten hat und eines der wenigen Länder ist, in denen die Übergangsentscheidung rechtlich an die Noten am Ende der Grundschule gekoppelt ist. Drei Befunde der Arbeit müssen besonders hervorgehoben werden.

- Erstens können die Autoren eine Zunahme der sozialen Unterschiede im Kompetenzerwerb von der dritten zur vierten Jahrgangsstufe feststellen.
- Zweitens wird anhand der Analysen zu den Übertritten auf die verschiedenen Schulformen erkennbar, dass es in erster Linie die erreichten Leistungsniveaus der Kinder am Ende der vierten Jahrgangsstufe sind, welche die Übertrittsentscheidung determinieren.
- Drittens spielt der familiäre Hintergrund jenseits der erreichten Leistungen erst dann eine besondere Rolle, wenn der Notendurchschnitt am Ende der Grundschule keine eindeutige Entscheidung für eine Schulform zulässt. In solchen Zweifelsfällen zeigt sich in der Tat, dass sozial privilegierte Kinder größere Chancen haben, sich in höhere Bildungsgänge einzufädeln. Inwieweit dies auf die höheren Bildungsaspirationen sozial privilegierter Eltern oder auf das Empfehlungsverhalten der Lehrkräfte zurückzuführen ist, können die Analysen von Ditton und Krüsken allerdings nicht klären.

Fasst man die empirische Befundlage bis hierhin zusammen, so lassen sich wenigstens vier Schlussfolgerungen aus ihnen ableiten:

1. Soziale Disparitäten in den Kompetenzständen und in der Bildungsbeteiligung lassen sich empirisch fundiert belegen.
2. Disparitäten im Kompetenzerwerb scheinen in Deutschland in erster Linie durch differenzielle Fördereffekte der Bildungsgänge in der Sekundarstufe I hervorgerufen zu werden.
3. Disparitäten bei der Bildungsbeteiligung treten vor allem dann auf, wenn beim Übertritt ein gewisses Maß an Prognoseunsicherheit besteht.
4. Disparitäten beim Übergang scheinen zu einem erheblichen Maß auf differenzielle Entscheidungsmuster bei Eltern und Lehrkräften zurückführbar zu sein.

3 Spätere Differenzierung oder Verzicht auf Differenzierung als Antwort auf Disparitäten?

Zwei denkbare, miteinander verknüpfte strukturelle Veränderungen werden in Folge von PISA in Deutschland diskutiert, zum einen die spätere Differenzierung, um Fehlplatzierungen durch zu frühe Zuweisung zu den Schulformen zu vermeiden, zum anderen der vollständige Verzicht auf externe Differenzierung durch Zuweisung auf unterschiedliche Schulformen. Dass es durchaus empirische Befunde gibt, die darauf hinweisen, dass dies keine automatischen Erfolgsmodelle sein müssen, wird dabei ignoriert. Hierauf soll im Folgenden kurz eingegangen werden.

Spätere Differenzierung?

Auf der Basis der PISA-E-Befunde (vgl. Deutsches PISA-Konsortium 2002, 2005) ist verschiedentlich argumentiert worden (z.B. Wößmann 2007), dass sich anhand der Befunde aus den Ländern mit sechsjähriger Grundschulzeit (Berlin und Brandenburg) belegen ließe, dass spätere Differenzierung Disparitäten mindernd sei. In der Tat zeigt sich für Berlin und Brandenburg in PISA-E 2003, dass die sozialen Disparitäten beim Gymnasialbesuch in beiden Ländern geringer ausfallen als in den übrigen 14 Ländern mit vierjähriger Grundschule (Deutsches PISA-Konsortium 2005). Für Brandenburg gilt dies im Übrigen auch bei den Disparitäten im Kompetenzerwerb.

Die Reduktion der Disparitäten scheint aber in beiden Ländern auf Kosten des insgesamt erreichten Kompetenzniveaus zu gehen. So belegen die beiden Länder im Bereich der Mathematik im Länder-Ranking von PISA-E 2003 die Plätze 12 und 13. Speziell die Gruppe der Schülerinnen und Schüler am Gymnasium belegt Platz 13 (Brandenburg) bzw. Platz 15 (Berlin). Solche unbefriedigenden Befunde sind keineswegs neu. Roeder (1997) reanalysierte Daten einer vom Max-Planck-Institut für Bildungsforschung Ende der 1960er-Jahre durchgeführten Gymnasiastenstudie mit einer für alle Länder der alten Bundesrepublik Deutschland repräsentativen Stichprobe. Ausgangspunkt der Arbeit war die Fragestellung, ob eine spätere Differenzierung (nach der 6. Jahrgangsstufe) bei leistungsstarken Schülern im Vergleich zur Differenzierung nach vier Schuljahren ungünstige Effekte auf die Schulleistungen hat. Dazu wurden die Leistungen von Gymnasiasten in der 7. Jahrgangsstufe in Deutsch, Mathematik und Englisch aus einem Bundesland mit sechsjähriger Grundschule mit denen der übrigen Bundesländer mit vierjähriger Grundschule verglichen. Die Abbildung 1 zeigt die Resultate der Studie.

Unübersehbar ergaben sich deutliche Leistungsvorteile der Gymnasiasten aus den Bundesländern mit vierjähriger Grundschule, die frühere Differenzie-

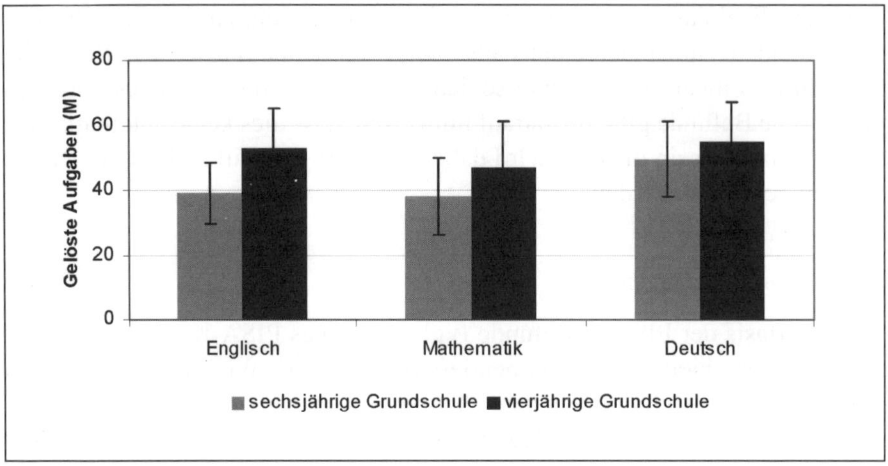

Abb. 1: Schulleistungen von Gymnasiasten in der 7. Jahrgangsstufe nach Herkunft aus Grundschulen mit unterschiedlicher Dauer (vgl. Roeder 1997)

rung scheint also leistungsstärkere Schülerinnen und Schüler in allen drei Fächern besser zu fördern. Dieselben Implikationen ergeben sich aus den oben referierten Reanalysen der Daten aus der Studie von Trautwein u. a. (2002).

Zusammenfassend zeigt sich hier für das deutsche Schulsystem, dass spätere Differenzierung in der Tat die Disparitäten zu reduzieren scheint, allerdings auf Kosten der insgesamt erreichten Kompetenzstände. Dies könnte nicht zuletzt der besonderen Instruktionskultur des Gymnasiums und der bildungsgangspezifischen Lehrerinnen- und Lehrerbildung geschuldet zu sein. Hierauf wird im Folgenden eingegangen.

Verzicht auf Differenzierung bei bildungsgangspezifischer Lehramtsausbildung?

Mit Hinweis auf so erfolgreiche Nationen wie Finnland ist die Forderung aufgestellt worden, auf jegliche Formen der Differenzierung in der Sekundarstufe I zu verzichten. In der Tat kann Finnland als ein Land gelten, dass bei weitgehendem Verzicht auf externe Differenzierung in der Sekundarstufe I große Fördererfolge hat. Auf die deutsche Situation bezogen kann man das Modell der Einheitsschule ohne Berücksichtigung der Lehrerinnen- und Lehreraus- und -weiterbildung aber nicht seriös diskutieren. In allen 16 Ländern der Bundesrepublik Deutschland erfolgt traditionell die Lehramtausbildung – im Übrigen vielfach auch die Fortbildung – für die Sekundarstufe I schulformspezifisch, mit deutlich höheren fachwissenschaftlichen Anteilen in der Gymnasiallehrerausbildung, oftmals auf Kosten der erziehungswissenschaftlichen und fachdidaktischen Studienanteile. Die Idee dabei ist, die Ausbildung passgenau an den später zu unterrichtenden Schülergruppen zu orientieren. Als Folge ist von erheblichen Unterschieden zwischen Lehrkräften der verschiedenen Schulformen im Professionswissen auszugehen. Diesen Gedanken hat das COACTIV-Projekt (vgl. Krauss u. a., im Druck) systematisch aufgenommen. In diesem Projekt, das an die PISA-2003-Studie angekoppelt war, wurde das fachliche und fachdidaktische Wissen von Mathematiklehrkräften getestet und in Zusammenhang mit Schülerleistungen gebracht. Lediglich ein kleiner Ausschnitt der vielfältigen Befunde soll hier berichtet werden:

- Fachliches Wissen ist die zentrale Voraussetzung für fachdidaktische Kompetenz (Korrelation $r = .79$),
- Lehrkräfte an Gymnasien verfügen über deutlich höhere fachliche Kompetenzen als Lehrkräfte der übrigen Bildungsgänge (Mittelwertsdifferenzen über einer Standardabweichung),
- Lehrkräfte an Gymnasien verfügen auch über deutlich höhere fachdidaktische Kompetenzen (Mittelwertsdifferenz über eine halbe Standardabweichung).

Einmal abgesehen davon, dass die Lehrkräfte für unterschiedliche Leistungsgruppen von Schülerinnen und Schülern ausgebildet wurden, implizieren die Befunde von Baumert u. a., dass Lehrkräfte, die für ein differenziertes Schulsystem ausgebildet wurden, (a) extrem heterogen in ihrem Professionswissen sind und (b) als Folge dieser Unterschiede mit erheblichen Verwerfungen in einem Einheitsschulsystem zu rechnen ist. Man stelle sich die Lehrkraft vor, deren fachliche Kompetenzen hinter denen der leistungsstärksten Schülerinnen und Schüler in einem ungegliederten System zurückbleiben, und die auch Mühe haben dürfte, bei anspruchsvollen Aufgaben intelligent mit Fehlern der Schülerinnen und Schüler umzugehen.

Folgt man diesem Argument, so kann die Debatte um Änderungen der Schulstruktur nur seriös unter expliziter Berücksichtigung potenzieller Nebenwirkungen und Einbeziehung breiter empirischer Studien geführt werden.

4 Schlussfolgerungen

In der Bundesrepublik Deutschland sind – möglicherweise als Folge der Reimplementierung des differenzierten Schulsystems nach dem Zweiten Weltkrieg – soziale Disparitäten im Bildungssystem entstanden und seit den 1960er-Jahren systematisch erforscht worden, ohne dass sie in der Folgezeit etwa verschwunden wären. Die Befunde aus PISA in diesem Zusammenhang als belastbares Instrument zur Kausalanalyse zu verwenden – so sollte deutlich geworden sein – ist leichtfertig. Erweitert man die Perspektive unter Einbeziehung einer breiteren empirischen Basis, so wird deutlich, dass

- die wissenschaftliche Basis für die Entscheidung pro vs. contra differenziertes Schulsystem sehr wackelig ist,
- PISA hier keineswegs klare Schlussfolgerungen erlaubt,
- bei der Umstellung auf ein Einheits- oder weniger gegliedertes Schulsystem mit Nebenwirkungen (u. a. in Folge der bildungsgangspezifischen Lehramtsausbildung) zu rechnen ist und
- man gut daran tut, solche potenziellen Nebenwirkungen in Empfehlungen für die Bildungspolitik einzubeziehen.

Literatur

Alexander, K. L. & Entwisle, D. R. (1996). Schools and children at risk. In: Booth, A. & Dunn, J. F. (Hrsg.). *Family-school links. How do they affect educational outcomes?* Mahwah: Erlbaum, 67–88.

Baumert, J. & Schümer, G. (2001). Familiäre Lebensverhältnisse. Bildungsbeteiligung und Kompetenzerwerb. In: Deutsches PISA-Konsortium (Hrsg.). *PISA 2000. Basiskompetenzen von Schülerinnen und Schülern im internationalen Vergleich.* Opladen: Leske + Budrich, 323–407.

Baumert, J., Trautwein, U. & Artelt, C. (2003). Schulumwelten – institutionelle Bedingungen des Lehrens und Lernens. In: Deutsches PISA-Konsortium (Hrsg.). *PISA 2000. Ein differenzierter Blick auf die Länder der Bundesrepublik Deutschland.* Opladen: Leske + Budrich, 261–331.

Bos, W., Lankes, E.-M., Prenzel, M., Schwippert, K., Walther, G. & Valtin, R. (Hrsg.). (2003). *Erste Ergebnisse aus IGLU. Schülerleistungen am Ende der vierten Jahrgangsstufe im internationalen Vergleich.* Münster: Waxmann.

Dahrendorf, R. (1965a): *Arbeiterkinder an deutschen Universitäten.* Tübingen: Mohr Siebeck.

Dahrendorf, R. (1965b). *Gesellschaft und Demokratie in Deutschland.* München: Piper.

Deutsches PISA-Konsortium. (2001). *PISA 2000. Basiskompetenzen von Schülerinnen und Schülern im internationalen Vergleich.* Opladen: Leske + Budrich.

Deutsches PISA-Konsortium. (2002). *PISA 2000. Die Länder der Bundesrepublik Deutschland im Vergleich.* Opladen: Leske + Budrich.

Deutsches PISA-Konsortium. (2004). *PISA 2003: Der Bildungsstand der Jugendlichen in Deutschland – Ergebnisse des zweiten internationalen Vergleichs.* Münster: Waxmann.

Deutsches PISA-Konsortium (Hrsg.). (2005). *PISA 2003 – Die Länder der Bundesrepublik Deutschland im Vergleich.* Münster: Waxmann.

Deutsches PISA-Konsortium (Hrsg.) (2007). PISA 2006: *Der Bildungsstand der Jugendlichen in Deutschland – Ergebnisse des dritten internationalen Vergleichs.* Münster: Waxmann.

Ditton, H. (1992). *Ungleichheit und Mobilität durch Bildung: Theorie und empirische Untersuchung über sozialräumliche Aspekte von Bildungsentscheidungen.* Weinheim: Juventa.

Ditton, H. & Krüsken, J. (2006). Der Übergang von der Grundschule in die Sekundarstufe I. *Zeitschrift für Erziehungswissenschaft, 9*, 348–372.

Entwisle, D. R. & Alexander, K. L. (1992). Summer setback: Race, poverty, school composition, and mathematics achievement in the first two years of school. *American Sociological Review, 57*, 72–84.

Entwisle, D. R. & Alexander, K. L. (1994). Winter setback: School racial composition and learning to read. *American Sociological Review, 59*, 446–460.

Handl, J. (1985). Mehr Chancengleichheit im Bildungssystem. Erfolg der Bildungsreform oder statistisches Artefakt? *Kölner Zeitschrift für Soziologie und Sozialpsychologie, 37*, 698–722.

Hanushek, E. A. & Wößmann, L. (2005) Does Educational Tracking Affect Performance and Inequality? Differences-in-Differences Evidence across Countries, *Economic Journal, 116*, C63-C76.

Henz, U. & Maas, I. (1995). Chancengleichheit durch die Bildungsexpansion. *Kölner Zeitschrift für Soziologie und Sozialpsychologie, 47*, 605–633.

Köhler, H. (1992). *Bildungsbeteiligung und Sozialstruktur in der Bundesrepublik: Zu Stabilität und Wandel der Ungleichheit von Bildungschancen.* Berlin: Max-Planck-Institut für Bildungsforschung.

Köller, O. (2003). Gesamtschule – Erweiterung statt Alternative. In: Cortina, K. S. et al. (Hrsg.). *Das Bildungswesen in der Bundesrepublik Deutschland.* Reinbek: Rowohlt, 458–494.

Köller, O. & Baumert, J. (2008). Entwicklung von Schulleistungen. In: Oerter, R. & Montada, L. (Hrsg.). *Entwicklungspsychologie* (6. Auflg.). Weinheim: Beltz/PVU, 735–768.

Krauss, S., Brunner, M., Kunter, M., Baumert, J., Blum, W., Neubrand, M., & Jordan, A. (im Druck). Pedagogical content knowledge and content knowledge of secondary mathematics teachers. *Journal of Educational Psychology.*

Lehmann, R. H., Peek, R. & Gänsfuß, R. (1997). *Aspekte der Lernausgangslage von Schülerinnen und Schülern der fünften Klassen an Hamburger Schulen – Bericht über die Untersuchung im September 1996.* Hamburg: Behörde für Schule, Jugend und Berufsbildung, Amt für Schule.

Leschinsky, A. & Mayer, K. U. (Hrsg.). (1999). *The comprehensive school experiment revisited: Evidence from Western Europe.* Frankfurt a. M.: Lang

Maaz, K., Hausen, C., McElvany, N. & Baumert, J. (2006). Stichwort: Übergänge im Bildungssystem. Theoretische Konzepte und ihre Anwendung in der empirischen Forschung beim Übergang in die Sekundarstufe. *Zeitschrift für Erziehungswissenschaft,9*, 299–327.

Müller, W. & Haun, D. (1994). Bildungsungleichheit im sozialen Wandel. *Kölner Zeitschrift für Soziologie und Sozialpsychologie, 46*, 1–42.

OECD. (2007). *Bildung auf einen Blick* 2007. Paris: OECD.

Picht, G. (1964). *Die deutsche Bildungskatastrophe.* Olten: Walter.

Roeder, P. M. (1997). Entwicklung vor, während und nach der Grundschulzeit: Literaturüberblick über den Einfluss der Grundschulzeit auf die Entwicklung in der Sekundarstufe. In: Weinert, F. E. & Helmke, A. (Hrsg.). *Entwicklung im Grundschulalter.* Weinheim: Beltz/PVU, 405–421.

Rolff, H.-G. (1997). *Sozialisation und Auslese durch die Schule*. Weinheim: Juventa.

Schimpl-Neimanns, B. (2000). Soziale Herkunft und Bildungsbeteiligung. Empirische Analysen zu herkunftsspezifischen Bildungsungleichheiten zwischen 1950 und 1989. *Kölner Zeitschrift für Soziologie und Sozialpsychologie, 52*, 636–669.

Trautwein, U., Köller, O., Schmitz, B. & Baumert, J. (2002). Do homework assignments enhance achievement? A multilevel analysis of 7th grade mathematics. *Contemporary Educational Psychology, 27*, 26–50.

Treiman, D. J. (1977). *Occupational prestige in comparative perspective*. New York: Academic Press.

Wößmann, L. (2007). *Letzte Chance für gute Schulen. Die 12 großen Irrtümer und was wir wirklich ändern müssen*. München: Zabert-Sandmann.

Innovation durch Evaluation?

Entstehung und Umsetzung von Innovationen im Bildungssystem als Konsequenz aus Bildungsmonitoring, Bildungsberichterstattung und vergleichenden Schulleistungsstudien – Möglichkeiten und Grenzen aus österreichischer Sicht

Werner Specht

1 Die wichtigste Innovation ist die ergebnisorientierte Sichtweise selbst

Inwieweit sind als Konsequenz aus Bildungsmonitoring, Bildungsberichterstattung und vergleichenden Schulleistungsstudien Innovationen im Bildungswesen entstanden? Und haben die Datensysteme der Bildungsforschung Einfluss darauf, *wie* diese Innovationen umgesetzt worden sind? Die Fragestellung scheint zu suggerieren, dass die drei genannten Elemente Aspekte ein und derselben Entwicklung seien. Das lässt sich zwar insofern behaupten, als Bildungsmonitoring, Bildungsberichte und Leistungsstudien zum Formenkreis dessen gehören, was heute allgemein als „outputorientierte Steuerung" bezeichnet wird. Zeitlich und kausal allerdings fallen diese drei Merkmale des neuen Steuerungsparadigmas nicht zusammen: Es lässt sich wohl für alle deutschsprachigen Länder behaupten, dass wesentliche Ausgangspunkte der gesamten Entwicklung hin zur Ergebnisorientierung die internationalen Leistungsstudien waren, deren (in allen angesprochenen Ländern mehr oder weniger) unbefriedigende Ergebnisse bildungspolitische Tendenzen unterstützt und gefördert haben, auch *innerhalb* der nationalen Systeme ein stärkeres Augenmerk auf die Ergebnisse des Bildungsprozesses zu legen. Bildungsmonitoring und Bildungsberichterstattung auf nationaler Ebene sind somit ihrerseits nachgeordnete Ansätze, die im Gefolge der internationalen Leistungsvergleichsstudien entstanden sind.

Damit lässt sich aber gleich eine der wichtigsten Innovationen benennen, die innerhalb dieses Paradigmas auf den Weg gebracht worden ist: Indem die (wiederum nur im deutschen Sprachraum) neuen Formen der Evaluation der

Bildungssysteme – ergebnisorientiert und international vergleichend – es offensichtlich ermöglichten, wichtige Informationen über die Bildungssysteme zur Verfügung zu stellen, die es bisher in dieser Form nicht gab (zunächst einmal vor allem über unerwartete Schwächen), vermochten sie es gleichzeitig, einen zusätzlichen Bedarf an solchen empirischen Informationen und Erkenntnissen zu erzeugen. Die (implizite) Annahme dabei war wohl, dass zwischen den Investitionen in die Datenproduktion und dem Gesamtwert der daraus folgenden Erkenntnisse ein linearer Zusammenhang besteht, oder, salopper gesagt, je mehr Daten zur Verfügung stehen, desto besser und reichhaltiger werde auch die Steuerungsinformation sein.

Aus der zeitlichen und kausalen Abfolge der Entstehung dieser neuen Elemente der Systemevaluation folgt aber gleichzeitig, dass wir über die Berechtigung dieser Annahme noch wenig sagen können. Man weiß heute relativ viel darüber, welche Einflüsse und Wirkungen TIMSS, PISA und die anderen internationalen Studien auf die Entwicklung der Bildungssysteme hatten. Weniger aber ist darüber bekannt, wie die länderinternen Systeme der Datenproduktion und Datenanalyse sich ausgewirkt haben.

Dies gilt ganz besonders für die österreichische Situation.

2 Die österreichische Situation

In Österreich haben sich die Entwicklungen hin zu stärker outputbezogenen Evaluations- und Steuerungsformen im Vergleich zur Schweiz, besonders aber verglichen mit den deutschen Verhältnissen, langsamer vollzogen. Das österreichische Schulwesen etwa kennt bis heute ebenso wenig ein systematisches Bildungsmonitoring wie eine regelmäßige Bildungsberichterstattung. Beide Elemente befinden sich allerdings in Entwicklung:

- Mit Jahresbeginn 2008 hat das neu gegründete Bundesinstitut für Bildungsforschung, Innovation und Entwicklung im österreichischen Schulwesen (bifie) seinen Betrieb aufgenommen, eine Einrichtung, zu deren Kernaufgaben laut Gesetz das „Bildungsmonitoring“ ebenso gehört wie die „regelmäßige nationale Bildungsberichterstattung“.

- Für die Erstellung einer Pilotversion eines Nationalen Bildungsberichts ist der politische Auftrag bereits Mitte 2007 ergangen. Der erste Bericht soll noch Ende 2008 fertig gestellt werden (s. Specht, in diesem Band).

Über die Auswirkungen dieser beiden Elemente im Bereich der österreichischen Bildungsplanung und Systementwicklung ist aufgrund ihrer Neuheit naturgemäß wenig zu sagen. Die sichtbarsten Veränderungen, die sich derzeit im österreichischen Schulwesen vollziehen – dazu gehören die Einführung von Bildungsstandards und zentralen Abschlussprüfungen, Reformen im Bereich der Qualitätssicherungssysteme, aber eben auch die Schaffung des genannten Bundesinstituts –, sind im Grunde eine Spätfolge von PISA und TIMSS und dabei zu einem großen Teil ein Nachvollzug des Paradigmenwechsels, der sich insgesamt in den europäischen Bildungssystemen – mit unterschiedlicher Geschwindigkeit und von unterschiedlichen Ausgangspunkten aus – vollzieht.

Wichtig ist dabei das bereits eingangs Gesagte: Ihrem Wesen nach stellen die genannten Innovationen keine Maßnahmen der Qualitätsverbesserung *per se* dar, sondern eher methodische Ansätze zur Förderung einer evidenzbasierten Entwicklung mit der Perspektive, eine „empirische Wende" in der Schulentwicklung und Bildungspolitik auch im österreichischen Schulwesen nachzuvollziehen. Es handelt sich nicht um Maßnahmen einer substanziellen Qualitätsentwicklung, die aus empirischen Erkenntnissen heraus abgeleitet und geplant worden sind, sondern um die Schaffung der Voraussetzungen dafür, dass ein solcher Wandel der Steuerungsformen ermöglicht wird.

Die eigentlichen Erkenntnisse, die zu diesen Entwicklungen Anlass gegeben haben, waren die Ergebnisse der internationalen Leistungsstudien TIMSS und PISA. Diese Studien haben innerhalb des Bildungswesens nicht nur aufgrund der *inhaltlichen Ergebnisse* zum Nachdenken über und zum Vollzug von Veränderungen geführt, sondern vor allem auch deswegen, weil mit diesen Studien die Möglichkeiten und Chancen einer verstärkten Evidenzbasierung sichtbar geworden sind.

Der zentrale Fortschritt dieser Entwicklung besteht folglich darin, dass Bildungspolitik und Bildungspraxis heute stärker bereit sind, sich den Problemen zu stellen, indem sie zulassen, diese objektiv sichtbar werden zu lassen. Ob die Probleme dadurch tatsächlich besser lösbar werden und auch tatsächlich besser gelöst werden, muss sich dagegen erst noch zeigen.

Eine wichtige Eigenschaft des evidenzbezogenen Steuerungsmodells ist ja, dass es eine effektive Selbstevaluation zumindest prinzipiell ermöglicht. Bildungspolitische Entscheidungen und Innovationen können selbst daraufhin überprüft werden, ob und inwiefern sie in der beabsichtigten Weise wirksam werden, und welche unerwarteten und unerwünschten Nebenwirkungen in ihrem Gefolge eintreten.

3 Wirkungsformen der internationalen Vergleichsstudien

Obwohl, wie erwähnt, die wichtigsten *bisherigen* Reformmaßnahmen im Gefolge der internationalen Vergleichsstudien nicht primär pädagogischer und auch nicht schulstruktureller Natur waren, sondern sich eher auf die Verbesserung und Erweiterung der Evaluations- und Qualitätssicherungssysteme bezogen (Bildungsstandards, Monitoring Systeme, externe Evaluation der Schulen usw.), haben diese Studien doch insgesamt eine Reformdynamik befördert, wie sie in den deutschsprachigen Ländern zuletzt vielleicht in den 60er Jahren des vorigen Jahrhunderts zu beobachten war, als ebenfalls eine Defizitanalyse („Die deutsche Bildungskatastrophe“) die Veränderungsbereitschaft entscheidend förderte.

Worauf beruht die bildungspolitische Wirksamkeit dieser Studien? Aus der österreichischen Sicht lassen sich drei miteinander in Wechselwirkung stehende Faktoren identifizieren, die heute zusammen ein eher reformfreundliches Klima erzeugen: (a) Das durch die Studien erweiterte Wissen um Wirksamkeit und Wirkungen des Schulsystems, (b) eine Belebung der Bildungsdiskussion in der Gesellschaft – insbesondere im Gefolge der problematischen Aspekte der neuen Erkenntnisse, und (c) eine besser informierte und bildungspolitisch stärker interessierte Öffentlichkeit, die diese Diskussion trägt und forciert.

3.1 Erweitertes Wissen

Es besteht kein Zweifel daran, dass gerade in den deutschsprachigen Ländern mit ihren schwach entwickelten Traditionen empirischer Outputkontrolle die international vergleichenden Studien die Wissensbasis über die Bildungssysteme und ihre Subsysteme erweitert und auch vertieft haben. Beides gilt durchaus nicht nur für eine kleine Gruppe von Experten, sondern wirkt tief in den Bereich der bildungspolitisch interessierten Öffentlichkeit hinein. Dabei sind verschiedene *Arten von Wissensbeständen* zu nennen:

- *Neues systemdiagnostisches Wissen*, also Wissen und Information über zentrale Outputmerkmale des Schul- und Bildungssystems. Dazu gehört beispielsweise als besonders wichtiger Befund die Größenordnung des Anteils jener Schüler, die das Schulsystem ohne wesentliche fachliche Kompetenzzuwächse durchlaufen. Dass mehr als ein Fünftel der Schüler am Ende der Schulpflicht große Mühe hat, Sinn erfassend Texte zu lesen oder einfachste mathematische Operationen auszuführen, ist ein Ergebnis, das in Wissenschaft und Politik, aber auch in der Öffentlichkeit großes Aufsehen erregt und die Überzeugung von der Notwendigkeit weitreichender Reformen im Schulwesen gestärkt hat.
- *Reaktivierung von „altem", verschüttetem Wissen:* Vieles von dem, was heute als Erkenntnis aus den internationalen Leistungsstudien präsentiert wird, ist in Wirklichkeit nicht neu. Es handelt sich vielmehr um Wissen, das sozusagen „aus alter Zeit" stammt, scheinbar verschüttet und vergessen war und nun wieder entdeckt wurde. Zu diesem Typus kann man etwa die Befunde über die soziale Ungleichheit der Bildungschancen rechnen, die, jedenfalls für Österreich, in den meisten Studien eine bedenkliche Ausprägung aufweisen. Sozial bedingte Chancenungleichheit ist eine Thematik, die über lange Jahre von der Agenda der Bildungsdiskussion verschwunden war und erst mit TIMSS und PISA wieder in die Diskussion geriet.

  Letzteres ist kein Zufall. Der systemvergleichende Charakter der internationalen Leistungsstudien machte transparent, dass es Ungleichheit der Bildungschancen zwar überall gibt, dass der Zusammenhang zwischen sozialer Herkunft und Erfolg im System aber zwischen unterschiedlichen Ländern beträchtlich variiert. Damit wurde gleichzeitig deutlich gemacht, dass ein nicht geringer Teil der Verantwortung für dieses Problem bei den nationalen Schulsystemen liegt, oder, positiv gewendet, dass auch in diesem Bereich Gestaltungsspielräume vorhanden sind, die es zu nutzen gilt.

- *„Steuerungswissen“:* An den letzten Punkt schließt direkt eine dritte Form durch die internationalen Studien generierten Wissens an, bei der es sich insofern um „echtes“ Steuerungswissen handelt, als es deutlich macht, was „Steuerung“ überhaupt bewirken kann. Wiederum ist diese Art neuen Wissens nur durch den international vergleichenden Charakter dieser Studien aufschließbar, die auf die Variationen zwischen den untersuchten Systemen abheben. Zwei Aspekte dieser Variation sind dabei von unmittelbarer Steuerungsrelevanz: (a) Das Ausmaß der *Variation der gemessenen Outputmerkmale* zwischen den Bildungssystemen, das gleichsam die Spielräume der Einflussnahme sichtbar macht, die im öffentlichen Bewusstsein als Gestaltungsoptionen der Schule wahrgenommen werden. (b) Die zweite wichtige Steuerungsinformation, die die internationalen Studien liefern, ist die *Variabilität der Gestaltungsparameter* von Schulsystemen, die zu ähnlichen (ähnlich guten oder ähnlich problematischen) Ergebnissen im Output führen. Solche Wissensformen wirken ideologischen nationalen Voreingenommenheiten entgegen, die dazu tendieren, in dem, was in einem Land historisch gewachsen ist, gleichzeitig die einzige Möglichkeit der Realisierung guter Praxis zu sehen.

3.2 Belebung der Bildungsdiskussion

Der zweite grundlegende Effekt von TIMSS, PISA, PIRLS usw. in Österreich war eine starke Belebung der Bildungsdiskussion in der Fachwelt und in der Öffentlichkeit.

Wahrscheinlich ist die öffentliche Diskussion um die Gestaltung des Schulwesens in den letzten Jahren erstmals wieder ähnlich heftig und engagiert geführt worden wie zur Zeit der ersten Gesamtschuldebatte, als sich Gegner und Befürworter einer gemeinsamen Schule der 10–14-Jährigen stürmische Auseinandersetzungen lieferten.

Während die damaligen Argumente jedoch in erster Linie ideologischer Natur waren, werden die Themen der bildungspolitischen Debatte heute durch die Ergebnisse empirischer Forschung vorgegeben.

- Die Ergebnisse von TIMSS beispielsweise haben lange vor PISA die Diskussion um die Qualität des mathematisch-naturwissenschaftlichen Unter-

richts angeregt. TIMSS war aber auch eines von ganz wenigen Beispielen bisher, wo die Ergebnisse einer internationalen Leistungsstudie zu sehr konkreten pädagogischen und unterrichtsbezogenen Entwicklungsprojekten geführt haben. Tatsächlich wurde 1999 zu diesem Thema das bisher größte Forschungs- und Entwicklungsprojekt in der Geschichte des österreichischen Bildungswesens auf den Weg gebracht (Krainer et al. 2002).
- Noch intensiver und nachhaltiger wirkt PISA: Seit der Veröffentlichung von PISA 2000 liefern die Ergebnisse dieser Studien die dominierenden bildungspolitischen Argumente – durchaus auch in Bereichen, in denen sie in Wirklichkeit gar nicht aussagekräftig sind. Zwar ist in allerjüngster Zeit auch die Kritik am Ansatz und der Methode von PISA erstmals wieder lauter geworden (Hopmann, Brinek & Retzl 2007). Dennoch sind die PISA-Ergebnisse bis heute in der öffentlichen Argumentation der wichtigste Reformmotor geblieben.
- Ähnliches wie für PISA gilt auch für die OECD-Bildungsindikatorenstudien *Education at a Glance*: Die öffentliche Debatte wird in zunehmender Weise mit Zahlen und Fakten aus dem internationalen Raum geführt. OECD-Indikatoren und EU-Benchmarks spielen dabei eine wesentliche Rolle.

Mit der öffentlichen Verfügbarkeit der Datenbestände der internationalen Bildungsindikatoren und Leistungsvergleiche baut sich gleichzeitig ein wachsender Druck gegenüber der Politik auf. Mit dem Wissen um die objektiven Stärken und Schwächen des Schulwesens ist der Öffentlichkeit – insbesondere in Gestalt der Medien – ein Instrumentarium der Kontrolle über die Regierungen erwachsen. Jede Regierung hat ihre Handlungen und Programme unter dem Gesichtspunkt zu rechtfertigen, inwieweit sie in der Lage sind, den Schwächen entgegenzuwirken bzw. die Stärken weiter auszubauen. Zunehmend geht die Möglichkeit für Bildungspolitiker verloren, Entscheidungen rein nach prinzipiellen Wertentscheidungen und/oder ideologischen Prämissen zu treffen. Jede Politik muss sich letztlich an der Veränderung der Ergebnisse messen lassen, sofern es ihr nicht gelingt, die Relevanz der Ergebniskriterien zu relativieren und umzudeuten.

3.3 Informiertere Öffentlichkeit

Eine Belebung der Bildungsdiskussion jenseits ideologischer Grabenkämpfe bedarf – soll sie nicht auf kleine elitäre Zirkel beschränkt bleiben – einer aufgeklärten, informierten Öffentlichkeit. Auch ein Trend in Richtung besserer Informiertheit und selbstbewusster Partizipation der Öffentlichkeit ist als Folge der internationalen Studien und ihrer medialen Behandlung zu beobachten – wenngleich dies jener Teil der allgemeinen Entwicklung ist, der am wenigsten eindeutig ist und sich auch am wenigsten rasch vollzieht.

Der Wandel zu einer aufgeklärteren, rationaleren, wissenschaftsorientierten und evidenzbasierten Diskussion über die Reform der Schule ist deswegen so schwierig zu vollziehen, weil alle Menschen einer Gesellschaft diese Einrichtung kennen, durchlaufen haben und sich selbst als Experten sehen. Tatsächlich wird es heute – auch unter Menschen mit hoher formaler Bildung – noch immer als legitim angesehen, Ergebnissen der empirischen Bildungsforschung mit Rückgriff auf individuelle Schulerfahrungen ihren Gültigkeitsanspruch streitig zu machen („Aber in meiner Schulzeit …“).

Dennoch beginnt aufgeklärtes Wissen auch in der öffentlichen Diskussion Fuß zu fassen. Dies ist am besten an jenen scheinbar unverrückbaren subjektiven Wahrheiten zu erkennen, mit denen bis vor nicht langer Zeit ohne weiteren Zwang zu Begründungen, zumindest innerhalb bestimmter sozialer Kontexte, argumentiert werden konnte:

- „Je kleiner die Klasse, desto besser der Unterricht.“
- „Offener Unterricht ist besser als lehrergesteuertes Lernen.“
- „Heterogene Lerngruppen führen zu einer Nivellierung nach unten.“
- „Ohne die Gefahr des Sitzenbleibens wird nicht gelernt.“
- „Gesamtschule ist Eintopfschule“

Diese Art von Phrasen findet heute weniger Rückhalt als noch vor einigen Jahren. Mehr und mehr setzt sich auch in Interessengruppen wie etwa der Lehrergewerkschaft die Einsicht durch, dass es im Bereich der Schule keine Naturgesetzlichkeiten gibt, sondern nur Potenziale und Risikofaktoren, die letztendlich sich in unterschiedlicher Weise auswirken können.

Anteil daran hat auch eine differenzierter werdende Berichterstattung in der Presse. Ein vorwiegend an Qualitätsfragen orientierter *Bildungsjourna-*

lismus arbeitet zunehmend im Sinne der Information und Aufklärung der Öffentlichkeit und weniger am Aufhetzen von Politikern gegeneinander. Er trägt so zu einer niveauvolleren Bildungsdiskussion bei, die zunehmend ohne Plattitüden auskommt.

4 Evidenzbasierte Bildungspolitik?

Angesichts der „Verwissenschaftlichung" der bildungspolitischen Wissensgrundlagen und der öffentlichen Diskussion liegt es nahe, insgesamt von einer eindeutigen Entwicklung in Richtung einer evidenzbasierten Politik auszugehen. Die bildungspolitische Praxis der vergangenen Dekade in Österreich zeigt jedoch, dass eine immer besser werdende Datenlage in Bezug auf die Diagnostik des Schulwesens keine hinreichende Bedingung für Rationalität und Aufgeklärtheit bildungspolitischer Entscheidungen darstellt.

Anhand einiger einfacher Beispiele lässt sich zeigen, dass die Hoffnung auf einen engen Zusammenhang zwischen Datenverfügbarkeit und Entscheidungsqualität in Politik und Verwaltung trügerisch ist. Dies ist nicht unbedingt der Bildungspolitik anzulasten, sondern folgt zum Teil auch schlicht aus der Logik, dass das Sollen aus dem Sein nicht naturwüchsig entspringt. Auch die beste Beschreibung einer Situation oder Institution anhand von Daten und Indikatoren kann daraus einen zwingenden Hinweis auf notwendige Schritte zur Verbesserung der Situation nicht herleiten. Diese Tatsache kommt dem Wesen der Politik entgegen, das ja nicht im bloßen Nachvollziehen logischer Notwendigkeiten, sondern im Wettbewerb der Ideen und in der Aufbereitung überzeugender Argumente liegt.

So lässt sich beispielsweise erklären,

- dass das Erscheinen der neuen Ausgabe von *Education at a Glance* im Herbst letzten Jahres bei den unterschiedlichen politischen Parteien völlig unterschiedliche, zum Teil sogar konträre Stellungnahmen und Forderungen ausgelöst hat;
- dass die Reformvorschläge, die vor einigen Jahren im Auftrag des Bildungsministeriums von einer Gruppe von Bildungswissenschaftlern („Zukunftskommission") ausgearbeitet und vorgelegt worden waren (Haider et

al. 2005), um nichts weniger der politischen Kontroverse ausgesetzt waren wie Pläne, die innerhalb der politischen Sphäre selbst entstehen;

- dass in Österreich (ähnlich wie auch in Deutschland) mit zunehmender Heftigkeit darüber gestritten wird, welche Veränderungen im Schulsystem die PISA-Ergebnisse tatsächlich nahe legen. Insbesondere in der Entscheidung über eine angemessene Schulstruktur (integrativ vs. gegliedert) scheint die empirische Evidenz zu wenig überzeugend, um eine leichte Einigung der politischen Kräfte zu befördern.
- Auch die Weiterentwicklung der Voraussetzungen einer stärker datengestützten Schulentwicklung – etwa im Sinne der Einführung von Bildungsstandards, deren empirischer Überprüfung durch Testsysteme sowie der Datenrückmeldung an die unterschiedlichen Entscheidungsebenen – war lange Zeit bildungspolitisch (wie auch wissenschaftlich) kontrovers (Specht 2006).

Ganz offensichtlich scheint, dass die Haltung der Politik den Datensystemen gegenüber, die ihr Handlungsfeld beschreiben und auch bewerten, durchaus ambivalent ist. Einerseits wird nicht von ungefähr in einer programmatischen EU-Schrift (Commission of the European Communities 2007) folgende Aussage von John Maynard Keynes zitiert:

> *"There is nothing a government hates more than to be well informed; for it makes the process of arriving at decisions much more complicated and difficult"*
>
> J.M. Keynes, zit. in Commission of the European Communities (2007, 8)

Andererseits ist in den letzten Jahren innerhalb der europäischen und internationalen politischen Organisationen eine Bewegung für eine stärker evidenzbasierte Bildungspolitik entstanden (Jornitz 2008), auf deren Funktion und Bedeutung für den politischen Sektor anlässlich einer EU-Konferenz in Frankfurt 2007 folgendermaßen hingewiesen worden ist:

> *„Der Nutzen einer solchen wissensbasierten und zugleich output-orientierten Steuerung liegt darin, dass im Bereich der Bildungspolitik Mechanismen installiert werden, die*

- *automatisch auf Erfolge und Fehlentwicklungen gleichermaßen aufmerksam machen,*
- *somit den ‚Zwang zum Lernen' im System selbst verankern und*
- *letzteren insbesondere von politischer Opportunität lösen.“*

(Storm 2007)

Auf eben dieser Konferenz ist viel die Rede davon gewesen, dass die Sektoren der Wissensproduktion (Wissenschaft), der Wissensanwendung (Politik/Praxis) und der Wissensmediation und -dissemination (Medien, Vermittlungsagenturen) im Sinne einer effektiven Wissensbasierung von Politik und Praxis noch besser intern organisiert und aufeinander abgestimmt werden müssen.

Für Österreich entsteht einstweilen der Eindruck, das diese Abstimmung derzeit primär dadurch erfolgt, dass der Produktionssektor angekurbelt und die Datenbasis über Schulen und Bildungssystem vervielfältigt werden soll. Dies ist aufgrund der vielen Jahre der Vernachlässigung dieser Art von Informationen verständlich. Inwieweit diese Strategie längerfristig zu einer qualitativen Verbesserung politischer Steuerung und vor allem zu verbesserten Ergebnissen führen wird, muss sich aber erst noch zeigen. Nahe liegt, dass eine nachhaltige Verbesserung der Qualität des bildungspolitischen Steuerungswissens weniger einer erweiterten Quantität von deskriptiven Daten im Sinne von Monitoring-Systemen bedarf, sondern einer Steigerung von Quantität und Qualität analytischer Forschung über strukturelle und pädagogische Bedingungen von Exzellenz im Schulwesen, von Systemleistungen bei kognitiver und nichtkognitiver Förderung von Schülern und des Ausgleichs der Bildungschancen zwischen unterschiedlichen Schichten und Ethnien.

Gerade die Förderung von Bildungsforschung mit hohen Qualitätsansprüchen würde aber auch erhöhte Anforderungen an die Vermittlung von Forschungsergebnissen in die Praxis und in die Politik begründen. Hier könnten effizient arbeitende *Brokerage Agencies*, in denen wissenschaftliche Wissensbestände in praktisch verwertbares Steuerungswissen übersetzt werden, und die umgekehrt Wissensbedürfnisse aus Politik und Praxis in eine Theoriesprache übersetzen und für Forschung zugänglich machen, zu einem Quantensprung in der Zusammenarbeit von Politik, Forschung und Praxis führen.

Literatur

Commission of the European Communities. (2007). *Towards more knowledge-based policy and practice in education and training: Commission Staff Working Document*. URL: http://ec.europa.eu/education/policies/2010/doc/sec1098_en.pdf [Stand 25.4.2008].

Eder, F., Gastager, A. & Hofmann, F. (Hrsg.). (2006). *Qualität durch Standards?: Beiträge zum Schwerpunktthema der 67. Tagung der AEPF*. Münster: Waxmann.

Haider, G., Eder, F., Specht, W. & Spiel, C., Wimmer M. (2005). *Zukunft: Schule: Strategien und Maßnahmen zur Qualitätsentwicklung. Reformkonzept der österreichischen Zukunftskommission*. Wien: Bundesministerium für Bildung, Wissenschaft und Kultur (Abschlussbericht vom 6.4.2005).

Hopmann, S. T., Brinek, G. & Retzl, M. (Hrsg.). (2007). *PISA zufolge PISA – PISA According to PISA: Hält PISA, was es verspricht? – Does PISA Keep What It Promises?* (1. Aufl.). Schulpädagogik und pädagogische Psychologie: Bd. 6. Wien: LIT Verlag.

Jornitz, S. (2008). Was bedeutet „evidenzbasierte Bildungsforschung"? Über den Versuch, Wissenschaft für Praxis verfügbar zu machen. *Die Deutsche Schule, 100* (2).

Krainer, Konrad et al. (Hrsg.). (2002). *Lernen im Aufbruch: Mathematik und Naturwissenschaften ; Pilotprojekt IMST2*. Innovationen im Mathematik- und Naturwissenschaftsunterricht: Bd. 1. Innsbruck: StudienVerlag.

Specht, W. (2006). Von den Mühen der Ebene: Entwicklung und Implementation von Bildungsstandards in Österreich. In: Eder, F., Gastager, A. & Hofmann, F. (Hrsg.). *Qualität durch Standards? Beiträge zum Schwerpunktthema der 67. Tagung der AEPF.*. Münster: Waxmann, 13–37.

Storm, A. (2007). Wissen für Handeln: Die politische Herausforderung: Eröffnungsrede anlässlich der BMBF-Fachveranstaltung im Rahmen der Deutschen EU-Präsidentschaft zum Thema „Wissen für Handeln – Forschungsstrategien für eine evidenzbasierte Bildungspolitik". URL: http://www.bmbf.de/pub/psts_20070328.pdf [Stand 12.5.2008].

Bildungsberichterstattung auf der Basis von Indikatoren – Eine Situationsbestimmung aus der Schweiz[1]

Stefan C. Wolter

Einleitung

Nationale Bildungssysteme sind traditionell immer stark politisch und durch normative Setzungen gesteuerte Bereiche der Gesellschaft und des staatlichen Handelns gewesen und sind dies in unterschiedlichem Ausmaß in vielen Ländern heute noch. Spätestens in der Zeit nach dem 2. Weltkrieg mit dem rasanten Ausbau des Bildungswesens im überobligatorischen Bereich und dem Erkennen der gesellschaftlichen, aber auch wirtschaftlichen Bedeutung von Bildung ist sich die Politik der damit verbundenen immensen Steuerungsfragen bewusst geworden. Auch wenn der in den Industrienationen in den 50er und 60er Jahren allgemein verbreitete Steuerungswahn Schiffbruch erlitt, war eine Rückkehr zu einer rein normativ geleiteten Bildungspolitik angesichts des Einsatzes volkswirtschaftlicher Ressourcen im Bildungswesen und der Bedeutung des Humankapitals für die weitere Entwicklung der Länder nicht mehr denkbar. „Trial und Error"-Verfahren in der politischen Steuerung des Bildungswesens würden sich unter den gegebenen Bedingungen einfach als zu teuer erweisen. Ebenso normativ motivierte Entscheidungen, die zu einer auf einer sachlich-objektiven Analyse beruhenden Alternative im Widerspruch stehen würden.

Auch wenn es der ganzen Komplexität der Entwicklungen sicherlich nicht gerecht wird, kann man doch auf ein einzelnes Ereignis verweisen, welches für das neue Steuerungsparadigma, auch im Bildungswesen, entscheidend

1 Der Autor dankt den Mitarbeitenden am „Bildungsbericht Schweiz 2006" für ihre Inputs, speziell Miriam Kull. Alle Aussagen und Fehler liegen aber in der alleinigen Verantwortung des Autors.

war. Mit der Regierung Blair setzte sich zum ersten Mal eine theoretisch abgestützte und institutionell abgesicherte Philosophie der politischen Steuerung und Verwaltung durch, welche sich ausschließlich auf Evidenz abstützen will. Die sogenannte *evidence based policy* wird sich im politischen Wettkampf nicht in Reinkultur durchsetzen können aber schon eine *evidence informed policy* stellt eine starke Verbesserung der Rationalität politischer Entscheide dar. Dass Regierungen sich in ihren Handlungen so gut als möglich auf Evidenz abstützen, ist nebenbei bemerkt keine uneigennützige Entscheidung und kann sich auch dann lohnen, wenn man sich durchaus bewusst ist, dass die durch die Evidenz verursachte Reduktion der politischen Freiheitsgrade für Politiker schmerzlich sein kann.[2] Evidenzbasierte Entscheidungen können von nachfolgenden Regierungen viel schwerer rückgängig gemacht werden als rein normative. Will eine Regierung deshalb in den einzelnen Politikbereichen durch ihre Handlungen nachhaltig Wirkung erzielen, so kann sie dies umso besser, je besser und vollständiger ihre Informationen über den Zustand, die Zusammenhänge und die Wirkungen im Bildungswesen sind.

Dass eine evidenz- oder informationsbasierte Steuerung des Bildungswesens heute nicht nur drängender, sondern auch realisierbarer ist als noch vor zwei, drei Jahrzehnten, hat man dem Wechselspiel von verschiedenen Entwicklungen zu verdanken. Um den steigenden Bedarf an Informationen über das Bildungswesen zu decken, wurden in den meisten Industrienationen gewaltige Investitionen in die Bildungsstatistik und die administrativen Informationssysteme getätigt. Gleichzeitig fanden in den Sozialwissenschaften große methodologische Fortschritte statt. Besonders bei den Evaluationstechniken, die ihre Anwendungen zuerst in anderen Bereichen staatlichen Handelns fanden – so der Arbeitsmarkt- oder der Gesundheitspolitik – wurden Verfahren entwickelt, die sich praktisch unabhängig vom Anwendungsbereich mit Gewinn einsetzen lassen. Die methodologischen Fortschritte im Bereich der Datenauswertung und -interpretation haben ihrerseits wiederum zu Ver-

2 Diese Befürchtung ist nicht neu, wie folgendes historisches Zitat belegt: *„Als die Max-Planck-Gesellschaft sich ... mit einem ... Plan für ein interdisziplinäres Institut für Bildungsforschung befasste, hat ein deutscher Kultusminister den sorgenvollen Satz gesprochen: „Hier könnte ja wissenschaftlich begründete Kritik an der Arbeit der Kultusminister geübt werden.“* (Becker 1971, S. 17).

besserungen in den statistischen Grundlagen geführt. Allerdings musste man auch in der sozialwissenschaftlichen Forschung erkennen, dass die aus der Beobachtung realer Phänomene alleine gezogene Erkenntnis zur Ergründung kausaler Zusammenhänge oder der Wirkungsweise neuer Politiken nicht genügend ist. Experimentelle oder quasi-experimentelle, d. h. willentlich hervorgerufene Variationen, wie sie schon früh in den Naturwissenschaften und später vor allem in der Medizin standardmäßig angewandt wurden, sind auch zur Ergründung sozialer Phänomene notwendig. Die Fortschritte in den Bereichen der Statistik und der Forschungsmethoden auch im Bereich der Bildungsforschung wiederum sind eine Grundbedingung dafür, dass sich die Bildungspolitik überhaupt auf ein evidenzbasiertes oder auch nur -informiertes Steuerungsparadigma einlassen kann.

Der vorliegende Artikel ist in vier Teile gegliedert. Im ersten Teil werden kurz die Entwicklungen aufgegriffen, die in der Schweiz dazu geführt haben, im Rahmen eines weit gefassten Bildungsmonitorings eine nationale Bildungsberichterstattung aufzubauen und unter welchen Rahmenbedingungen die Auftragserstellung erfolgte. Im zweiten Teil wird auf die spezifische Frage eingegangen, in welchem Umfang und unter welchen Einschränkungen statistische Indikatoren geeignet sind, um das Bildungswesen zu steuern. Im dritten Teil werden der Aufbau und die dahinterliegenden Überlegungen des ersten schweizerischen Bildungsberichtes erläutert. Der vierte Teil fasst die Erfahrungen, die im Laufe der Erstellung des ersten schweizerischen Bildungsberichtes gemacht wurden, zusammen und zieht die ersten Schlussfolgerungen, die für die weitere Bildungsberichterstattung von Nutzen sein können.

1 Wissensbasierte Steuerung des Bildungswesens durch Monitoring

Vor dem Hintergrund der eingangs beschriebenen internationalen Entwicklungen, hatte sich die Schweiz, wenn auch mit der ihr eigenen zeitlichen Verzögerung, entschieden, die bildungspolitische Steuerung durch standardisierte Instrumente des Bildungsmonitorings und der Bildungsberichterstattung zu erweitern und zu verbessern. Schon in den 90er Jahren waren die laufenden Anstrengungen auf dem Gebiet der Bildungsstatistik, vornehmlich durch das

Bundesamt für Statistik, so weit verdichtet worden, dass man mit Indikatorensystemen die Basis für eine informierte und somit rationalere Bildungspolitik zu legen anstrebte. Diese Bestrebungen im Bereich der Bildungsstatistik wurden Ende der 90er Jahre von der Politik aufgegriffen, teilweise verbunden mit der Vorstellung, dass ein eng begrenztes Indikatorenset von einem knappen Dutzend von Indikatoren genügen würde, die für die Steuerung des Bildungswesen notwendige Information bereitzustellen. Im Jahre 2004 erfolgte dann der Entscheid der Schweizerischen Konferenz der kantonalen Erziehungsdirektoren (EDK), zusammen mit den Bundesbehörden im Rahmen eines nationalen Bildungsmonitorings eine Bildungsberichterstattung zu starten.

Das Bildungsmonitoring selbst ist ein umfassender Prozess zu dem unter anderem auch periodische Lernstandsmessungen, wie PISA oder neu dann HarmoS, gehören. Diese Einzelprojekte des Monitorings sollen Steuerungsinformationen für spezifische Bildungsbereiche und -fragen generieren. Der Bildungsbericht schließlich soll dieses Wissen kombiniert mit anderen Informationen aus Verwaltung, Statistik und Forschung in ein Gesamtbild zusammenfügen. Der erste Bildungsbericht erschien Ende 2006 als Pilot. Im Rahmen der Arbeiten an diesem ersten nationalen Bildungsbericht, welcher von der Schweizerischen Koordinationsstelle für Bildungsforschung (SKBF; siehe SKBF 2006) erarbeitet wurde, konnten erste und wichtige Erfahrungen gesammelt werden, inwiefern, unter welchen Bedingungen und mit welchen Einschränkungen ein rein auf Indikatoren basiertes Informationssystem in der Lage wäre, die notwendige Informationsbasis für die Steuerung des Bildungswesens zu liefern. Ohne den weiteren Aussagen dieses Aufsatzes vorgreifen zu wollen, kann hier schon festgehalten werden, dass rein statistische Indikatoren in aller Regel weder eindeutige noch vollständige Informationen zur Steuerung liefern. Dazu ist aber anzumerken, dass das Monitoring auch in der zeitlichen Dimension als Prozess gedacht ist und deshalb nicht nur die Bestandsaufnahme zu einem einzelnen Zeitpunkt entscheidend ist, sondern auch die Beobachtung der Geschehnisse zwischen zwei Zeitpunkten. Für den Bildungsbericht ist eine Periodizität von vier Jahren gedacht. In diesen vier Jahren sollen die Befunde des ersten Berichtes in der Bildungsverwaltung, -statistik und -forschung verarbeitet werden und der Bildungspolitik dazu dienen, Fragestellungen und Schwerpunkte für den nächsten Bildungsbericht zu definieren. Mit diesen Vorgaben ausgestattet, unternimmt der folgende Bildungsbericht dann eine erneute Bestandsaufnahme, die nun speziell auch die relativen Veränderungen und nicht nur den aktuellen Zustand des Bildungswesens unter die Lupe nimmt. Um die Bedeutung und den Nutzen der Bildungsberichtserstattung beurteilen zu können, muss man dementsprechend wohl mindestens einen vollen Zyklus dieser Berichte, d. h. mindestens zwei Berichte abwarten.

2 Indikatoren und Indikatorensysteme

Nimmt man geläufige Definitionen von Indikatoren, dann sind Indikatoren quantitative Informationen über Zustände, Eigenschaften, Leistungen oder Wirkungen eines Systems. Also empirisch messbare Informationen, welche im Idealfall theoriegestützt Aussagen über ein System erlauben sollen. Obwohl auch im Bildungswesen international seit längerer Zeit mit Indikatoren gearbeitet wird, sind sowohl die Definition, die Auswahl und das Verhältnis zwischen den einzelnen Indikatoren bis heute mit sehr vielen offenen Fragen verbunden.[3] Ein Indikatorensystem, in welchem all diese Fragen zufriedenstellend gelöst wären, hat sich bis heute nicht durchsetzen können. Die dafür hauptverantwortlichen Probleme sollen hier deshalb kurz erwähnt werden.

a) Die einzelnen Indikatoren sollten so operationalisiert sein, dass sie eine eindeutige Aussage über den dargestellten Zustand des beobachteten Phänomens erlauben. Indikatoren sollten über die rein informative Natur von Statistiken hinausgehen (vgl. Kanaev & Tuijnman 2001), ansonsten wären sie eher als Deskriptoren zu beschreiben. Um aber den „evaluativen" Charakter zu besitzen, müssen Indikatoren vor allem zwei Bedingungen erfüllen. Erstens müsste, damit jede Ausprägung des Indikators eine eindeutige Aussage bezüglich eines Zustandes oder zum Handlungsbedarf er-

3 Siehe hierzu aus der deutschsprachigen Literatur vor allem auch Kapitel A2 zum Stand der Indikatorenforschung aus der Bildungsberichterstattung für Deutschland (Konsortium „Bildungsberichterstattung für Deutschland" (2003): *Bildungsberichterstattung für Deutschland: Konzeption.* Frankfurt am Main / Berlin) und den Bildungsreform Band 4 Bericht (Van Ackeren, I.; Hovestadt, G. (2003): *Indikatorisierung der Empfehlungen des Forum Bildung.* Bundesministerium für Bildung und Forschung, Berlin).

möglicht, ein Benchmark für den gewählten Indikator bestehen. Absolute Standards oder auch nur Expertenstandards, die eine eindeutige Interpretation einer Indikatorenausprägung ermöglichen würden, sind aber sehr selten und auch in den gebräuchlichen Indikatorensammlungen (siehe bspw. *Education at a Glance*) werden dem Leser neben den statistischen Rohinformationen praktisch keinerlei Angaben darüber geliefert wie eine spezifische Ausprägung genau zu deuten ist (vgl. auch Thomas & Peng 2004). Eine der wenigen Ausnahmen stellen die internationalen Leistungstests (PISA u. ä.) dar, welche auf der Basis von Expertenurteilen Skalen definiert haben, innerhalb welcher die beobachteten Leistungsausprägungen einzelnen Kompetenzstufen zugeordnet werden können. Das Fehlen kriterialer Maßstäbe zur Beurteilung von Indikatorenausprägungen hängt nicht zuletzt auch damit zusammen, dass es auch die Bildungspolitik allzu häufig (willentlich oder unbeabsichtigt) unterlassen hat, genaue, d. h. operationalisierte Ziele für die Leistungen des Bildungssystems zu definieren. Wo keine genauen Kriterien formuliert sind, anhand derer sich eine Ausprägung eines Indikatoren bewerten lässt, ist man entweder auf den ipsativen (oder selbstreferentiellen) oder den vergleichsgruppenbezogenen Maßstab angewiesen. Ersterer versucht mittels Variationen über die Zeit wenigstens eine Aussage in die Richtung zu ermöglichen, ob sich der Indikator verbessert oder verschlechtert hat. Letzterer hofft aus internationalen, nationalen, regionalen oder interinstitutionellen Variationen in den Ausprägungen Befunde ableiten zu können. Beide Formen der Maßstäbe sind verglichen mit absoluten oder Expertenstandards Hilfsgrößen, da sie keine wirklich befriedigende Bewertung ermöglichen. Trotzdem muss mangels besserer Bewertungsmaßstäbe auch der schweizerische Bildungsbericht mehrheitlich auf diese Form der Maßstäbe zurückgreifen.

b) Zweitens sollte der Bezug des Indikators zum bildungspolitischen Ziel theoretisch und empirisch validiert sein. Mit anderen Worten muss die Relevanz des Indikators bezogen auf ein bestimmtes Ziel oder eine politische Handlungsmöglichkeit gegeben sein. Während das Fehlen von Standards oder Benchmarks vor allem die Beurteilung von Output- und Outcome-Indikatoren einschränkt, ist bei Prozess- und Kontextindikatoren der Bezug zum Output oder Outcome entscheidend. Nur allzu häufig werden Prozess- oder Kontextinformationen beobachtet, die zwar von der Bildungspolitik gesteuert oder berücksichtigt werden müssen, bei denen aber nicht sicher ist, ob sie tatsächlich einen Einfluss auf die Bildungsleistungen und -ergebnisse haben (das Beispiel der Klassengrößen kann hier genannt werden). Simple Korrelationen, besonders zu Outcomes (wie Gesundheit, Arbeitsmarktstatus, Kriminalität u. ä.) werden nicht selten unbesehen als kausale Zusammenhänge interpretiert und führen so zur Beobachtung von Indikatoren, die vielleicht in Bezug auf das angestrebte Ergebnis völlig irrelevant ist. Dort wo ein Bezug zum Output oder Outcome als gegeben angenommen werden kann, fehlt dann mehrheitlich das Wissen über die Stärke des Zusammenhangs. Dies hat zur Folge, dass Variationen im Indikator keine eindeutige Aussage über die dadurch ausgelöste Veränderung beim Output/Outcome ermöglicht. Sind beispielsweise sehr große Veränderungen in den Prozessvariablen notwendig, um kleinste Veränderungen im Output zu bewirken, wäre Vorsicht bei der Interpretation von Veränderungen im Indikator angebracht (*et vice versa*).

c) Indikatoren liefern im besten Falle Informationen über den Handlungsbedarf, aber in aller Regel wenige Informationen über Handlungsmöglichkeiten und noch seltener über konkrete zu ergreifende Maßnahmen. Liefert ein Indikator Hinweise darauf, dass es mit den Mathematikkompetenzen der Schüler eines Landes nicht zum besten steht, dann lässt sich daraus alleine weder ableiten, wie diese Kompetenzen gesteigert werden könnten (siehe auch Wolter 2007), noch welche Konsequenzen oder Wirkungen die fehlenden Kompetenzen haben werden. Diese Begrenzung der Aussagekraft von Indikatoren ist so lange problemlos, als man sich dieser Einschränkungen bewusst ist. Viele Indikatoren werden aber so kommuniziert, dass ein anderer Eindruck vermittelt wird, was zu wenig begründeten Aktionen in der Bildungspolitik führen kann. Auch die Gegenüberstellung von einzelnen Indikatoren (bspw. Input-Output) wird vielfach so vorgenommen, dass damit eine vermeintliche Klarheit über Ursache-Wirkungs-Zusammenhänge vermittelt wird, auch dort, wo eine solche nur vermutet werden kann.

d) Mit einem einzelnen Indikator ist man in der Regel nicht in der Lage, ein vollständiges Bild über den gewünschten Gegenstand zu erzielen. Indikatoren sind deshalb Teile eines Indikatorensystems, deren Gesamtinformation zur Beurteilung des Leistungsstandes des Systems herangezogen werden müssen. Sobald man aber verschiedene Indikatoren in ein System integriert, wird deutlich, dass der Zusammenhang zwischen den Indikatoren eine wichtige Rolle spielt. So ist es leicht einsichtlich, dass der Bildungsprozess durch verschiedene Inputs gespeist wird, aber weniger klar, wie diese einzelnen Inputs untereinander in Beziehung stehen. Ein Input kann in seiner Wirkung zu einem anderen Input komplementär sein, d. h. der Einsatz eines Inputs A erhöht auch die Wirkung des Inputs B. Umgekehrt könnten die beiden Inputs auch in einem Konkurrenzverhältnis zueinander stehen, sodass eine Erhöhung beim Input A gleichzeitig die Wirkung des Inputs B senken würde. Vielfältige und komplexe Interaktionen zwischen den Indikatoren führen dazu, dass die Gesamtinformation, die aus einem Indikatorensystem entsteht, nicht einfach als Summe der Informationen der einzelnen Indikatoren aufgefasst werden darf. Problematisch ist aber, dass das Wissen über die Interdependenzen zwischen Indikatoren so wenig ausgeprägt ist, dass ein höherer Detaillierungsgrad (d. h. mit mehr Indikatoren) eines Indikatorensystems nicht ohne Weiteres mit einer für den Benutzer höheren Aussagekraft einhergehen muss.

Auf weitere, wichtige Punkte, wie Datenqualität, die Frage des Aggregationsniveaus, der Verständlichkeit des Indikators und viele mehr, wird hier aus Platzgründen nicht weiter eingegangen.

Der schweizerische Bildungsbericht hat die Probleme der Steuerung mittels Indikatoren und Indikatorensysteme nicht lösen können. Er versucht aber mittels dreier Entscheide, die Probleme soweit als möglich zu begrenzen:

Erstens wurde von Anfang an Abstand von der Idee genommen, das ganze Bildungswesen ließe sich anhand eines klar begrenzten und kleinen Sets an Indikatoren beschreiben. Das wäre alleine schon angesichts der multiplen Ziele, die mit dem Bildungswesen verfolgt werden, unmöglich. Das Indikatorenset muss zusätzlich aber auch differenziert und vielfältig sein, damit alle Bildungsstufen und -typen in der ihnen eigenen Spezifität abgebildet werden können. Schließlich muss das Indikatorenset auch flexibel sein, damit es sich den sich ständig ändernden bildungspolitischen Fragen und Herausforderungen anpassen kann. Fixe Sets an Indikatoren erleichtern zwar den intertemporalen Vergleich, aber der Umstand, dass ein Indikator schon früher gemessen wurde, ist noch keine ausreichende Garantie dafür, dass er auch heute eine Fragestellung abdeckt, die für das Bildungswesen relevant ist.

Zweitens wurde ein Analyserahmen (siehe Teil 3 des Aufsatzes) definiert, in den die Indikatoren integriert werden. Dabei wurde aber im Unterschied zu den meisten bekannten Bildungsberichten nicht nach dem Prinzip vorgegangen, dass man abbildet, was man hat, sondern zuerst die Frage gestellt, welchen Indikator man haben müsste, damit man die relevante Frage innerhalb des Analyserahmens beantworten könnte. Fand sich kein Indikator, der den Wünschen der Berichtsautoren entsprach (was meist der Fall war), so wurden die an der Stelle der gewünschten Indikatoren gebrauchten Indikatoren dementsprechend als Proxyinformation beschrieben und gekennzeichnet. Entsprechend haben denn auch viele Informationen eher den Charakter von Deskriptoren als den von Indikatoren. Die Konsequenz dieses Vorgehens ist, dass der Bericht vor allem jene Bereiche betont, in denen wir wenig wissen, während andere Berichte vor allem jene Stellen betonen, an der viel Wissen besteht. Für einen ersten Bildungsbericht in einem kontinuierlichen Monitoring ist aber das gewählte Vorgehen dem Aufbau von Steuerungswissen eher förderlich.

Drittens wird viel Gewicht darauf gelegt, das Verständnis und die Interpretation der statistischen Information mit zusätzlichen Informationen aus anderen Bereichen zu verbessern. Die große Mehrheit relevanter statistischer Indikatoren ist weder selbsterklärend noch ist ihre Bedeutung im Kontext der komplexen Interdependenzen im Bildungswesen immer klar.[4] Deshalb werden Forschungsresultate und Kenntnisse aus der Bildungsadministration aufgearbeitet, um die statistischen Indikatoren zu verstehen, ihre Beziehung zu anderen Indikatoren aufzuzeigen und schließlich ihre Wirkung auf das Bildungswesen einzuschätzen. Entsprechend der vorher gemachten Einschränkung wird dabei ebenso gezeigt, was der Indikator nicht leisten kann oder vor welchen Fehlinterpretationen man sich in Acht nehmen müsste.

4 Als Beispiel sei hier die Bildungsrendite als Indikator angefügt. Zwar ist die Bildungsrendite eindeutig der bessere Outcome Indikator als einfach Lohndifferenziale zwischen verschiedenen Bildungsstufen aber entsprechend anspruchsvoller ist das Verständnis des Indikators selbst (siehe bspw. Wolter&Weber 2005).

3 Rahmen und Fragestellungen im ersten schweizerischen Bildungsbericht

Das schweizerische Bildungssystem ist, wie ausländische Systeme auch, in Bildungsstufen und -typen unterteilt. Institutionelle Unterschiede zwischen den Bildungsstufen und -typen, unterschiedliche Bildungsziele sowie die stufen- und typenspezifische Organisation, Verwaltung und Zuständigkeiten rechtfertigen einen Aufbau des Bildungsberichtes entlang der einzelnen Bildungsstufen und -typen. Schließlich darf nicht außer Acht gelassen werden, dass sich in aller Regel auch die Statistik und die Forschung nach den einzelnen Bildungsstufen und -typen ausrichten. Dies erleichtert zwar das Verständnis des Funktionierens des jeweiligen Teils des Bildungssystems, erschwert aber den Vergleich zwischen den Stufen. Ein Aufbau des Bildungsberichtes nach Bildungsstufen hat dementsprechend eine klare Logik, aber auch gewisse Einschränkungen. Eine solche Einschränkung zeigt sich beispielsweise darin, dass einzelne Wirkungen von Bildung (Outcomes) etwa auf die Gesundheit oder das soziale Verhalten von Menschen nicht einer einzigen Bildungsstufe oder einem Bildungstyp zugeordnet werden können, sondern das Ergebnis kumulierter Bildungsprozesse darstellen. Diese Aspekte kommen in diesem Bildungsbericht etwas zu kurz. Allerdings ist dem beizufügen, dass der Zusammenhang zwischen dem Bildungsstand einer Person oder der ganzen Bevölkerung und den erwähnten Wirkungen von Bildung schwer zu bestimmen und besonders hinsichtlich der Kausalität nicht immer eindeutig ist.

a) Kontextinformationen

Einleitend zum ganzen Bericht werden für das Bildungswesen generell wichtige Kontextinformationen beschrieben, die die exogenen Rahmenbedingungen des ganzen Bildungswesens darstellen. In den Kapiteln zu den einzelnen Bildungsstufen und -typen werden dann aus den Kontextinformationen diejenigen Faktoren vertieft aufgenommen, die in diesem Zusammenhang eine spezifische Bedeutung haben. Für das Gesamtverständnis des Bildungswesens ist es wichtig, sich immer wieder zu vergegenwärtigen, dass das Bildungswesen nicht in einer Binnensicht, sondern erst nach einer Berücksichtigung der Interdependenzen mit weiteren gesellschaftlichen, wirtschaftlichen und politischen Prozessen und Rahmenbedingungen umfassend betrachtet und beurteilt werden kann. Die Entwicklungen in den Familienstrukturen, den öffentlichen Finanzen oder der Migrationspolitik können für die Erfolge oder Misserfolge des Bildungswesens ebenso entscheidend sein, wie die Anstrengungen der Akteure im Bildungswesen selbst. Einschränkend ist aber beizufügen, dass – so gewichtig diese allgemeinen Kontextbedingungen für die Funktionsweise des Bildungswesens auch sind – die empirischen Kenntnisse über die tatsächlichen Einflüsse auf das Bildungswesen ziemlich dünn gesät sind. Gemessen an der Bedeutung ist die Verfügbarkeit von Wissen in diesem Bereich wohl umgekehrt proportional. Was nicht zuletzt eine Folge der in Bildungswissenschaften und -forschung so lange gepflegten exklusiven Binnensicht ist.

b) Gliederung der Kapitel

Alle Kapitel über die Bildungstypen sind nach dem gleichen Muster aufgebaut. Jede Bildungsstufe beziehungsweise jeder Bildungstyp wird in fünf Unterkapiteln beschrieben. Die ersten zwei Unterkapitel zeigen die Rahmenbedingungen, in denen die Bildungsstufen/-typen operieren. Einerseits die exogenen Rahmenbedingungen (Kontexte), d. h. die sozialen, wirtschaftlichen oder demografischen Entwicklungen, die einen direkten Einfluss auf das Funktionieren der betreffenden Bildungsstufe oder des -typen haben. Diese exogenen Rahmenbedingungen werden abgeleitet aus allgemeinen Rahmenbedingungen für das ganze Bildungswesen, welche in den einleitenden Kontextkapiteln beschrieben sind. Andererseits zeigen die internen Rahmenbedingungen (Institutionen) die institutionellen Charakteristiken der Bildungsstufe beziehungsweise des -typs bezüglich des Aufbaus, der Gliederung, der Durchlässigkeit oder auch der Koordination und Entscheidbefugnisse der einzelnen Akteure im betreffenden Bereich. Diese internen Rahmenbedingungen können sich zwischen Kantonen, über die Zeit oder zwischen der Schweiz und dem Ausland stark unterscheiden und deshalb ist ein Befund der Leistungen oder auch der Schwächen einer Bildungsstufe oder eines -typs nur unter vorgängiger Berücksichtigung der exogenen und endogenen Rahmenbedingungen möglich und zulässig.

In den weiteren drei Unterkapiteln werden die Leistungen der Bildungsstufen nach drei Kriterien einer Beurteilung unterzogen. Diese Kriterien sind erstens die *Effektivität* der Bildungsstufe, d. h. die Frage, welchen Grad der

Zielerreichung eine Bildungsstufe oder ein -typ gemessen an den dafür relevanten[5] Bildungszielen aufweist. Praktisch bedeutet dies beispielsweise die Frage, wie viele Schüler die gesteckten Kompetenzziele erreichen oder übertreffen. Ebenso könnte ein Maß für die Effektivität sein, wie viele Studierende an Universitäten und Fachhochschulen und Lernende in der beruflichen Grundbildung einen erfolgreichen Arbeitsmarktübertritt schaffen.

Zweites Kriterium ist die *Effizienz* der Zielerreichung. Selbst wenn bei einem Bildungsziel ein hoher Zielerreichungsgrad festgestellt werden kann, muss aus Gründen beschränkter Mittel auch im Bildungswesen immer gefragt werden, ob diese Zielerreichung effizient, d. h. mit möglichst wenig Mitteln zustande kam. Oder umgekehrt, ob man mit den gleichen Mitteln nicht eine noch bessere Zielerreichung hätte realisieren können. Effizienz im Bildungswesen ist, wenngleich bislang selten explizit als Kriterium zur Überprüfung der Leistungen ausgewiesen, auch im Interesse der Lernenden im System ein nicht zu vernachlässigender Evaluationsaspekt.

Als drittes Kriterium wird nach der *Equity* im Bildungssystem gefragt. Ein hoher durchschnittlicher Zielerreichungsgrad und eine zufriedenstellende Effizienz in der Bildungserstellung sagen noch nichts darüber aus, ob alle Lernenden, d. h. unabhängig von ihrer Herkunft, die gleichen Chancen haben, im Bildungssystem erfolgreich zu sein. Dass unterschiedliche Lernende unterschiedliche Lernresultate ausweisen, ist dabei noch kein hinreichender Hinweis auf eine Verletzung des Equity-Prinzips. Dieses ist erst dann verletzt, wenn die Zugehörigkeit zu einer bestimmten Gruppe, einer sozialen Schicht oder das Geschlecht der Lernenden den Lernerfolg einschränkt oder vorbestimmt.

Die identische Gliederung aller Bildungsstufenkapitel in die gleichen fünf Unterkapitel soll nicht nur einen differenzierten Blick auf die einzelne Bildungsstufe ermöglichen, sondern auch Vergleiche zwischen den Bildungsstufen erleichtern.

5 Die Relevanz der Bildungsziele wird bildungspolitisch bestimmt.

c) Bestimmung der Bildungsziele

Aus den oben gemachten Ausführungen wird klar, dass eine Evaluation der Leistungen des Bildungswesens sich an den Bildungszielen orientieren muss. Im Vordergrund stehen zusammengefasst die Fragen, ob und in welchem Ausmaß die vom Bildungswesen angestrebten Ziele erreicht werden (Effektivität), mit welchen Mitteln dieser Zielerreichungsgrad realisiert wird (Effizienz) und ob gewisse soziale Schichten, Nationalitäten oder ein Geschlecht bei der Zielerreichung benachteiligt sind oder nicht. Im Zentrum aller Analysen stehen also die Bildungsziele. Diese Bildungsziele unterscheiden sich teilweise deutlich zwischen den Bildungsstufen und -typen, was wiederum eine stufenmäßige Betrachtungsweise rechtfertigt.

Bildungsziele sind aber in vielen Bereichen unklar, unvollständig oder gar nicht definiert. Und selbst dort, wo allgemeine Bildungsziele definiert sind, fehlt in der Regel eine Operationalisierung, sodass am Schluss keine Einigkeit über eine konkrete und überprüfbare Zielformulierung besteht. Schließlich verfolgt man in der Regel auf allen Bildungsstufen viele Ziele gleichzeitig, was eine abschließende Beurteilung des gesamten Zielerreichungsgrades nicht nur höchst anspruchsvoll, sondern auch von einer politischen Wertung abhängig macht. Letzteres ist unumgänglich, weil bei multiplen Zielen Zielhierarchien notwendig sind, damit man die Zielerreichungsgrade von einzelnen Bildungszielen zueinander in Bezug bringen kann. Eine Volksschülerin, ein Volksschüler sollte nicht nur lesen, rechnen und schreiben können, sondern am Ende der obligatorischen Schulzeit auch andere intellektuelle und soziale Fertigkeiten aufweisen. Wenn man nun den Ausbildungserfolg in einer einzigen Größe ausdrücken müsste, dann wäre vorgängig zu wissen, ob nun beispielsweise Leistungsdefizite im Leseverständnis durch überdurchschnittliche Fähigkeiten in Mathematik oder ein besonders gutes soziales Verhalten kompensiert werden oder ob letzteres sogar gewichtiger wäre. Um solche und ähnliche Fragen beantworten zu können, müsste man über Zielhierarchien verfügen. Solche Zielhierarchien sind im Regelfall das Ergebnis politischer Entscheidprozesse und folgen zeitabhängigen sozialen Wertungen. Über solche Zielhierarchien verfügten die Autoren dieses Pilotberichtes zur Zeit der Erstellung des Berichtes aber nicht und so stellen sowohl die Auswahl wie die Darstellung der beschriebenen Ziele eine Wertung der Autoren und nicht der Bildungspolitik dar. Ziel eines permanenten Monitoringprozesses ist es aber, dass die politischen Behörden für weitere Zyklen der Bildungsberichterstattung durch Vorgaben zu überprüfender Ziele den Prozess steuern.

d) Vergleichsgrößen und -dimensionen

Bildungsziele lassen sich von wenigen Ausnahmen abgesehen (siehe auch Teil 3 dieses Aufsatzes) nicht in absoluten Größen messen, weil dafür die entsprechenden Maßstäbe fehlen. In den meisten Fällen, lassen sich aber zumindest relative Aussagen über Vergleiche machen. Die dafür in Frage kommenden Vergleiche können über die Zeit angestellt werden, zwischen einzelnen Bildungsinstitutionen oder zwischen verschiedenen Bildungssystemen. In der Schweiz und somit für diesen Bericht drängen sich dementsprechend drei Vergleichsdimensionen auf. Erstens kann man das gleiche Ergebnis, im Durchschnitt für die Schweiz gemessen, über die Zeit darstellen und kann somit wenigstens eine Aussage darüber machen, ob man sich in der Zielerreichung verbessert oder verschlechtert hat. Zweitens lassen sich Werte zwischen einzelnen Kantonen vergleichen, was zumindest eine relative Aussage für alle Kantone bezüglich ihres Abstandes zum besten Kanton (der als Benchmark dient) erlaubt. Für den besten Kanton allerdings erlaubt es keine direkte Aussage, da auch dieser noch weit unter dem theoretisch möglichen Potenzial liegen könnte. Gleiches gilt, wenn man als Vergleichsgrößen einzelne Bildungsinstitutionen (wie beispielsweise Hochschulen) verwendet. Drittens kann man Vergleiche zwischen der Schweiz und anderen Ländern darstellen, mit den gleichen Möglichkeiten und Beschränkungen, die sich auch für die Vergleiche zwischen Kantonen oder Bildungsinstitutionen ergeben. Bei allen Vergleichen zentral ist jeweils die Annahme, dass sich in allen Rahmenbedingungen über die Zeit oder zwischen Institutionen und Systemen keine derart großen Unterschiede ergeben, dass der Vergleich der interessierenden Größe nicht mehr sinnvoll ist.

Potenziell lässt sich somit jede Zahl in sehr vielen Vergleichsmöglichkeiten darstellen. Es werden deshalb in diesem Bericht nur jene Vergleiche ausgewählt und dargestellt, aus deren Ergebnissen sich auch ein Befund ableiten lässt. Vereinzelt wurden auch Vergleichsdimensionen gewählt, bei denen sich kein wirklicher Befund zeigen lässt, von denen aber gemeinhin angenommen wird, dass ein solcher Vergleich relevante Unterschiede zeigen würde.

4 Erste Erkenntnisse aus dem Pilotbericht zum schweizerischen Bildungswesen und Schlussfolgerungen

Wie aufgezeigt, ergeben sich evidente Schwierigkeiten, wenn man das Bildungswesen mit Steuerungswissen basierend auf einem Indikatorensystem lenken will. Nur darf daraus nicht die Schlussfolgerung gezogen werden, dass es ohne ein solches besser gehen würde. Zur Steuerung des Bildungswesen durch periodisch und systematisch erhobene und interpretierte Indikatoren gäbe es nur die Alternativen von politisch-normativen *Ad-hoc*-Entscheiden oder einem semi-wissenschaftlichen „Trial und Error"-Verfahren.

Der Umstand, dass die Steuerung über Indikatoren heute im Vergleich zu den erwähnten Alternativen noch nicht unbedingt einen qualitativen Vorsprung garantiert, liegt nicht darin, dass ein indikatorengestütztes Verfahren generell schlechter wäre, sondern darin, dass das zu einer erfolgsversprechenden Anwendung von Indikatoren notwendige Wissen nur teilweise bereitsteht. Auf die wichtigsten Gründe, die dafür verantwortlich sind, sei hier deshalb abschließend kurz eingegangen, denn sie sind der Schlüssel zu einer in der Zukunft erfolgreichen Steuerung mittels eines Monitoring.

1) Trotz der großen Fortschritte in der Bildungsstatistik in den letzten zwei Jahrzehnten, müssen weiter große Investitionen getätigt werden, um sowohl bestehende Statistiken zu verbessern als auch bislang unerfasste Bereiche abzudecken. Als Beispiele seien hier nur zwei angeführt. Auf der Seite der Bildungsverläufe leidet die Statistik immer noch unter der Partialisierung des Bildungswesens in Stufen und Typen. Auf der Seite der Inputs herrschen immer noch eine fehlende Vergleichbarkeit von monetären Kosten und eine geringe Differenzierung bei der Erfassung der realen Inputs.
2) Abgesehen von der Teilnahme an internationalen Leistungsvergleichen wie TIMSS oder in jüngster Zeit PISA (siehe auch Wolter 2004) hat die Schweiz keine eigene Tradition von Leistungstests. Somit fehlt der Überblick über den Leistungsstand des Bildungswesens sowohl im Quervergleich als auch im Längsschnitt. Die Teilnahme an PISA hat zwar eine Standortbestimmung im internationalen Quervergleich ermöglicht, ist aber gerade aufgrund ihres Querschnittcharakters ungeeignet, das für die Steuerung wichtige Wissen über die Ursachen des Leistungsstandes zu liefern.

Die dafür notwendigen *value-added*-Ansätze könnten aber erst nach einem mehrmaligen Erfassen von individuellen Leistungen über die Zeit umgesetzt werden.

Die ersten beiden Punkte zusammen ergeben für praktisch alle Bildungsstufen ein Wissensmanko, welches sowohl bei der Beurteilung der Effektivität als auch der Effizienz des Bildungswesen sehr enge Grenzen setzt.

3) Die Bildungsforschung hat sich in den letzten drei Jahrzehnten sehr stark mit der Binnensicht der Bildung beschäftigt und sich relativ wenig um den Einfluss der Rahmenbedingungen auf die Bildungsproduktion als auch um den Output oder gar die Outcomes der Bildung gekümmert. Damit fehlt empirisch validiertes systemisches Wissen, welches notwendig ist, um die Interdependenzen von Indikatoren adäquat erfassen zu können. Letzteres wäre aber unabdingbar, um überhaupt von einem Indikatorensystem sprechen zu können.
4) Generell wenig förderlich beim Aufbau eines Bildungsmonitorings ist die lange Vernachlässigung der empirischen Bildungsforschung (vgl. bspw. Angrist 2004), welche dazu geführt hat, dass den Bildungsentscheidträgern weder Wissen über Ursachen-Wirkungs-Zusammenhänge (Kausalitäten) noch über Effektgrößen in genügendem Umfang zur Verfügung steht. Im realen Anwendungsfall ist aber beides essenziell und kann weder durch theoretisches noch erfahrungsgestütztes Wissen (Expertise oder historische Vergleiche) vollkommen substituiert werden. Die Vernachlässigung des empirischen und somit sozialwissenschaftlichen Zweigs in der traditionellen Bildungsforschung hat zudem dazu geführt, dass der Nachwuchs – auch im Vergleich zu anderen sozialwissenschaftlichen Disziplinen – methodologisch ungenügend ausgebildet wurde und somit für zukünftige Aufgaben wenig Humankapital in der Forschung zur Verfügung steht.
5) Auf der Seite der quantitativ arbeitenden Forschenden und der Statistiker hat man sich sehr lange mit dem Machbaren zufriedengegeben. Dies führte dazu, dass die Validität von Annahmen und Interpretationen nicht auf der Basis streng wissenschaftlicher Überprüfung festgestellt wurde, sondern Plausibilitäten genügten. Der häufig unreflektierte Umgang mit Bildungsindikatoren in vielen Bildungsberichten legt Zeugnis für diese Feststellung

ab.[6] Die aus solchem Vorgehen entstehenden Aussagen zerstören aber das Vertrauen der Praktiker in die Forschung und die Statistik und sind wohl nicht ganz unschuldig an der ressourcenmäßigen Unterversorgung der Bildungsforschung (auch wieder im Vergleich zu anderen Forschungsrichtungen).

6) Aufseiten der Bildungsforschenden besteht leider immer noch ein relativ verkrampftes Verhältnis zur Bildungspolitik. Interesse für Forschung seitens der Bildungspolitik wird häufig als Bedrohung für die Forschungsfreiheit betrachtet. Angewandte und somit auf die politischen Fragen ausgerichtete Forschung wurde deshalb häufig als akademisch mindere Forschung angeschaut. Es ist auf der anderen Seite aber auch klar, dass eine verantwortungsvolle Bildungspolitik und -verwaltung dieses Verhältnis zur Forschung nur dann entschärfen kann, wenn mit der Vergabe Forschungsaufträgen und dem Gebrauch von Forschungsresultaten verantwortungsbewusst umgegangen wird. Dass ein sich gegenseitig befruchtendes Verhältnis zwischen Forschung und Politik möglich ist, welches ebenso akademisch hervorragende Qualität wie steuerungsrelevantes Wissen produziert, haben aber einige andere Länder schon erfolgreich demonstriert.

Bleibt am Schluss nur noch die bislang unbeantwortete Frage, ob eine bessere Steuerung auch ein besseres Bildungswesen garantieren wird. Wie bei so vielem, wird die bessere Steuerung keine hinreichende Bedingung für ein besseres Bildungswesen sein, aber eine notwendige!

Literatur

Angrist, J. D. (2004). American Education Research changes tack, *Oxford Review of Economic Policy, 20*, No. 2, 198–212.

Becker, H. (1971). *Bildungsforschung und Bildungsplanung.* Frankfurt am Main: Suhrkamp Verlag.

6 Beispiele hierzu finden sich in einer erweiterten und englischsprachigen Version dieses Aufsatzes (siehe Wolter 2007).

Kanaev, A. & Tujinman, A. (2001). *Prospects for Selecting and Using Indicators for Benchmarking Swedish Higher Education. Working Paper.* Stockholm.

SKBF. (2006). *Bildungsbericht Schweiz 2006.* Aarau: Schweizerische Koordinationsstelle für Bildungsforschung.

Thomas, S. & Peng, W. J. (2004). The Use of Educational Standards and Benchmarks in Indicator Publications. In: Scheerens, J. & Hendricks, M. (Hrsg.). *Benchmarking the Quality of Education. Official Project Report prepared for the EU Commission. January 2003.*

Van Ackeren, I. (2003). Entwicklung von und Forschung über Bildungssindikatoren. In: Van Ackeren, I. & Hovestadt, G. (2003). *Indikatorisierung der Empfehlungen des Forum Bildung.* Bonn: Bundesministerium für Bildung und Forschung.

Wolter, S. C. & Weber, B. A. (2005). Bildungsrendite – ein zentraler ökonomischer Indikator des Bildungswesens. *Die Volkswirtschaft*, Oktober, 38–42.

Wolter, S. C. (2004). *Leistungsindikatoren im Bildungsbereich, Forum der Bundesstatistik. Ökonomische Leistungsfähigkeit Deutschlands, Band 44.* Wiesbaden: Statistisches Bundesamt, 127–136.

Wolter, S. C. (2007). Purpose and Limits of a National Monitoring of the Education System Through Indicators. In: Soguel, N. C., Jaccard, P. (Hrsg.). *Governance and Performance of Education Systems.* Dordrecht: Springer, 57–84.

Die Bildungsberichterstattung in Deutschland

– Oder: Wie können Indikatoren zu Innovationen im Bildungswesen beitragen? –

Hans Döbert

Die derzeit vorherrschende Theorie des „neuen output-orientierten Steuerungsmodells“ legt den Schluss nahe, dass Bildungssysteme „steuerbar“ sind (vgl. Fend: Neue Theorie der Schule, 2006). In welchem Maße das möglich ist, welche Rolle der nationalen Bildungsberichterstattung dabei zukommt und welche wissenschaftlich-theoretischen Anforderungen an eine indikatorengestützte Bildungsberichterstattung zu stellen sind, stellen sowohl aus theoretischer und methodologischer wie auch aus empirischer Perspektive offene Fragen dar.

Der folgende Beitrag setzt die Kenntnis des ersten nationalen Bildungsberichts für Deutschland voraus. Er geht auf der Grundlage wesentlicher konzeptioneller Aspekte der Bildungsberichterstattung der Frage nach, worauf sich die Erwartungen an das Steuerungsinstrument „Bildungsberichterstattung“ und seinen Beitrag zur Weiterentwicklung des Bildungswesens vor allem stützen.

1 Zur historischen Entwicklung der Bildungsberichterstattung in Deutschland

In der Vergangenheit hat es in der Bundesrepublik mehrfach Versuche einer umfassenderen Bildungsberichterstattung gegeben. So legte der Deutsche Bildungsrat 1975 einen Bericht über Entwicklungen im Bildungswesen vor (Deutscher Bildungsrat 1975). Darüber hinaus sind die vom Bundesministerium für Bildung und Wissenschaft (BMBW) im Jahr 1976 herausgegebene *Bildungspolitische Zwischenbilanz* (vgl. BMBW 1976) wie auch der *Bericht der Bundesregierung über die strukturellen Probleme des föderativen*

Bildungswesens aus dem Jahr 1978 zu erwähnen (vgl. Deutscher Bundestag 1978); beide wurden jedoch nicht fortgesetzt.

Stärker analytisch ausgerichtete Bestandsaufnahmen wurden seitens der Forschung vorgelegt, so z. B. der von einer Arbeitsgruppe des Max-Planck-Instituts für Bildungsforschung seit 1979 unregelmäßig veröffentlichte Bericht *Das Bildungswesen in der Bundesrepublik Deutschland – Strukturen und Entwicklungen im Überblick* (zuletzt: Cortina, Baumert et al. 2003), der vom Deutschen Institut für Internationale Pädagogische Forschung (Weishaupt, Weiß et al.) 1988 publizierte Band *Perspektiven des Bildungswesens der Bundesrepublik Deutschland*, ferner die seit 1980 vom Dortmunder Institut für Schulentwicklung im Zweijahresrhythmus herausgegebenen *Jahrbücher der Schulentwicklung* sowie der 2001 zum zweiten Mal in erweiterter Form erschienene Band *Bildung und Soziales in Zahlen* (Böttcher, Klemm & Rauschenbach 2001). Einen analytischen Bezug hat auch das *Gutachten für Bildung in Deutschland* (Weißhuhn 2001) sowie die Studie *Bildung und Lebenslagen – Auswertungen und Analysen für den zweiten Armuts- und Reichtumsbericht der Bundesregierung* (Weißhuhn & Große Rövekamp 2004). Zu nennen sind im Übrigen historische Analysen der Bildungsentwicklung in Deutschland seit 1945[1]. Eine relativ umfassende und differenzierte Darstellung zur Situation der Erhebung und Bereitstellung statistischen Datenmaterials findet sich in dem von der Bund-Länder-Kommission für Bildungsplanung und Forschungsförderung (BLK) 2002 herausgegebenen Bericht *Vergleichende internationale Bildungsstatistik. Sachstand und Vorschläge zur Verbesserung*[2]. Einen Überblick über wichtige Teilaspekte des Bildungsbereichs gibt auch der Band *Im Blickpunkt: Bildung in Deutschland* des Statistischen Bundesamtes (2003).

Darüber hinaus gibt es zahlreiche Berichte, die sich mit Teilbereichen oder Teilaspekten des Bildungswesens befassen. Fragen der Bildung werden im Übrigen auch in der allgemeinen gesellschaftlichen Berichterstattung thematisiert (Wirtschafts- und Sozialberichterstattung, „Armuts- und Reichtumsbericht" der Bundesregierung; aber auch der „Datenreport" des Statistischen Bundesamt).

1 Vgl. insbesondere Führ (1996) und Führ & Furck (1998).
2 Heft 103 der Materialien zur Bildungsplanung und Forschungsförderung.

Im Unterschied zu anderen gesellschaftlichen Bereichen, für die regelmäßig umfassende Situations- und Entwicklungsanalysen vorgelegt werden (z. B. Jahresgutachten des Sachverständigenrates zur gesamtwirtschaftlichen Entwicklung, Familien- und Jugendbericht, „Armuts- und Reichtumsbericht"), fehlten bislang entsprechende Berichte im Sinne einer Gesamtschau für den Bildungsbereich. Dieses Defizit konnte bisher auch durch den Rückgriff auf internationale und supranationale Berichtssysteme nicht kompensiert werden[3].

Eine qualitativ neue Phase der Arbeiten an einer Bildungsberichterstattung begann 2002/03 mit dem im Auftrag der KMK vorgelegten Bildungsbericht sowie mit den im Auftrag des BMBF erstellten Konzepten zur Bildungsberichterstattung im Rahmen der Expertisen zur non-formalen und informellen Bildung im Kindes- und Jugendalter sowie zur beruflichen Bildung und Weiterbildung/lebenslanges Lernen[4]. Damit lagen erstmals in Deutschland drei von unterschiedlichen Expertengruppen mit dem Fokus auf verschiedene Bildungsbereiche verfasste konzeptionelle Angebote zur Bildungsberichterstattung vor, die nicht nur wesentliche Anforderungen an eine Bildungsberichterstattung in Deutschland beschreiben, sondern auch übergreifende Desiderata sichtbar machen.

Insgesamt hat sich die nationale Bildungsberichterstattung in Deutschland innerhalb weniger Jahre etabliert. Über den nationalen Bildungsbericht hinaus, gehen zunehmend mehr Länder dazu über, länderspezifische Bildungsberichte zu erarbeiten. Länderbildungsberichte liegen vor in Schleswig-Holstein, Bayern und Baden-Württemberg. Noch 2008 sollen die Berichte in Berlin/Brandenburg, Hamburg und Sachsen folgen. Auch eine Reihe von Kommunen

3 Bekanntestes Beispiel internationaler Berichterstattung sind die Bemühungen der OECD, mit einer fortlaufenden Weiterentwicklung der OECD-Bildungsindikatoren einen internationalen Vergleich der Bildungssysteme zu ermöglichen. Jedes Jahr veröffentlicht die OECD die beiden Bände *Bildung auf einen Blick* (zuletzt 2005) und *Bildungspolitische Analyse* (zuletzt 2003). Die Europäische Kommission veröffentlicht in regelmäßigen Abständen (zuletzt 2005) ihre *Key Data on Education in Europe*.
Zur Bildungsberichterstattung in weiteren europäischen Staaten s. Döbert, Hörner et al. (2004).

4 Vgl. Avenarius, Ditton et al. (2003); Baethge, Buss & Lanfer (2003), Rauschenbach, Leu et al. (2003).

erstellt inzwischen regionale Bildungsberichte (z. B. Offenbach, München, Dortmund, Tübingen). Weitere Berichte sind auf regionaler wie Landesebene in Arbeit. Auch an den nächsten beiden nationalen Bildungsberichten (2008 und 2010) wird gearbeitet.

2 Bildungsberichterstattung als Teil eines umfassenden Systemmonitorings

Während bisher vor allem die Bereitstellung von Ressourcen im Vordergrund von bildungspolitischer Steuerung stand („Input-Steuerung"), gewinnen zunehmend der Umgang mit Maßnahmen der Qualitätssicherung (Prozessgestaltung) sowie die systematische Erfassung von Bildungsergebnissen, solchen mit eher kurzfristigem Charakter („Output") und solchen mit eher längerfristigen Wirkungen („Outcomes"), an Bedeutung.

Die logische Konsequenz aus diesem Verständnis von Steuerung ist, entsprechendes Steuerungswissen zu erhalten bzw. es zu generieren und Steuerungshandeln damit zielgerichteter zu machen. Ein international verbreiteter Weg ist, dieses Steuerungswissen durch Systemmonitoring zu gewinnen. Systemmonitoring hat im Wesentlichen drei Funktionen: die Beobachtung, Analyse und Darstellung wesentlicher Aspekte eines Systems, verbunden mit der Funktion der Systemkontrolle einschließlich der Angleichung von Leistungsmaßstäben (*Benchmarks*) sowie die Funktion, „Steuerungswissen" zu generieren bzw. zu erweitern und „Steuerungshandeln" begründbarer und zielgerichteter zu gestalten. Systemmonitoring enthält vor allem durch die Angleichung von Leistungsmaßstäben im Verhältnis zu anderen Staaten eine *international vergleichende Komponente*.

Monitoring im Bildungswesen, im Folgenden als Bildungsmonitoring bezeichnet, macht das Bildungsgeschehen in der Gesellschaft transparent und ist damit Grundlage für Zieldiskussionen und politische Entscheidungen. Im Zentrum eines Bildungsmonitoring steht die Arbeit der Institutionen des Bildungswesens, von der Kinderkrippe bis zur Weiterbildung im Erwachsenenalter.

Anfang 2006 hat die KMK eine Gesamtstrategie zum Bildungsmonitoring in Deutschland beschlossen. Seine wichtigsten Bestandteile sind:

- internationale Schulleistungsuntersuchungen,
- zentrale Überprüfung des Erreichens der Bildungsstandards in einem Ländervergleich (in der 4., 9. und 10. Klasse),
- Vergleichsarbeiten in Anbindung an die Bildungsstandards zur landesweiten Überprüfung der Leistungsfähigkeit einzelner Schulen,
- gemeinsame Bildungsberichterstattung von Bund und Ländern.

Während alle anderen Bestandteile unmittelbar auf die Arbeit von Bildungseinrichtungen bezogen sind, die darin tätigen und betroffenen Personen (Lehrende und Lernende, Eltern und „Abnehmer“) ansprechen, geht es der *Bildungsberichterstattung* um die Transparenz des Bildungswesens aus der Systemperspektive. Hauptergebnisse der Bildungsberichterstattung sind ein in regelmäßigen Abständen veröffentlichter Bildungsbericht sowie eine öffentlich zugängliche Homepage mit vertiefenden und ergänzenden Informationen. Kern jeder Bildungsberichterstattung ist ein überschaubarer, systematischer, regelmäßig aktualisierbarer Satz von Indikatoren.

Ziel einer regelmäßigen und umfassenden Bildungsberichterstattung ist eine Dauerbeobachtung des Bildungssystems auf der Grundlage zuverlässiger Daten, die es gestatten, aktuelle Zustände aus der Systemperspektive zu beurteilen sowie Entwicklungen im Zeitverlauf aufzuzeigen und empirisch zu beschreiben. Die Bildungsberichterstattung ist durch drei grundlegende Merkmale charakterisiert:

- Die Bildungsberichterstattung orientiert sich an einem Bildungsverständnis, nach dem sich die *Ziele von Bildung in den drei Dimensionen* „individuelle Regulationsfähigkeit“, „gesellschaftliche Teilhabe und Chancengleichheit“ sowie „Humanressourcen“ niederschlagen. Die genannten Zieldimensionen beinhalten mehr als nur ein Verständnis von Bildung. Bildung zielt in erster Linie auf individuelle Entfaltung, Persönlichkeitsentwicklung, Aneignung und Mitgestaltung von Kultur. Bildung wird daher in der Regel aus der Perspektive des Individuums betrachtet. Die drei Zieldimensionen hingegen sind vom Bildungssystem her gedacht. Das entspricht dem Auftrag der Bildungsberichterstattung, die vor allem Aussagen über gesellschaftliche, insbesondere institutionalisierte Rahmenbedingungen für Bildung machen soll. Die drei Zieldimensionen differenzieren diesen Auftrag aus der Systemperspektive aus.

- Über das Spektrum der Bildungsstufen hinweg werden unter der Leitidee der *Bildung im Lebenslauf* Umfang und Qualität der institutionellen Angebote, aber auch deren Nutzung durch die Individuen erfasst. Gegenwärtig kann die Perspektive von Bildung im Lebenslauf nur näherungsweise aufgegriffen werden, da die aktuelle Datenbasis eine Rekonstruktion individueller Bildungsverläufe nicht oder nur sehr eingeschränkt ermöglicht.
- Die Bildungsberichterstattung erfolgt *indikatorengestützt* über alle Bildungsbereiche hinweg.

Diese grundlegenden Merkmale sind zugleich wesentliche Kriterien für die Entwicklung, Auswahl und Darstellung von Indikatoren.

Wie bei jeder Darstellung von komplexen Systemen, durch Abstraktion auf eine geringe Anzahl von Beschreibungsgrößen zu kommen, tritt auch hier das Problem auf, dass durch die gewählte Vorgehensweise die Komplexität zwar handhabbarer wird, die Beschreibung des Systems jedoch an Differenziertheit verliert. Eine Bildungsberichterstattung auf der Basis von quantitativen Indikatoren ist, aufgrund des Hauptanliegens der Berichterstattung, handlungs- und steuerungsrelevante Informationen für Politik und Verwaltung bereitzustellen sowie dem Informationsbedürfnis von Wissenschaft und interessierter Öffentlichkeit in konzentrierter Form gerecht zu werden, trotz der damit verbundenen Einschränkungen der optimale Weg zur Präsentation systematischer, wiederholbarer und gesicherter Informationen. Damit wird keineswegs in Abrede gestellt, dass auch Aspekte, die nicht unmittelbar erfassbar und/oder quantifizierbar sind, für das Bildungssystem wichtig sind.

Steuerungsrelevante Informationen beinhalten Aussagen über Ausgangsbedingungen im Sinne von Kontext- und Inputmerkmalen, über die Bildungsprozesse selbst und deren zentrale Wirkungen. Der Auswahl von Themen und entsprechender Daten liegt daher eine in weiten Bereichen für das Bildungsmonitoring international eingeführte Systematik zugrunde, das Kontext-Input-Prozess-Wirkungs-Schema, das als Heuristik derzeit am ehesten geeignet erscheint, Informationen im Rahmen der Bildungsberichterstattung zu ordnen[5].

Unter Berücksichtigung des Auftrags der Bildungsberichterstattung, der genannten Kriterien sowie der angedeuteten Heuristik wurden 2005 folgende

5 Vgl. Scheerens (2002).

für die Bildungsberichterstattung zentralen, steuerungsrelevanten *Themenbereiche* festgelegt[6]:

- Kontextebene: Demografie,
- Inputebene: Bildungsausgaben, Personalressourcen, Bildungsangebote/Bildungseinrichtungen, Bildungsbeteiligung/Bildungsteilnehmer,
- Prozessebene: Umgang mit Bildungszeit, Übergänge, Qualitätssicherung/Evaluierung
- Wirkungsebene: Kompetenzen, Abschlüsse, Bildungserträge.

Die Liste dieser elf Themen soll für die ersten Jahre der Bildungsberichterstattung Bestand haben, kann und muss jedoch langfristig veränderbar sein. Beispielsweise werden Ergänzungen auf der Kontext- (z. B. Entwicklung eines Indikators zum sozioökonomischen Hintergrund, Übertragung von Wohlstands- und Sozialindikatoren) und der Prozessebene (z. B. Prozessgestaltung von Lehren und Lernen in den verschiedenen Bildungsbereichen) angestrebt.

3 Verständnis der Ziele von Bildung, die der Bildungsberichterstattung zugrunde liegen

Dem deutschen Bildungsbericht liegt ein Verständnis zugrunde, nach dem sich die Ziele von Bildung in den drei Dimensionen *individuelle Regulationsfähigkeit, Humanressourcen* sowie *gesellschaftliche Teilhabe und Chancengleichheit* niederschlagen:

Individuelle Regulationsfähigkeit meint die Fähigkeit des Individuums, sein Verhalten und sein Verhältnis zur Umwelt, die eigene Biografie und das Leben in der Gemeinschaft selbstständig zu planen und zu gestalten. Diese umfassende und allgemeine Zielkategorie für das Bildungswesen als Ganzes wie für jeden seiner Teile beinhaltet unter den Bedingungen der Wissensgesellschaft in besonderem Maße die Entfaltung der Lernfähigkeit von Anfang

6 Vgl. auch das im März 2005 vom Konsortium vorgelegte Indikatorenmodell, S. 14–20, in dem die Themen dargestellt und begründet wurden.

an und deren Erhalt bis ins hohe Alter. Der Bericht greift damit bewusst den – in anderen Sprachen so nicht vorhandenen – Bildungsbegriff auf, der den Erwerb verwertbarer Qualifikation einschließt, aber darüber hinaus mit der Idee der Selbstentfaltung, mit Aneignung und verantwortlicher Mitgestaltung von Kultur verbunden ist.

Der Beitrag des Bildungswesens zu den Humanressourcen richtet sich zum einen, in ökonomischer Perspektive, auf die Sicherstellung und Weiterentwicklung des quantitativen und qualitativen Arbeitskräftevolumens, zum anderen, in individueller Sicht, auf die Vermittlung von Kompetenzen, die den Menschen eine ihren Neigungen und Fähigkeiten entsprechende Erwerbsarbeit ermöglichen.

Indem die Bildungseinrichtungen gesellschaftliche Teilhabe und Chancengleichheit fördern, ermöglichen sie soziale Integration und die Aneignung von Kultur für alle. Damit wirken sie systematischer Benachteiligung aufgrund sozialer Herkunft, Geschlecht, nationaler oder ethnischer Zugehörigkeit entgegen. Bildung leistet auf diese Weise einen Beitrag zum gesellschaftlichen Zusammenhalt und zu demokratischer Partizipation.

4 Berücksichtigung von Erfahrungen ausländischer Bildungsberichte

Für die internationale Anschlussfähigkeit der Bildungsberichterstattung ist eine systematischere Berücksichtigung internationaler Entwicklungen im Bereich des Bildungsmonitoring erforderlich. Internationale Anschlussfähigkeit meint hierbei zum einen vertiefende Analysen zu inter- und supranationalen Berichtssystemen, zum anderen geht es auf Ebene der Einzelindikatoren um die Folge der Zugrundelegung der ISCED-Klassifikation für die Abbildung nationaler Besonderheiten des deutschen Bildungswesens.

Internationale Berichte, vor allem der OECD, der Europäischen Kommission und der UNESCO, sind als Orientierungspunkte, Basispool und systematischer internationaler Vergleichsrahmen ein wichtiger Maßstab für die jeweilige nationale Bildungsberichterstattung. Vor allem die jährlichen Publikationen der OECD *Education at a Glance* und *Education Policy Analysis* sowie die von der EU-Kommission veröffentlichten *Key Data on Education in*

Europe stellen in ihrer Kombination von Indikatoren in Zeitreihe und wechselnden thematisch vertiefenden Analysen einen *Benchmark* für nationale Bildungsberichterstattung dar.

Die Analyse der verfügbaren nationalen und internationalen Bildungsberichte zeigt[7]:

- Es besteht international offenbar eine weitgehende Einigkeit über die Notwendigkeit eines daten- bzw. indikatorengestützten Bildungsberichts.
- Die Ausgestaltung und die Institutionalisierung des jeweiligen nationalen Bildungsberichts sind hingegen recht unterschiedlich. Grundsätzlich gibt es drei Typen von Bildungsberichten: a) eher bildungsstatistisch fundierte und entsprechend verfasste Berichte (Kanada, Frankreich, Japan), b) eher inspektionsbasierte Berichte (Niederlande, England, Schweden) und c) überwiegend von Wissenschaftlern verfasste Bildungsberichte auf der Grundlage kommentierter Daten und Forschungsbefunde (Schweiz, Deutschland, z. T. USA).
- In den Berichten werden einzelne Bildungsbereiche unterschiedlich stark berücksichtigt, wobei der Schwerpunkt überwiegend auf dem Schulwesen liegt.
- Durchgängig zeigt sich eine Orientierung am Kontext-Input-Prozess-Wirkungs-Schema.
- Nicht alle Länder präsentieren eine „Gesamtschau" von Steuerungsinformationen zum Bildungswesen, sondern haben zum Teil sehr differenzierte Berichte zu einzelnen Bereichen oder Aspekten des Bildungswesens.
- Außerschulische Bildung ist in unterschiedlichem Maße einbezogen. Der politische Wille, eine gesamtsystemische bzw. lebenszeitliche Perspektive einzunehmen, ist trotz damit verbundener Datenprobleme erklärtermaßen vorhanden.

7 Bildungsberichte folgender Staaten wurden arbeitsteilig von den Mitarbeiterinnen und Mitarbeiter der an der Bildungsberichterstattung beteiligten Einrichtungen und Ämter nach dem vorgegebenen Raster analysiert: Dänemark, England, Frankreich, Japan, Kanada, Niederlande, Russland, Schweden, Schweiz, Spanien, Tschechische Republik, USA. Die ausführlichen Ergebnisse der Länderanalysen sowie eine auf dieser Grundlage vorgenommene vergleichende Betrachtung werden demnächst in einer gesonderten Studie vorgestellt.

- Als Ergänzung der herangezogenen Datenbasis ist die Einbeziehung aktueller Forschungsergebnisse und internationaler Vergleichsstudien relativ weit verbreitet, wobei der Trend offenbar in Richtung einer zielgerichteten Kooperation von Statistik und Wissenschaft geht.

5 Umsetzung der Perspektive „Bildung im Lebenslauf" – Datenprobleme

Die Berichterstattung soll sich an der Perspektive „Bildung im Lebenslauf" orientieren[8], mithin sämtliche Bildungsbereiche – von der frühkindlichen Bildung, Betreuung und Erziehung über die Hochschule bis hin zur Weiterbildung erfassen – und darüber hinaus auch non-formale und informelle Lernwelten einschließen. Der Blick richtet sich vor allem auf die Frage, ob und wie weit die Bildungseinrichtungen imstande sind, die Lernenden auf die Anforderungen in Ausbildung, Beruf, Familie und Gesellschaft vorzubereiten. Hierbei geht es insbesondere um die „Schnittstellen" und Übergänge im Bildungswesen, an denen sich zumeist der weitere Verlauf der „Bildungskarrieren", ihr Gelingen und Misslingen, entscheidet. Übergänge im Verlauf etwa von Schulkarrieren werden durch die amtliche Statistik weitgehend erfasst. Notwendige Modifikationen der Datenbasis betreffen vor allem die Einschulungspraxis selbst, einschließlich der Erfassung des Anteils der Kinder, die mit und ohne Kindergartenbesuch/Vorschul- bzw. Vorklassenbesuch in die Grundschule übergehen, eine Berücksichtigung des sozio-ökonomischen Hintergrunds und des Migrationshintergrunds, was bisher nur teilweise über *Surveys* möglich ist sowie eine bessere Vereinheitlichung der vorhandenen Daten. Ein wesentlicher Schritt zur weiteren Verbesserung der Datenbasis in dieser Richtung ist der im Jahr 2003 von der KMK verabschiedete „Kerndatensatz für schulstatistische Individualdaten der Länder". Beim Kerndatensatz handelt es sich um ein Mindest-Programm, das optional auf Landes-Ebene erweiterbar ist (dies gilt insbesondere für Unterrichtsdaten). Idealtypisch umfasst es

8 Vgl. die Ausschreibung „Gemeinsamer Bericht der Kultusministerkonferenz und des Bundesministeriums für Bildung und Forschung" vom 13.05.2004.

folgende miteinander verknüpfbare Datensegmente: Organisationsdaten der Schule, Individualdaten der Schüler, Individualdaten der Abgänger und Absolventen, Individualdaten der Lehrkräfte, Daten zu Klassen/Kursen der Schule, Organisationsdaten der Unterrichtseinheit.

Aus Sicht der Bildungsberichterstattung sollte in den nächsten Jahren folgenden Aspekten zur Verbesserung der Datenbasis der Bildungsberichterstattung eine besondere Aufmerksamkeit zukommen.

- Umstellung der Schulstatistik auf Individualdaten und Schaffung von Datenpools, die eine Verfolgung der Bildungsverläufe der Individuen erlauben: Die Umstellung der Schulstatistik auf Individualdaten ist von großer Bedeutung für die Analyse der Bildungsverläufe, insbesondere für die Beobachtung von relevanten kleineren Populationen (z. B. der Wiederholer) sowie für Analysen in regionaler Gliederung. Aus Sicht der Bildungsberichterstattung ist es unverzichtbar, dass auch für die Schülerinnen und Schüler der Schulen in privater Trägerschaft Individualdaten erhoben und für die Analyse zur Verfügung gestellt werden.

- Weiterentwicklung der Kompetenzmessungen: Aus der Perspektive der Bildungsberichterstattung wären Kompetenzmessungen bei Schuleintritt, in der Grundschule, im Bereich der Sekundarstufe I, bei Absolventen der Sekundarstufe II und bei Erwachsenen wünschenswert.

- Einführung einer einheitlichen Trägerstatistik im Weiterbildungsbereich: Die Datenlage im Weiterbildungsbereich ist besonders prekär. Zurzeit zeichnet sich ab, dass durch eine Befragung der Haushalte Informationen zur Beteiligung an Weiterbildung künftig im Rahmen des *Adult Education Surveys* erhoben werden. Es fehlt aber eine umfassende Erhebung bei den Trägern der Weiterbildung. Nur über eine Trägerstatistik können Informationen zum (regionalen) Weiterbildungsangebot, zu den Human- und Finanzressourcen der Einrichtungen, zur Entwicklung dieser Einrichtungen und zur Beurteilung der ökonomischen Bedeutung dieses Bereiches gewonnen werden.

6 Einbeziehung non-formaler Bildung und informellen Lernens

In der neueren internationalen Diskussion wird der Blick zunehmend auf diejenigen Formen des Lernens gerichtet, die jenseits von institutionalisierten Lernorten die individuellen (Lern-) Kompetenzen erweitern und insbesondere die Selbststeuerungs- und Selbstorganisationsfähigkeit als wichtige individuelle Voraussetzung für lebenslanges Lernen stärken. Für diese Lernformen haben sich die Kategorien der non-formalen Bildung und des informellen Lernens eingebürgert; sie reflektieren den Sachverhalt wachsender Entgrenzung von Lernprozessen und lassen sich oft, aber keineswegs immer als komplementär zum formalen Lernen begreifen.

Eine besondere empirische Herausforderung besteht gegenwärtig in der Erarbeitung von Zusammenhangsanalysen der non-formalen Bildung und des informellen Lernens mit dem schulnahen Kompetenzerwerb auf Ebene von Individualdaten: Wie hängt der in Schulleistungsstudien bestimmte Kompetenzgrad eines Individuums in Lesen, Naturwissenschaften und Mathematik mit spezifischen bildungsunterstützenden familialen Kommunikationsmustern, mit freiwilligem und politischem Engagement in non-formalen Kontexten oder auch mit bestimmten Formen des Selbstlernens in Peer-Kontexten oder Art und Weise der Computer- und Internetnutzung zusammen? Wie können diese Zusammenhänge auch auf die sozial-kommunikative und individuelle Selbstregulationsfähigkeit betreffenden Kompetenzen ausgedehnt werden? Welche Effekte welchen Formen informellen Lernens zukommen, bleibt bisher ebenso offen wie die Frage, welche Komplementaritäten zwischen formellen und informellen Lernprozessen sowohl auf institutioneller als auch individueller Ebene bestehen, ob es eher zu kompensatorischen bzw. substitutiven oder komplementären Effekten kommt. Realistischerweise wird man hier von systemischen Zusammenhängen ausgehen müssen, die es aufzuklären gilt (vgl. Beathge & Baethge-Kinsky 2004).

7 Verständnis und Einordnung von Indikatoren

Es gibt verschiedene Ansätze, Indikatoren begrifflich zu fassen. Verbreitet ist ein engeres Indikatorenverständnis, wonach Konstrukte mit einem klar definierten Messmodell als Indikatoren bezeichnet werden. Ein solches Indikatorenverständnis liegt weitgehend etwa der bekannten OECD-Publikation *Education at a Glance* zugrunde. Andererseits findet sich in der nationalen und internationalen Bildungsberichterstattung (Deutschland, Kanada, USA) ein weiter Indikatorenbegriff (vgl. etwa Fitz-Gibbon 1996; Fitz-Gibbon/Tymms; 2002; Bottani/Tuijnman 1994), der Indikatoren als komplexere Konstrukte auffasst, die sich aus verschiedenen statistischen Kennziffern zusammensetzen. Jeder dieser Ansätze hat Vor- und Nachteile. Ihre konkrete Abwägung hängt vom Ziel der Nutzung der Indikatoren, von den Steuerungsintentionen, von den jeweiligen Kontextbedingungen, von den Präferenzen der jeweiligen Auftraggeber usw. ab.

Die Bildungsberichterstattung in Deutschland und die Ansatzpunkte der begleitenden Indikatorenforschung stützen sich auf diesen weiten Indikatorenbegriff. Auf diese Weise ist es möglich, wenige „zentrale" Indikatoren mit hoher Aussagekraft darzustellen.

Unter *Indikatoren* werden nach gängigen Begriffsbestimmungen[9] quantitativ erfassbare Größen (wörtl.: „Anzeiger" für einen bestimmten Zustand) verstanden, die als Stellvertretergrößen für komplexe, in der Regel mehrdimensionale Gefüge einen möglichst einfachen und verständlichen Statusbericht über die Qualität eines Zustandes liefern, etwa wichtige Aspekte des Zustandes eines zu betrachtenden Gesamt- oder auch Teilsystems.

Indikatoren sind grundsätzlich konzeptionell begründet, ausdifferenziert und auf empirisch gesicherter Basis – in der Regel als eine bestimmte Kombination statistischer Kennziffern – darzustellen. Über die konzeptionelle Basis hinaus sollen Indikatoren in der Regel Handlungsrelevanz und Anwendungsbezug haben, indem sie ein Bild aktueller oder möglicher Probleme aufzeigen.

Es sind verschiedene Aggregationsstufen der Indikatorisierung möglich: übergreifende Aussagen zum Gesamtsystem sowie Aussagen zu einzelnen Bil-

9 Vgl. u. a. Fitz-Gibbon (1996); Oakes (1989); Ogawa & Collom (1998).

dungsbereichen, zu Bildungsinstitutionen, zur Instruktionsebene bis hin zum Individuum (je mit Blick auf die internationale Ebene, auf die Länderebene und auf Regionen). Für die Bildungsberichterstattung stehen die Entwicklung des Systems und der einzelnen Bildungsbereiche sowie deren Zusammenwirken im Vordergrund. Innerhalb der einzelnen Bereiche sind gleichwohl auch Aussagen zu institutionellen Gegebenheiten und zu individuellen Bildungsverläufen zu treffen.

Indikatoren setzen sich aus einer oder mehreren *statistischen Kennziffern* zusammen. Die exakte Definition solcher Kennziffern beinhaltet jedoch eine Vielfalt technischer Festlegungen: die Angabe der Datensätze und der „Messgrößen"/Variablen, aus denen sie ermittelt werden, die mathematische Berechnungsformel, die Eingrenzung der einzubeziehenden Population bzw. die Auswahl der Stichprobe und die Regelung statistischer Detailfragen wie etwa der Umgang mit fehlenden Werten.

Will Bildungspolitik in Deutschland mit den Mitteln einer regelmäßigen Berichterstattung das Wissen über die Leistungsfähigkeit des Bildungswesens erhöhen, bedarf es parallel zur Etablierung der dauerhaften Infrastruktur für die nationalen Bildungsberichte gezielter Forschungs- und Entwicklungsarbeiten sowie der wissenschaftlichen Klärung von Grundsatzfragen. Von zentraler Bedeutung sind dabei vor allem Fragen der weiteren konzeptionellen Fundierung der Indikatoren, der empirisch belastbaren Plausibilisierung von Annahmen über Wirkungszusammenhänge sowie der Interdependenzen zwischen Indikatoren.

8 Weitere nicht-indikatorengestützte steuerungsrelevante Informationen – das Konzept des Schwerpunktthemas

In jedem Bericht wird ein besonders steuerungsrelevanter, in der Regel noch nicht mittels Indikatoren darstellbarer Problembereich als Schwerpunktthema behandelt und als eigenständiges Kapitel dargestellt. Dieses eigenständige Kapitel muss nicht, wie die übrigen Teile eines Bildungsberichts, indikatorenorientiert aufgebaut werden, stattdessen können hier auch Ergebnisse von Umfragen, Befunde aus wissenschaftlichen Studien mit anderen Datengrundlagen, Beschreibungen von Maßnahmen und Arbeitsschritten usw. eingehen.

Ein solcher Teil kann dadurch problemorientierter und analytisch vertiefend angelegt werden. In diesem Teil können wesentliche Entwicklungsfelder des Bildungswesens thematisch aufgegriffen und Optionen für eine qualitätsorientierte Weiterentwicklung diskutiert werden.

Im Bildungsbericht 2006 wurde das Schwerpunktthema „Bildung und Migration“ auf diese Weise analysiert. Dabei wurde von folgenden grundsätzlichen Überlegungen ausgegangen: Integration durch Bildung und Integration ins Bildungssystem hängt für Kinder und Jugendliche eng zusammen. In Anlehnung an eine internationale Definition für Arbeitsmarktintegration (OECD 2005) lässt sich das Ziel der Integration ins Bildungssystem so verstehen, dass es Kindern und Jugendlichen von Zugewanderten im Laufe der Zeit gelingt, ähnliche Kompetenzen und Qualifikationen/Abschlüsse zu erreichen wie die übrige Gleichaltrigen-Bevölkerung. Zwar sind in den letzten 30 Jahren deutliche Verbesserungen in Bezug auf die erreichten Schul- und Ausbildungsabschlüsse von Migrantenkindern zu verzeichnen. Dennoch bleiben gravierende Probleme im Kompetenzerwerb. PISA, IGLU und andere Studien haben im Schulbereich erhebliche migrationsbedingte Disparitäten hinsichtlich der kognitiven Kompetenzen sowie der Übergangsempfehlungen und der besuchten Schulart im Sekundarbereich I aufgedeckt, die teilweise – aber keineswegs vollständig – durch die im Durchschnitt geringeren sozioökonomischen Ressourcen von Zuwandererfamilien erklärt werden können. Darüber hinaus stellt die Beherrschung der deutschen Sprache eine wesentliche Bedingung für eine gleichberechtigte Teilhabe am deutschen Bildungssystem dar. Um diese Probleme auszuleuchten, wurden im Bildungsbericht 2006 vier zentrale Perspektiven verfolgt: In gesamtgesellschaftlicher Perspektive wurden Umfang und Struktur der Bevölkerung mit Migrationshintergrund beschrieben, in einer individuellen Perspektive wurden die Bildungsbeteiligung, die Bildungsverläufe, die Bildungsgeschichte sowie die herkunftsspezifischen Bedingungen von Kindern, Jugendlichen und Erwachsenen mit Migrationshintergrund angedeutet, in einer institutionellen Perspektive wurde der Umgang des Bildungssystems mit Migration behandelt und in einer internationalen Vergleichsperspektive werden Unterschiede im Kompetenzerwerb vor dem Hintergrund der unterschiedlichen Zusammensetzung der Migrantenpopulation und des jeweiligen institutionellen Umgangs mit dem Migrationsphänomen dargestellt.

Für den nächsten Bericht (2008) wird das Schwerpunktthema „Übergänge Schule-Berufsbildung-Hochschulbildung-Arbeitsmarkt“ bearbeitet.

9 Grenzen einer Bildungsberichterstattung

Das analytische Potenzial der Bildungsberichterstattung beruht im Wesentlichen darauf, dass statistische Größen verknüpft werden (*Connectivity*). In den verschiedenen nationalen und internationalen Bildungsberichten wird dies vor allem durch Verbindung von Basisdaten, Hintergrundmerkmalen und Referenzdaten erreicht. Jeder einzelne Indikator kann – von Bericht zu Bericht wechselnd – in Relation zu verschiedenen Bezugsgrößen untersucht werden und er kann nach verschiedenen Hintergrundaspekten aufgegliedert werden. All diese abgeleiteten Kennziffern und Vergleichswerte können in Zeitreihe, über mehrere Jahre hinweg, dargestellt werden. In diesen Differenzierungen – also innerhalb der Darstellung des einzelnen Indikators – liegt der Ansatzpunkt für Interpretation, Analyse und letztlich für die politische Bewertung. Dadurch wird es möglich, das Indikatorensystem und die gesamte Berichterstattung modular aufzubauen, d. h. aus voneinander unabhängigen Einheiten, die je nach Datenlage und politischem Bedarf ausgewählt und dargestellt werden.

Education at a Glance und andere Bildungsberichte nutzen diese Möglichkeiten der Ausdifferenzierung innerhalb der Indikatoren in vielfältiger Form. Nur sehr selten hingegen werden unterschiedliche Indikatoren kombiniert. Ebenso selten werden statistische Kennziffern verwendet, die Zusammenhänge quantifizieren (also etwa Korrelationskoeffizienten oder gar multivariate Auswertungen). „Wechselwirkungen“ werden lediglich zwischen den Basisdaten eines Indikators und unterschiedlichen Hintergrundvariablen berücksichtigt und rein deskriptiv dokumentiert. Fragen nach Ursachen und Wirkungszusammenhängen können indikatorenbasiert häufig nicht beantwortet werden. Ebenso wenig können aktuelle Entwicklungen, für die (noch) keine repräsentativen Daten vorliegen, in einem indikatorengestützten Bericht angemessen berücksichtigt werden.

Im Unterschied zu wissenschaftlichen Studien ist der Zweck der Bildungsberichterstattung ein deskriptiver und evaluativer. Bildungsberichterstattung ist „analytisch“ im Sinne vielseitiger Vergleichs- und Bewertungsmöglichkeiten, *nicht kausal-analytisch.* Sie übernimmt dadurch eine wichtige Rolle im wissenschaftlich gestützten Bildungsmonitoring, kann und soll aber nicht alle steuerungsrelevanten Fragen beantworten.

Literatur

Ackeren, I. van, Hovestadt, G. (2003). *Indikatorisierung der Empfehlungen des Forum Bildung. Bildungsreform. Band 4.* Berlin: Bundesministerium für Bildung und Forschung.

Avenarius, H., Ditton, H., Döbert, H., Klemm, K., Klieme, E., Rürup, M. (2003). *Bildungsbericht für Deutschland. Erste Befunde.* Opladen: Leske + Budrich.

Baethge, M., Baethge-Kinsky, V. (2004). *Der ungleiche Kampf um das lebenslange Lernen.* Münster u. a.: Waxmann.

Baethge, M., Buss, K.-P., Lanfer, C. (2003) *Konzeptionelle Grundlagen für einen Nationalen Bildungsbericht – Berufliche Bildung und Weiterbildung/ Lebenslanges Lernen. Reihe Bildungsreform. Band 7.* Bonn: Bundesministerium für Bildung und Forschung.

Bartelheimer, P. (2006). Wozu Sozioökonomische Berichterstattung? – eine Kontroverse. In: *SOFI-Mitteilungen 34*, 67–90.

Bartelheimer, P., Boes, A., Fuchs, T., Grimm, N., Hacket, A., Land, R., Mayer-Ahuja, N., Weber, C. (2006) *Berichterstattung zur sozioökonomischen Entwicklung Deutschlands. Zweiter Bericht, Zwischenbericht, Teil I, Auswertung der Werkstattgespräche zur sozioökonomischen Berichterstattung im ersten Halbjahr 2006.* Göttingen.

Bos, W., Holtappels, H.-G., Pfeiffer, H., Rolff, H.-G., Schulz-Zander, R. (Hrsg.). (2006). *Jahrbuch der Schulentwicklung Band 14. Daten, Beispiele und Perspektiven.* Weinheim & München: Juventa.

Böttcher, W., Klemm, K., Rauschenbach, T. (Hrsg.). (2001). *Bildung und Soziales in Zahlen. Statistisches Handbuch zu Daten und Zahlen im Bildungsbereich.* München & Weinheim: Juventa.

Bottani, N., Tuijnman, A. (1994). International Educational Indicators: Framework, Development and Interpretation. In: Centre for Educational Research an Innovation (Hrsg.). *Making Education Count. Developing and Using International Indicators.* Paris

Bundesministerium für Arbeit und Soziales (BMAS). (2005). *Lebenslagen in Deutschland. 2. Armut- und Reichtumsbericht der Bundesregierung.* Bonn: BMAS.

Bundesministerium für Bildung und Forschung (BMBF). (2006). *Berichtssystem Weiterbildung IX. Integrierter Gesamtbericht zur Weiterbildungssituation in Deutschland.* Bonn/Berlin: BMBF.

Bundesministerium für Bildung und Forschung (BMBF). (2007). *Berufsbildungsbericht 2007.* Berlin: BMBF.

Bundesministerium für Familie, Senioren, Frauen und Jugend (BMFSFJ). (2005). *Bericht über die Lebenssituation junger Menschen und die Leistungen der Kinder- und Jugendhilfe in Deutschland. Zwölfter Kinder- und Jugendbericht. Bildung, Betreuung und Erziehung vor und neben der Schule.* Berlin: BMFSFJ.

Bundesministerium für Familie, Senioren, Frauen und Jugend (BMFSFJ). (2005a). *Familie zwischen Flexibilität und Verlässlichkeit. Perspektiven für eine lebenslaufbezogene Familienpolitik. Siebter Familienbericht.* Berlin: BMFSFJ.

Bund-Länder-Kommission für Bildungsplanung und Forschungsförderung (BLK). (Hrsg.). (2002). Vergleichende internationale Bildungsstatistik. Sachstand und Vorschläge zur Verbesserung. In: *Materialien zur Bildungsplanung und Forschungsförderung.* Heft 103.

Bund-Länder-Kommission für Bildungsplanung und Forschungsförderung (BLK). (2006). *Heft 137-I. BLK-Bildungsfinanzbericht 2004/2005. Die aktuelle Entwicklung. Materialien zur Bildungsplanung und zur Forschungsförderung*. Bonn: BLK.

Cortina, K. S., Baumert, J., Leschinsky, A., Mayer, K.-U. (Hrsg.). (2003). *Das Bildungswesen in der Bundesrepublik Deutschland: Strukturen und Entwicklungen im Überblick.* Reinbek: Rowohlt.

Deutscher Bildungsrat. (Hrsg.). (1975). *Bericht ’75. Entwicklungen im Bildungswesen.* Stuttgart: Klett.

Deutscher Bundestag. (Hrsg.). (1978). *Bericht der Bundesregierung über die strukturellen Probleme des föderativen Bildungssystems. Bundestagsdrucksache 8/1551.* Bonn.

Deutsches Jugendinstitut. (Hrsg.). (2003). *Zahlenspiegel. Daten zu Tageseinrichtungen für Kinder.* München: DJI.

Die internationalen Bildungsindikatoren der OECD – ein Analyserahmen. (1992) Ein OECD/CERI-Bericht. Frankfurt am Main u. a.

Fitz-Gibbon, C. (1996). Monitoring School Effectiveness: Simplicity and Complexivity. In: Gray, J., Reynolds, D., Fitz-Gibbon, C. Jesson, D. (Hrsg.).

Merging Traditions: The Future of Research on School Effectiveness and School Improvement. London: Cassell.

Egeln, J., Eckert, T., Heine, Ch., et al. (2003). *Indikatoren zur Ausbildung im Hochschulbereich. Studie zum Innovationssystem Deutschlands Nr. 10-2003. ZEW Dokumentation 03-03.*

EU-Kommission. (2007). *Key data on higher education in Europe – 2007 Edition.* Brüssel: Eurydice.

Europäische Kommission. (Hrsg.). (2000). *Memorandum über lebenslanges Lernen.* Luxemburg: Office for Official Publications of the European Communities.

Fitz-Gibbon, C. T. (1996). *Monitoring Education. Indicators, Quality and Effectiveness.* London: Cassell.

Führ, Ch. (1996). *Deutsches Bildungswesen seit 1945.* Neuwied & Kriftel: Luchterhand.

Führ, Ch., Furck, C.-L. (1998). *Handbuch der deutschen Bildungsgeschichte, Band VI/1 und VI/2.* München: Beck.

Holtappels, H. G., Klieme, E., Rauschenbach, T., Stecher, L. (2007). *Ganztagsschule in Deutschland. Ergebnisse der Ausgangserhebung der „Studie zur Entwicklung von Ganztagsschulen".* Weinheim & München: Juventa.

KMK. (2002). *Wichtige Beschlüsse der Kultusministerkonferenz „Qualitätssicherung in Schulen im Rahmen von nationalen und internationalen Leistungsvergleichen – Entwicklung Bildungsstandards? Beschluss vom 17./18.10.2002.*

Konsortium Bildungsberichterstattung. (2005). *Gesamtkonzeption der Bildungsberichterstattung.* URL: http://bildungsbericht.de/daten/gesamtkonzeption.pdf [Stand 27.11.2007].

Konsortium Bildungsberichterstattung. (Hrsg.). (2006). *Bildung in Deutschland. Ein indikatorengestützter Bericht mit einer Analyse zu Bildung und Migration.* Bielefeld: Bertelsmann und www.bildungsbericht.de.

Noll, H.-H. (1998). Sozialberichterstattung: Funktionen, Merkmale und Grenzen. In: Institut für Sozialwissenschaftliche Forschung (IFS) et al. (Hrsg.). *Jahrbuch Sozialwissenschaftliche Technikberichterstattung, Sonderband Beobachtungsfeld Arbeit.* Berlin, 25–35.

Noll, H.-H. (2002). Social Indicators and Quality of Life Research: Background, Achievements und Current Trends. In: Genov, N. (Hrsg.). *Ad-*

vances in Sociological Knowledge over Half a Century. Paris: International Social Science Council.

Noll, H.-H. (2003). Sozialberichterstattung, amtliche Statistik und die Beobachtung sozialstaatlicher Entwicklungen. In: Meulemann, H. (Hrsg.). *Der Sozialstaat in der amtlichen Statistik. Angebote und Nachfragen. Sozialwissenschaftliche Tagungsberichte Band 6.* IZ: Bonn, 65–84.

Oakes, J. (1989). What educational indicators? The case for assessing school context. *Educational Evaluation and Policy Analysis*, *1* (2), 181–199.

Oakes, Jeannie (1986). *Educational Indicators: A Guide for Policymakers.* Santa Monica, CA: RAND.

OECD. (2006). *Education Policy Analysis. Focus on Higher Education. 2005–2006 Edition.* Paris: OECD.

OECD. (2007). *Education at a Glance 2007. OECD Indicators.* Paris: OECD.

Ogawa, R., Collom, E. (1998). *Educational Indicators: What are they?* Riverside, CA: ERIC.

Rauschenbach, T., Leu, H.-R., Lingenauber, S., Mack, W., Schilling, M., Schneider, K., Züchner, I. (2004). *Konzeptionelle Grundlagen für einen Nationalen Bildungsbericht – Non-formale und informelle Bildung im Kindes- und Jugendalter. Reihe Bildungsreform. Band 6.* Bonn: Bundesministerium für Bildung und Forschung.

Scheerens, J. (1992). Prozessindikatoren der Arbeitsweise von Schulen. In: *Die internationalen Bildungsindikatoren der OECD – ein Analyserahmen. (1992) Ein OECD/CERI-Bericht.* Frankfurt am Main u. a., 62 -91. (Übersetzung von: OECD/CERI (Hrsg.) (1991). *The OECD International Education Indicators. A Framework for Analysis.* Paris.).

Scheerens, J. (2004). *The Conceptual Basis of Indicator Systems.* Frankfurt a. M.: Lang.

Statistisches Bundesamt. (2003). *Im Blickpunkt: Bildung in Deutschland.* Wiesbaden: Statistisches Bundesamt.

Tietze, W. (1998). *Wie gut sind unsere Kindergärten? Eine Untersuchung zur pädagogischen Qualität in deutschen Kindergärten.* Neuwied & Kriftel: Luchterhand.

Weishaupt, H., Weiss, M., Recum, H. von, /Haug, R. (1988). *Perspektiven des Bildungswesens der Bundesrepublik Deutschland. Rahmenbedingungen, Problemlagen, Lösungsstrategien.* Baden-Baden: Nomos.

Weißhuhn, G. (2001). *Gutachten zur Bildung in Deutschland.* Bonn: Bundesministerium für Bildung und Forschung.
Wissenschaftsrat (2002). *Eckdaten und Kennzahlen zur Lage der Hochschulen von 1980 bis 2000.* Köln: Wissenschaftsrat.

Nationaler Bildungsbericht – ein Schritt in Richtung evidenzbasierter Politik in Österreich

Werner Specht

1 „Evidence-based Policy“ und nationale Bildungsberichte

In vielen Ländern werden heute verstärkte Anstrengungen um eine evidenzbasierte Bildungspolitik unternommen. Bildungspolitische Entscheidungen sollen sich stärker als bisher an Erkenntnissen der Forschung über Stärken und Schwächen der jeweiligen Bildungssysteme orientieren. Das bedeutet gleichzeitig, dass Wissenschaft und Forschung stärker zur Schaffung und Aufbereitung von Wissensgrundlagen für die Systemsteuerung beitragen. In jüngerer Zeit haben sowohl OECD-CERI[1] als auch die Europäische Union[2] Programme und Veranstaltungen ins Leben gerufen, mit denen die Voraussetzungen für eine evidenzbasierte Bildungspolitik in den jeweiligen Mitgliedsländern verbessert werden sollen (Burns 2007, Commission of the European Communities 2007).

Als wesentliche Instrumente für eine verbesserte wissensbasierte Steuerung von Bildungssystemen werden dabei gesehen:

- Die verstärkte öffentliche Förderung von Wissenschaft und Forschung im Bildungsbereich,
- die Einrichtung von gut dotierten Forschungsprogrammen in Entwicklungsfeldern von hoher bildungspolitischer Relevanz,
- die institutionelle Stärkung des Austauschs zwischen den bildungspolitischen Steuerungsinstanzen und den Organisationen von Forschung und Entwicklung,

---

1 http://www.oecd.org/document/29/0,3343,en_2649_37455_31237469_1_1_1_37455,00.html

2 http://interkoop.dipf.de/index.php?option=com_content&task=view&id=48&Itemid=64

– dabei im Besonderen die Einrichtung von sogenannten *Brokerage Agencies* – also Agenturen und Einrichtungen, deren Aufgabe es zum einen ist, verfügbare wissenschaftliche Erkenntnisse zu spezifischen Themen- bzw. Problembereichen für eine informiertere bildungspolitische Entscheidungsfindung aufzubereiten, und andererseits Wissensbedürfnisse von bildungspolitischen Entscheidungsträgern in wissenschaftlich bearbeitbare Fragestellungen zu übertragen und Forschung zu stimulieren.

Ein wichtiges Instrument wissensbasierter Bildungspolitik sind auch Bildungsberichte, in denen Daten und wissenschaftliche Erkenntnisse über das Bildungswesen aufbereitet und der Ebene der Bildungspolitik und der Bildungsverwaltung als Steuerungswissen bereitgestellt werden.

Berichte über die Situation des nationalen Bildungswesens sind in vielen westlichen Ländern institutionalisiert[3]. Speziell in den deutschsprachigen Ländern ist dieses Instrument der Politikunterstützung aber noch sehr jung. In Deutschland ist im Jahr 2003 ein erster Bildungsbericht erschienen, der von der Konferenz der Kultusminister (KMK) in Auftrag gegeben und von einem Autorenkonsortium verfasst wurde (Avenarius et al. 2003). 2006 folgte ein zweiter Band – nunmehr im gemeinsamen Auftrag des Bundes und der Länder (Avenarius et al. 2006). In der Schweiz erschien ein erster nationaler Bildungsbericht im Auftrag der EDK (Konferenz der eidgenössischen Erziehungsdirektoren), erstellt unter Federführung der Schweizerischen Koordinationsstelle für Bildungsforschung (Bildungsbericht Schweiz 2006).

In Österreich liegen seit 2003 Planungspapiere unterschiedlichen Elaborationsgrades für einen nationalen Bildungsbericht vor, die aber bislang noch nicht die Unterstützung der politischen Entscheidungsträger gefunden haben. Seit Frühjahr 2007 sind die Planungen für einen Nationalen Bildungsbericht Österreich 2008 in ein konkretes Stadium getreten.

3 Für einen Überblick s. Rürup (2003).

2 Berichtsform: Deskriptiv – analytisch – normativ?

2.1 Variationen im internationalen Feld

Die Bildungsberichte in den verschiedenen entwickelten Ländern unterscheiden sich im Hinblick auf Textsorte, Autorenschaft und Hauptadressaten der Berichte zum Teil erheblich:

- *Die Textsorten* variieren von einer rein deskriptiven Präsentation von Daten zum Bildungswesen über die analytische Entwicklung, Darstellung und Interpretation von Qualitätsindikatoren bis hin zu rein qualitativen Zustands- und Problemberichten. Die Bildungsberichte der Schweiz und Deutschlands sind im Wesentlichen Darstellungen und Interpretationen von sorgfältig ausgewählten quantitativen Indikatoren, die – teils implizit, teils explizit – als Qualitätsmerkmale charakterisierbar sind. Die Darstellung selbst ist über weite Strecken deskriptiver Natur, enthält aber auch bewertende Kommentare zu den ermittelten Befunden.[4]
  Ein Bildungsbericht ganz anderer Art ist etwa der Report der niederländischen Schulaufsicht, der die aggregierten Befunde der Schulinspektionen aus dem Berichtszeitraum fast ausschließlich qualitativ, durchweg bewertend und mit Vorschlägen für eine Verbesserung der Situation wiedergibt (Inspectie van het Onderwijs 2005).
- *Autoren der Berichte* können sein: (a) die Bildungsverwaltungen selbst, deren statistische Einheiten die Daten zusammenstellen (Beispiel Frankreich); (b) verwaltungsnahe wissenschaftliche Institute, die von den politischen Entscheidungsträgern mit der Erstellung von Bildungsberichten beauftragt werden (so fast durchweg in den deutschen Bundesländern); (c) unabhängige Institutionen, die die Berichte auf Eigeninitiative oder im Regierungsauftrag erstellen (so etwa die Berichte der unabhängigen niederländischen Schulaufsicht); (d) Konsortien von Wissenschaftlern, die im öf-

4 Als Beispiel im deutschen Bericht ist hier etwa die Darstellung zum Thema Klassenwiederholungen (Indikator D2, S. 54ff.), wo die hohen durchschnittlichen Schullaufbahnverluste der Schülerschaft eine ausgesprochen kritische Bewertung erfahren.

fentlichen Auftrag kooperativ die Berichte erstellen (typisches Beispiel ist der deutsche Bildungsbericht).
Die wohl wichtigste Dimension in diesem Zusammenhang ist die der Abhängigkeit oder Unabhängigkeit der Autoren vom öffentlichen Auftraggeber und das Ausmaß, in dem die Berichtsinhalte der Steuerung und / oder Kontrolle durch die Auftraggeber unterliegen. Als wünschenswert erscheint, wenn zwar die zentralen Fragestellungen an den Bericht von Politik und Verwaltung erarbeitet und gestellt werden, die konkrete Berichterstattung aber ausschließlich wissenschaftlichen Relevanz- und Qualitätskriterien folgt.
- *Adressaten* der Berichte sind zumeist Regierung und Verwaltung einerseits und die Öffentlichkeit andererseits. Der Bildungsbericht ist damit ein Dokument der Rechenschaftslegung gegenüber der Öffentlichkeit und der Information für die Bildungsverwaltung gleichermaßen. Unterschiede gibt es dahingehend, inwieweit die jeweiligen Parlamente formell mit den Ergebnissen der Bildungsberichterstattung befasst werden.

2.2 Konzeption für den österreichischen Bericht

In Österreich hat sich in den letzten Jahrzehnten eine spezifische, relativ ausgeprägte Kultur wissenschaftlicher Politikberatung entwickelt. Zu zentralen Fragen der Entwicklung und Steuerung des Schulsystems sind Expertisen an universitäre Forscher in Auftrag gegeben worden, die in der Folge programmatischen Status bekamen und relativ großen Einfluss auf die nachfolgende bildungspolitische Diskussion und auf die sich daraus ergebenden Entscheidungen hatten[5].

Von dieser Tradition ausgehend lag es nahe, dass der Bildungsbericht sich nicht auf die Darstellung von Daten und Indikatoren über Systemzustände beschränken, sondern, von der wissenschaftlichen Befundlage ausgehend, zu wichtigen Entwicklungsfragen des Schulwesens auch Stellung beziehen und

5 Besonders wichtige Beispiele waren Posch & Altrichter (1993, 1997), Eder (2002), Haider et al. (2003, 2005).

Strategievorschläge machen sollte. Die konkreten inhaltlichen Überlegungen zum Aufbau des Berichts sind weiter unten ausgeführt (s. Abschnitt 4.3).

3 Prinzipien des Zusammenwirkens von Bildungspolitik, Verwaltung und Wissenschaft

Ein daten- und ergebnisorientiertes Steuerungsmodell steht und fällt mit einem produktiven Zusammenspiel von Politik und Verwaltung einerseits und den Personen und Institutionen der Wissenschaft andererseits. Daher ist es vor allem erforderlich, diese beiden Akteure in eine gut funktionierende Entwicklungszusammenarbeit zu bringen.

Dazu müssen jedoch auf beiden Seiten wesentliche Voraussetzungen gegeben sein:

- *Voraussetzungen aufseiten der Politik:* Bildungsberichte sind deswegen hoch sensible Angelegenheiten, weil hier politische Interessen der jeweiligen Administrationen, sich möglichst vorteilhaft darzustellen, mit dem eigentlichen Sinn solcher Berichte in Spannung stehen, ungeschönte Bestandsaufnahmen vorzulegen, aus denen sich Prioritäten für die bildungspolitische Planung ableiten lassen. Aus diesem Spannungsfeld resultieren teils diskrepante Vorstellungen über die jeweilige Verantwortung und Rollenverteilung von Politik und Verwaltung einerseits und der Bildungswissenschaften andererseits. Viele Politiker würden es präferieren, wenn sie diese Berichte vollständig unter ihrer Kontrolle hätten, sie von den Beamten verfasst würden und die Wissenschaft lediglich die Datenproduktion übernehmen würde. Damit aber würden Bildungsberichte viel von ihrer aufklärerischen Funktion einbüßen.
  Voraussetzung dafür, dass ein solcher Bericht seine Funktion, *relevante* Wissensgrundlagen für die bildungspolitische Steuerung zur Verfügung zu stellen, tatsächlich erfüllen kann, ist folglich die Bereitschaft der Politik, ungeschönte und unausgelesene diagnostische Befunde zuzulassen und den beteiligten Wissenschaftlern ein weitgehend unbeeinflusstes Arbeiten zu ermöglichen.

• *Voraussetzungen aufseiten der Wissenschaft:* Auf der anderen Seite steht die Verpflichtung der beteiligten Wissenschaftler, die Realität des Bildungssystems in ausgewogener und fairer Weise abzubilden, nur Daten hoher Zuverlässigkeit zu verwenden, und sich manifester Kritik am Auftraggeber zu enthalten. Letzteres hat nicht damit zu tun, dass Daten und Befunde nicht auch bewertet werden dürfen. Es kann aber nicht Sinn wissenschaftlicher Berichte sein, sich direkt in das politische Geschäft einzumischen.

  Die wissenschaftliche Redlichkeit und Qualität des Bildungsberichts hängt vor allem davon ab, ob und in welchem Maße die konventionellen Mechanismen wissenschaftlicher Qualitätssicherung (Kollegiale Kontrolle und Kritik, *Peer Review*-Verfahren) in einem Land prinzipiell funktionieren und im konkreten Fall auch auf die Bildungsberichterstattung Anwendung finden.

Wie bereits an anderer Stelle betont (Specht 2007), ist eine klare Rollentrennung von Politik und Wissenschaft, wie die EDK in der Schweiz sie formalisiert herausgearbeitet hat, und wie sie sich auch als Grundmodell im Bildungsbericht Schweiz findet (Bildungsbericht Schweiz 2006, 7) eine wichtige Gelingensbedingung:

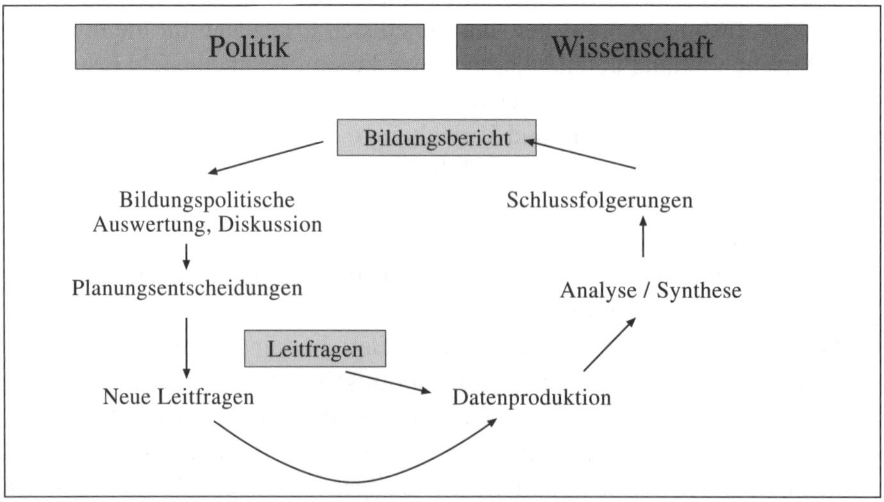

Abb. 1: Aufgabenverteilung und Zusammenspiel von Politik und Wissenschaft bei der Bildungsberichterstattung nach dem Modell der Schweiz.

Dieses Konzept enthält eine sehr klare Trennung der Zuständigkeiten und Verantwortlichkeiten von Politik und Wissenschaft bei der Bildungsberichterstattung: Die Leitfragen für die Analyse kommen von den politischen Entscheidungsträgern und die konkreten Planungsentscheidungen, die auf der Basis der Berichte getroffen werden, sind ebenfalls ein Primat der Politik. Datenproduktion und -interpretation, aber auch die Schlussfolgerungen aus wissenschaftlicher Sicht kommen eigenständig und selbstverantwortlich vom beauftragten Expertenkonsortium.

Das Modell erscheint deswegen überzeugend, weil es den verantwortlichen Organen des demokratischen Staates klar die Planungs- und Entscheidungshoheit zuweist, diese aber gleichzeitig einem Begründungsdruck gegenüber der Expertise unabhängig arbeitender Wissenschaftlerinnen und Wissenschaftler aussetzt.

Dieses Konzept ist auch Vorbild für den nationalen Bildungsbericht in Österreich.

4 Bildungsbericht Österreich 2008 – ein Pilotprojekt

4.1 Funktionen

Mit dem ersten Nationalen Bildungsbericht will Österreich an die internationalen Entwicklungen hin zu einer evidenzbasierten Bildungspolitik anschließen. Der Bericht soll ein möglichst umfassendes Bild des österreichischen Schulwesens – vom Vorschulbereich bis zu den allgemeinbildenden und berufsbildenden höheren Schulen – liefern, auf dem eine an Weiterentwicklung und Qualitätsverbesserung orientierte Bildungspolitik aufbauen kann.

Beim geplanten Bildungsbericht 2008 wird es sich um eine *Pilotversion* handeln, die insbesondere die folgenden Funktionen erfüllen soll:

– *Entwicklung von Qualitätsindikatoren:* Im Rahmen der Berichterstattung wird erstmals versucht, ein Set von Qualitätsindikatoren für das österreichische Schulwesen zu entwickeln und mit verfügbaren Datenbeständen so weit wie möglich abzubilden. Diese Indikatoren sollen anschlussfähig sein an die Indikatorensysteme der OECD und der Europäischen Union und damit internationale Vergleiche ermöglichen. Sie sollen aber auch Spezifika der österreichischen Situation abbilden, die eine längsschnittliche Betrachtung in zukünftigen Berichten ermöglichen.

- *Test der Indikatoren auf bildungspolitische Konsensfähigkeit:* Ein wichtiges Ziel in diesem Zusammenhang besteht darin, diese Indikatoren auf ihre nationale Konsensfähigkeit hin zu überprüfen und längerfristig eine weitgehende Vereinbarung über die wichtigsten Ziele des Bildungswesens herbeizuführen, die durch die Indikatoren abgedeckt werden. Es ist von zentraler Bedeutung, dass die Definition von Qualität im Bildungswesen nicht ausschließlich auf der Expertenebene erfolgt, sondern im Rahmen eines breiten gesellschaftlichen Diskurses Legitimation erhält.
- *Praktikabilität, bildungspolitische und öffentliche Akzeptanz des Gesamtkonzepts:* Die Pilotversion realisiert ein Gesamtkonzept der Bildungsberichterstattung, dessen Sinnhaftigkeit und Praktikabilität für ein zyklisches Erscheinen Nationaler Bildungsberichte öffentlich und politisch diskutiert, überprüft und ggf. modifiziert werden soll. Er ist ausdrücklich als Lerngelegenheit im Hinblick auf die folgenden Aspekte konzipiert:
  (a) Organisatorische und Ressourcenfragen wie Kosten, Zeitpläne und Kooperationsformen;
  (b) Datenverfügbarkeit und Erfordernisse der Verbesserung der Datenlage;
  (c) Inhaltskonzept im Hinblick auf die Anteile von deskriptiven, analytischen und normativen Elementen;
  (d) die Frage der Zyklenlänge zukünftigen Erscheinens;
  (e) schließlich auch im Hinblick auf die Art der Behandlung der Ergebnisse durch die Instanzen von Politik und Verwaltung.

4.2 Organisationskonzept

Mit der Erstellung eines Konzepts für den Bildungsberichts wurde im Frühjahr 2007 das neu geschaffene Bundesinstitut für Bildungsforschung, Innovation und Entwicklung des Bildungswesens (bifie) beauftragt.

Das Bundesinstitut arbeitete bei der Erstellung des Berichtskonzepts mit führenden Bildungswissenschaftlern des Landes zusammen. Es bestätigte und erprobte damit seine designierte Funktion als Schnittstelle und Vermittlungsagentur zwischen den Steuerungsinstanzen von Bildungspolitik und Verwaltung einerseits und den Institutionen und Personen des wissenschaftlichen Bereichs andererseits[6].

4.3 Inhaltskonzept

Das gegenwärtige Inhaltskonzept, das in seiner Grundstruktur innerhalb der Redaktionsgruppe erarbeitet und beschlossen wurde und dem inzwischen auch die Ressortleitung zugestimmt hat, sieht eine prinzipielle Zweiteilung des Berichtes vor:

Teil 1: Das österreichische Schulsystem im Lichte von Daten und Indikatoren

Der erste Teil beschreibt das österreichische Schulsystem in möglichst umfassender Form anhand von Daten und Indikatoren, die auf die wesentlichen Ziele und Qualitätsbereiche des Schulwesens bezogen sind.

Im Indikatorenteil sollen die gegenwärtig verfügbaren relevanten Datenbestände in gut darstellbare Qualitätsindikatoren überführt werden. Dabei werden insbesondere solche Indikatoren entwickelt werden, die sich für eine längsschnittliche Analyse (wiederholte Messungen) in zukünftigen Bildungsberichten nahe legen.

Wichtiges Ziel dieses Teils ist aber auch, Lücken und Desiderate in den Datenbeständen aufzuzeigen und Vorschläge für eine Verbesserung der Datenverfügbarkeit in zukünftigen Berichten vorzulegen.

Dieser Teil des Berichts folgt weitgehend den Vorbildern der entsprechenden Bildungsberichte im deutschsprachigen Raum, die sich primär auf die Darstellung und Interpretation von Indikatoren zum Bildungswesen stützen.

6 An der inhaltlichen Planung wirkten mit: Prof. Dr. Herbert Altrichter (Uni Linz), Prof. Dr. Ferdinand Eder (Uni Salzburg), DDr. Günter Haider (Uni Salzburg), Dr. Lorenz Lassnigg (IHS), Mag. Josef Lucyshyn (Bifie), Prof. Dr. Georg Neuweg (Uni Linz), Prof. Dr. Werner Specht (Bifie), Prof. Dr. Christiane Spiel (Uni Wien).

Teil 2: Schwerpunktthemen der Qualitätsentwicklung im Schulsystem

Der zweite Teil ist eher problemorientierter, analytischer und auch stärker normativer Natur. In diesem Teil werden wesentliche Problem- und Entwicklungsfelder des Schulwesens thematisch aufgegriffen, anhand von verfügbaren Daten und Forschungsergebnissen analysiert und auch Optionen für eine qualitätsorientierte Weiterentwicklung in diesen Bereichen diskutiert.

Die Auswahl der Schwerpunktthemen erfolgte nach unterschiedlichen Gesichtspunkten:

- Zum einen werden Themenfelder behandelt, die derzeit *Schwerpunkte der bildungspolitischen Diskussion* in Österreich bilden, weil der Veränderungsdruck als sehr hoch wahrgenommen wird. Zu diesen Themen gehören etwa der Bereich der vorschulischen Erziehung und der Schnittstelle zwischen Kindergarten und Schule mit dem inhaltlichen Problemfeld der frühen Sprachförderung, der Problemdruck in der Sekundarstufe I mit seinen optionalen Lösungsformen, aber auch die Weiterentwicklung der Qualität der sonderpädagogischen Förderung von Kindern mit Behinderungen und Beeinträchtigungen, insbesondere im integrativen Bereich.
- Einen zweiten Themenbereich bilden im engeren Sinne *pädagogische Fragen,* die in der gegenwärtigen Situation der zunehmenden Heterogenität der Schülerschaft *von vordringlicher Bedeutung* scheinen. Solche Schwerpunktthemen sind etwa die Möglichkeiten einer individualisierten Unterrichtsgestaltung und die dafür erforderlichen Rahmenbedingungen und Kompetenzvoraussetzungen der Lehrkräfte oder die stärkere Anwendung und Verbreitung alternativer, motivierender und nicht-selektionsorientierter Formen der Leistungsrückmeldung an die Schülerinnen und Schüler. In diesen Themenfeldern geht es aber nicht um pädagogische Grundsatzdiskussionen, sondern – dem politikorientierten Charakter des Berichts entsprechend – um die Rahmenbedingungen, die eine effizientere Pädagogik fördern oder behindern.
- Ein dritter Schwerpunkt behandelt einige *Themen der Steuerung des Schulwesens*, die von unmittelbarer bildungspolitischer Bedeutung sind, und in denen ein deutlicher Reformstau feststellbar ist: Das eine ist die Frage der Qualitätssicherung und Qualitätsentwicklung, zu der es in den letzten eineinhalb Jahrzehnten eine Vielfalt von Expertisen und Positionspa-

pieren gegeben hat, ohne dass von der politischen Ebene her grundsätzliche Entscheidungen getroffen worden wären. Ein anderes Thema ist die Diskussion um die Entscheidungsstrukturen im Schulwesen, die seit Beginn der 90er Jahre unter dem Stichwort Schulautonomie geführt wird. Hier sind in den letzten Jahren viele Entscheidungsbefugnisse relativ willkürlich an die Einzelschulen oder an die Regionen delegiert worden, ohne dass dem grundsätzliche Überlegungen über die besten Entscheidungsebenen für die jeweiligen Fragen und Probleme vorausgegangen wären.

- Schließlich soll dieser analytische Teil zwei Themen behandeln, die im Kontext der Bemühungen um eine evidenzbasierte Steuerung von besonderer Bedeutung sind. Das eine behandelt die Situation der Bildungsforschung in Österreich als wichtigste Ressource für verbessertes Wissen um den Ist-Zustand und die Zusammenhänge zwischen Steuerungsentscheidungen (Input), Prozessen und Ergebnisqualität. Fokus ist hier die Frage, wie die Bildungsforschung einerseits wirksamer stimuliert, andererseits effizienter genutzt werden kann.

Einen Spezialfall von Bildungsforschung stellt die Bildungsökonomie dar – eine Disziplin mit wenig Tradition und institutioneller Absicherung in Österreich. Die Förderung und die Nutzungsmöglichkeiten bildungsökonomischer Forschung im Sinne einer informierteren Systemsteuerung sollen in einem eigenen Kapitel behandelt werden.

Dieser zweite Teil des Berichts weicht in seiner Konzeption von den derzeit vorliegenden Bildungsberichten aus der Schweiz oder Deutschland (einschließlich seiner Bundesländer) ab, schließt aber, wie erwähnt, an österreichische Traditionen an, bildungspolitische Entwicklungen in zentralen Inhaltsfeldern durch wissenschaftliche Analysen und Expertisen abzustützen. Allerdings werden auch die Kapitel des Thementeils sehr stark datengestützt behandelt werden. Von einer gründlichen Ist-Stands-Analyse ausgehend, werden Optionen für Veränderungen im Sinne von Verbesserungen im jeweiligen Handlungsfeld dargestellt und aufgezeigt.

In *beiden* Teilen wird versucht, so weit als möglich Schnittstellen zu internationalen Indikatorensystemen (OECD, EU) und prioritären Politikfeldern (z. B. Lissabon-Ziele der Europäischen Union) herzustellen.

4.4 Qualitätssicherung

Um den Bericht trotz seiner inhaltlichen Heterogenität und der Vielfalt der Autoren lesbar, und die einzelnen Beiträge in ihrem Aufbau vergleichbar zu halten, werden verschiedene Formen der Qualitätssicherung umgesetzt. Die eine ist, durch externe Vorgaben in Textsorte und Aufbau vergleichbare Beiträge zu erhalten. Zum anderen durchlaufen alle Beiträge ein zweistufiges Review-Verfahren. Hier werden abschließend noch einige der Vorgaben an die Texte dargestellt.

Textsorte

Die Textsorte der Beiträge des Berichts soll sich an den primären Adressaten orientieren. Der Bericht richtet sich einerseits an die österreichische Bildungsverwaltung und Bildungspolitik, andererseits dient er aber auch der Information einer an Bildungsfragen interessierten Öffentlichkeit. Daraus ergeben sich hohe Anforderungen sowohl an die Textgestaltung als auch an die Abbildungen:

- Auf der einen Seite soll der Text hohen wissenschaftlichen Standards genügen und den aktuellen Stand der wissenschaftlichen Auseinandersetzung mit dem Thema repräsentieren;
- andererseits soll der Text aus sich heraus auch für gebildete Laien verständlich sein. Er soll nicht mit Zitaten und Literaturangaben überfrachtet werden, sondern von guter Lesbarkeit und in anregendem Stil geschrieben sein.

Policy Analysis

Jedes thematische Kapitel umfasst im Wesentlichen zwei Teile:

- Der erste Teil enthält eine *wissenschaftliche* Analyse des Gegenstandes. Dargestellt wird die Relevanz des Themas für die Qualität des Schulwesens sowie Ergebnisse aus Theorie, Forschung und Evaluation zum Gegenstandsbereich, die die aktuelle Situation und ihre Problematik charakterisieren.

– Der zweite Teil sollte sich mit gegenwärtigen Tendenzen der *bildungspolitischen* Behandlung des Themas auseinandersetzen sowie Möglichkeiten und Optionen aufzeigen, die zu einer Verbesserung der Situation beitragen könnten. Wichtig im letzteren Zusammenhang ist, dass es hier nicht nur um eine rein pädagogisch/psychologische Behandlung der Fragestellung geht, sondern dass der Fokus darauf liegt, wie durch *politische Steuerung* eine Optimierung der Situation erreicht werden kann. Dies ist eine für den Psychologen/Pädagogen eher ungewohnte Perspektive. Sie erfordert nicht zuletzt Rahmenvorstellungen darüber, wie bildungspolitische Maßnahmen im Rahmen ihrer Implementation pädagogische Wirksamkeit entfalten können.

Der bildungspolitische Teil der Expertisen sollte in der Form seiner Aussagen eher zurückhaltend sein und nicht als Forderungskatalog auftreten. Es sollte sich eher um Strategieempfehlungen als um umzusetzende Maßnahmenkataloge handeln.

Aufbau der thematischen Berichte

Der Aufbau der Berichte sollte dem folgenden groben Schema folgen:

1. *Problemanalyse*: Bildungspolitische Relevanz des Themenbereichs
   - Woraus ergibt sich die Bedeutung des Themas für die Qualität des Bildungswesens?
   - Neuere Entwicklungen und/oder Erkenntnisse, die Veränderungs- und Anpassungsdruck erzeugen
   - Behandlung des Themas im derzeitigen politischen Kontext: (a) Prioritäten; (b) Initiativen, (c) Standpunkte zum Thema im nationalen Rahmen

2. *Situationsanalyse*: Daten, Indikatoren, Ergebnisse aus Forschung und Evaluation
   - Rückbezug auf den Indikatorenteil des Berichts (so weit möglich): Daten und Indikatoren zum Gegenstand

- Überblick über Forschungs- und Evaluationsergebnisse zum Thema und seiner Teilaspekte – international und national: Gesichertes Wissen und kontroverse Themen
- Zusammenfassung der wissenschaftlichen Befundlage

3. *Forschungsfragen*
   - Wissenslücken und Forschungsdesiderate
   - Anregungen für die Bildungsforschung zur gegenständlichen Thematik
   - Anregungen für die Aufnahme von Indikatoren in den quantitativen Teil

4. *Politische Analyse* und Entwicklungsoptionen
   - Ansätze und Erfahrungen im internationalen Kontext: Wie wird das Thema in anderen Bildungssystemen gesehen und behandelt?
   - Mögliche Konsequenzen aus Forschungsergebnissen, Evaluations- und Implementationsstudien
   - Alternative Reformszenarien
   - Mögliche erste/nächste Schritte zur Verbesserung der Situation

4.5 Ausblick

Das Gesamtkonzept für den Bildungsbericht Österreich ist im Sommer 2007 der Frau Bundesministerin und den leitenden Beamten des Hauses vorgestellt worden, die daraufhin die erforderlichen Mittel bereitstellten. Von diesem Zeitpunkt an lag und liegt die Verantwortung für die Qualität des Berichts ausschließlich bei der durchführenden Institution, dem beratenden Wissenschaftlerkonsortium und letztlich bei den Autoren selbst.

Der Bericht soll Ende 2008 der Ressortleitung übergeben werden.

Literatur

Bildungsbericht Schweiz 2006. (2006). Aarau: Schweizerische Koordinationsstelle für Bildungsforschung.

Avenarius, H. et al. (2003). *Bildungsbericht für Deutschland: Erste Befunde.* Opladen: Leske + Budrich.

Avenarius, H. et al. (2006). *Bildung in Deutschland: Ein indikatorengestützter Bericht mit einer Analyse zu Bildung und Migration.* Bielefeld: Bertelsmann.

Burns, T. (2007). *Evidence in education: Linking research and policy. Knowledge management.* Paris: OECD.

Commission of the European Communities. (2007). *Towards more knowledge-based policy and practice in education and training.* Brüssel: Europäische Union (Commission Staff Working Document).

Deutsches Institut für Internationale Pädagogische Forschung (DIPF). (2007). *Wissen für Handeln – Forschungsstrategien für eine evidenzbasierte Bildungspolitik: EU-Konferenz im Rahmen der Deutschen Präsidentschaft,* Deutsches Institut für Internationale Pädagogische Forschung (DIPF). URL: http://interkoop.dipf.de/index.php?option=com_content&task=view&id=48&Itemid=64 [Stand 6.3.2008].

Eder, F. (Hrsg.). (2002). *Qualitätsentwicklung und Qualitätssicherung im österreichischen Schulwesen.* Bildungsforschung des Bundesministeriums für Bildung, Wissenschaft und Kultur: Bd. 17. Innsbruck u. a.: Studien-Verlag.

Haider, G., Eder, F., Specht, W. & Spiel, C. (2003). *Zukunft: Schule: Strategien und Maßnahmen zur Qualitätsentwicklung. Reformkonzept der österreichischen Zukunftskommission.* Wien: Bundesministerium für Bildung, Wissenschaft und Kultur (Erstfassung vom 17.10. 2003).

Haider, G., Eder, F., Specht, W. & Spiel, C., Wimmer M. (2005). *Zukunft: Schule: Strategien und Maßnahmen zur Qualitätsentwicklung. Reformkonzept der österreichischen Zukunftskommission.* Wien: Bundesministerium für Bildung, Wissenschaft und Kultur (Abschlussbericht vom 6.4.2005).

Inspectie van het Onderwijs. (2005). *The state of education in the Netherlands 2004/2005.* Utrecht: Education Inspectorate.

OECD. *Centre for Educational Research and Innovation (CERI) – Evidence-based Policy Research in Education.* URL: http://www.oecd.org/

document/29/0,3343,en_2649_37455_31237469_1_1_1_37455,00.html [Stand 5.4.2008].

Posch, P. & Altrichter, H. (1993). *Schulautonomie in Österreich* (2., aktualisierte und erw. Aufl.). Wien: Bundesministerium für Unterricht und Kunst.

Posch, P. & Altrichter, H. (1997). *Möglichkeiten und Grenzen der Qualitätsevaluation und Qualitätsentwicklung im Schulwesen: Forschungsbericht des Bundesministeriums für Unterricht und kulturelle Angelegenheiten.* Bildungsforschung des Bundesministeriums für Unterricht und kulturelle Angelegenheiten: Bd. 12. Wien: StudienVerlag.

Rhyn, H. (Hrsg.) (2007). *Heterogenität, Gerechtigkeit und Exzellenz: Lebenslanges Lernen in der Wissensgesellschaft; OECD/CERI-Regionalseminar für die deutschsprachigen Länder in Nottwil (Schweiz) vom 26. bis 29. September 2005.* Schulentwicklung: Bd. 38. Innsbruck, Wien, Bozen: StudienVerlag.

Rürup, M. (2003). *Ausländische und internationale Bildungsberichte als Orientierung für die nationale Bildungsberichterstattung in Deutschland,* Deutsches Institut für Internationale Pädagogische Forschung (DIPF). TiBi: 27. URL: http://www.dipf.de/publikationen/tibi/tibi7_ruerup_3.pdf.

Specht, W. (2007). Die Qualität des Bildungssystems, Standards und Monitoring. In: Rhyn, H. (Hrsg.). *Schulentwicklung: Bd. 38. Heterogenität, Gerechtigkeit und Exzellenz. Lebenslanges Lernen in der Wissensgesellschaft; OECDCERI-Regionalseminar für die deutschsprachigen Länder in Nottwil (Schweiz) vom 26. bis 29. September 2005.* Innsbruck, Wien, Bozen: StudienVerlag, 195–226.

Bildungsmonitoring – Systeminnovation zur Sicherung von Qualitätsstandards

Norbert Maritzen

Bildungsmonitoring ist als Innovation in den letzten Jahren Element eines umfassenden Systems der Qualitätsentwicklung und Standardsicherung geworden. Sein Bedeutungsgewinn ist Folge eines ganzen Bündels unterschiedlicher Entwicklungen, die hier nur angedeutet werden können:

- Das Vertrauen der Öffentlichkeit in die Leistungsfähigkeit einzelner Schulen und ganzer Schulsysteme ist in den letzten Jahren nachhaltig erschüttert worden. Vor diesem Hintergrund wird die überkommene Intransparenz in schulischen Qualitätsfragen zunehmend obsolet. Chronische Informationsdefizite verschärfen Legitimationsprobleme, auf Schulebene ebenso wie darüber hinaus, wenn Vertrauen nicht mehr selbstverständlich ist.
- Übergreifende Entwicklungen, die insbesondere zu immer heterogeneren Ausgangslagen und Aufgaben der Schulen führen, gefährden die Steuerbarkeit des Schulwesens. Gesellschaftliche und ökonomische Entwicklungstendenzen der Moderne führen im Schulbereich zu zentrifugalen Entwicklungen, die Steuerung und Qualitätssicherung objektiv erschweren und riskant machen.
- Zugleich ist die Zuversicht, mit den klassischen Mitteln staatlicher Schulaufsicht der Gewährleistungsverantwortung noch gerecht werden zu können, deutlich geschwunden. Weder über zentralistische Standardprogramme der Vorgabensteuerung noch über kustodiale Modelle der Aufsicht können Schulen und Schulsysteme zieladäquat und aussichtsreich beeinflusst werden. Der gefährdete staatliche Steuerungsapparat modernisiert sich deshalb unter Rekurs auf neue Mittel.

Die unter dem Begriff Bildungsmonitoring zusammengefassten Maßnahmen sind insofern Ausdruck eines umfassenderen, krisenhaften, bei weitem nicht abgeschlossenen Wandlungsprozesses im Bereich der *Governance*[1] öffentlicher Schulen. In diesem Prozess wird das Verhältnis von Systemebenen (Schulklasse, Schule, Region, Land), von Akteuren (Eltern, Lehrkräfte, Schulleitungen), schließlich von Instrumenten und Verfahren (normative Konditionalprogrammierung, empirisches Prozess- und Wirkungsmonitoring) insgesamt neu vermessen.

Im Folgenden sollen zunächst in einem ersten Schritt zentrale konzeptionelle Charakteristika des Bildungsmonitorings skizziert werden. Dabei wird insbesondere auch sein Charakter als systemische Innovation kritisch befragt. In einem zweiten Schritt greife ich die innovative Funktion des Bildungsmonitorings auf und versuche, das Problem des Transfers als zentrale Herausforderung systemischer Innovation zu beschreiben. Abschließend beschäftige ich mich mit Möglichkeiten und Grenzen, durch Maßnahmen des Bildungsmonitorings einer für die Steuerung des Bildungsbereichs charakteristischen chronischen Wissensarmut und immer wieder virulenter Legitimationsrisiken Herr zu werden.

1 Bildungsmonitoring als Innovationsprogramm

Was ist Bildungsmonitoring?

Die steuerungsrelevanten Aufgaben im Bereich der Qualitätsentwicklung und Standardsicherung haben sich in den letzten Jahren zum Teil erheblich verändert, weitere Aufgaben sind hinzugekommen bzw. werden hinzukommen. Die in diesem Feld virulenten Aufgaben werden seit einiger Zeit unter dem Begriff Bildungsmonitoring zusammengefasst[2]. Zu einem System des Bildungsmonitorings gehören drei wesentliche *Grundfunktionen*:

1 Zur sich entwickelnden Governance-Forschung im Schulbereich, auf die ich implizit Bezug nehme, siehe vor allem Altrichter et al. 2007, Kussau et al. 2007, Heinrich 2007 und Brüsemeister et al. 2008.

2 Bildungsmonitoring ist bisher in der deutschsprachigen wissenschaftlichen Literatur erst in Ansätzen behandelt worden. Dies spiegelt auch die faktische Sachlage wieder, dass implementierte Gesamtkonzepte des Bildungsmonitorings im Schulbereich erst in Ansätzen

- *Akkreditierung/Zertifizierung:* Hiermit sind nicht im engeren Sinne Verfahrensmodelle der Qualitätsüberprüfung mit diesem Namen (z. B. nach ISO-Norm) gemeint, sondern im weiteren Sinne alle Verfahren der offiziellen Qualitätsbescheinigung anhand vorgegebener, formal festgelegter Normen, und zwar auf individueller Ebene (z. B. zentrale Prüfungen) oder auf Organisationsebene (z. B. externe Evaluation von Schulen, Inspektion u. a.)
- *Rechenschaftslegung:* Bildungsmonitoring hat wesentlich zum Ziel, den Zugang zu qualitätsrelevanten Informationen nach transparenten Regeln zu öffnen, und zwar auf der Ebene der Einzelinstitutionen ebenso wie auf Systemebene.
- *Diagnostik für systemisches Lernen:* Bildungsmonitoring hat diagnostische Informationen mit Gebrauchswert für unterschiedliche Systemebenen zu liefern, d. h., dass Produkte des Monitorings unter der Frage zu erstellen sind: Was leistet das Produkt zur Optimierung von „Zuständen“?

Bildungsmonitoring ist die systematische und auf Dauer angelegte Beschaffung und Aufbereitung von Informationen über ein Bildungssystem und dessen Umfeld. Absicht ist eine Verbesserung der Planung und Steuerung durch

- Beobachtung des Systems (Schulwesen, Einzelschule, Kontexte),
- Deskription, Vergleiche und Analysen,
- Untersuchung von Spezialfragen,
- Bestimmung von Handlungsbedarf,
- Feedback der Erkenntnisse.

Bildungsmonitoring ist grundsätzlich ein Arbeitsinstrument auf allen Stufen des Bildungssystems: Elementarbereich, Vorschule, allgemeinbildende Schule, Berufsschule, Weiterbildung, Hochschule [sofern nicht Forschung]. Bildungsmonitoring kann nicht aus dem Verbund öffentlicher, d. h. parlamentarisch kontrollierbarer Verwaltung ausgegliedert werden. Es steht grundsätzlich im Spannungsfeld zwischen der Bereitstellung von Steuerungswissen für

existieren. Siehe zu theoretischen Rahmenüberlegungen Fitz-Gibbon 1996, Avenarius u. a. 2003, Scheerens u. a. 2003, Hendriks 2004, Konsortium Bildungsberichterstattung 2005, ISB 2005, KMK 2006.

Institutionen einerseits (Prinzip der Verantwortung) und der Gewährleistung öffentlicher Zugänglichkeit zu Informationen andererseits (Prinzip der Transparenz). Die beiden Prinzipien können durchaus miteinander in Konflikt geraten.

Arbeitsfelder des Bildungsmonitorings

Zu einem System des Bildungsmonitorings gehören nach gegenwärtigem Diskussionsstand folgende Arbeitsfelder als ein Set aufeinander bezogener und wechselseitig abhängiger Größen:

- Setzung, Pflege, Weiterentwicklung von Prozess- und Ergebnisstandards,
- Assessments zur Überprüfung der Standarderreichung und zum nationalen bzw. internationalen Benchmarking,
- zentrale Prüfungen an Schwellen oder am Ende von Bildungsgängen,
- Entwicklung von Indikatoren zu Input-, Prozess-, Output- und Kontextvariablen des Bildungssystems,
- Datenverarbeitung zu Zwecken der Bildungsstatistik,
- externe Evaluation von Bildungseinrichtungen durch Inspektionen,
- fokussierte summative Systemevaluationen und Analysen,
- system- und einrichtungsbezogene Berichterstattung,
- Akkreditierung/Zertifizierung von statistischen Datenerhebungen, externen Evaluationen und wissenschaftlichen Vorhaben „Dritter Instanzen“ im Bildungsbereich.

Monitoring unter einer systemischen Perspektive einzuführen und zu gestalten bedeutet,

- dass die Verfahren nicht singulär, etwa für die Bewertung spezifischer Maßnahmen und Programme, eingesetzt werden, sondern dass sie als Bestandteil des Steuerungssystems institutionell eingeführt und laufend genutzt werden,
- dass Evaluation und Information Entwicklungs- und Lernprozesse in Gang setzen und am Leben halten, die dem Prinzip des feedback-gesteuerten Lernens genügen,

- dass verschiedene Arten der empirischen Erhebung (Testeinsätze, amtliche Daten u. a. m.), die jeweils spezifischen Zwecken dienen, dennoch gemeinsam betrachtet und Synergien genutzt werden
- und dass schließlich zur Systematisierung und Interpretation von Befunden ein theoretisches Rahmenmodell verwendet wird, welches Input-, Prozess- und Output-Elemente zueinander in Beziehung setzt (vgl. Scheerens u. a. 2003, S. 15).

Konkretisiert man die o. a. Arbeitsfelder des Bildungsmonitorings für den Schulbereich, lassen sich folgende zentralen Aufgabenbündel nennen:

- Entwicklung und Implementierung curricularer und weiterer normativer Vorgaben zur Schul- und Unterrichtsentwicklung (ergebnisbezogene Bildungsstandards und Referenzrahmen für Schulqualität);
- Entwicklung von Aufgaben(-pools) für Bildungsstandards, Abschlussprüfungen, Lernstandserhebungen (teilweise in Kooperation zwischen Ländern bzw. mit dem Institut für Qualitätsentwicklung im Bildungswesen IQB);
- Konzipierung und Durchführung von Assessments, d. h. Schulleistungsuntersuchungen bzw. Lernstandserhebungen und Berichtlegung über deren Ergebnisse;
- Konzipierung und Durchführung von zentralen Prüfungen an Schnittstellen von Bildungsgängen (Hauptschulabschluss, Mittlerer Schulabschluss, Abitur);
- Konzipierung und Durchführung von projekt- bzw. maßnahmebegleitenden Evaluationen und Berichtslegung über deren Ergebnisse;
- thematisch fokussierte Auswertungen vorhandener Datenbestände insbesondere zu Wirkungen und Folgen von Systementscheidungen;
- Aufbereitung und Bereitstellung von Ergebnissen der Schul- und Bildungsforschung für Schulen, Lehrerbildungs- und Beratungseinrichtungen und Schulbehörden;
- Zusammenführung und analytische Aufbereitung verfügbarer Informationen zu Einzelschulen, Schulstufen, Schulformen, Schülergruppen und zu Systemaspekten auf der Grundlage der amtlichen Statistik und besonderer Erhebungen;

- kontinuierliche (systembezogene) Bildungsberichterstattung auf der Grundlage eines Indikatorensystems;
- zentrale einzelschulbezogene Aufbereitung von Informationen in sog. Schulporträts („school-report-cards“);
- turnusmäßige Schulinspektionen als externe Prüfung qualitätsrelevanter Bereiche der Einzelschule.

Das Konzept des Bildungsmonitorings, das weit über die Maßnahmenbereiche der von der KMK verabschiedeten Gesamtstrategie zum Bildungsmonitoring hinausgeht (KMK 2006), folgt (nach Klieme u. a. 2005) dem Modell empiriegestützter Schul- und Systementwicklung. Entscheidend für das Modell ist, dass Ergebnis- und Prozessqualität gleichermaßen zum Gegenstand des Feedbacks gemacht werden. Insbesondere sollen möglichst alle wichtigen Prozessfaktoren abgedeckt werden, die gemäß den Ergebnissen der Schulwirkungsforschung für erfolgreiche Schulen kennzeichnend sind. Das entscheidende Argument für die Berücksichtigung von Ergebnis- *und* Prozess-Aspekten ergibt sich aus der Frage, wie denn Qualitäts*entwicklung* realisiert werden soll. Eine bloße Feststellung von Lernergebnissen mag für die Rechenschaftslegung nach außen oder (in einem noch stärker deregulierten System) für eine Akkreditierung von Institutionen genügen. Eine Schule als „lernende Organisation“ muss aber auch wissen, an welchen Prozessfaktoren sie ansetzen kann, um ihre Ergebnisse zu sichern bzw. zu verbessern.

Kehrseiten induzierter Systemreform

Maßnahmen des Bildungsmonitorings sind komplexe induzierte Reformen und als solche Ausdruck verstärkter Anstrengungen von Politik und Bildungsadministration, kumulierte Problemlagen zu bewältigen. Diese lassen sich zugespitzt als Fragen formulieren:

- *erhöhter Leidensdruck des Systems*: Inwieweit könnte Schule als Einrichtung, in der gewissermaßen der kulturelle Generationenvertrag institutionalisiert ist, im Kontext der von Ulrich Beck beschriebenen „reflexiven Moderne“ mit ihrer historisch stabilen inneren Verfasstheit wohlmöglich an ein Ende kommen? Offenbaren die zum Teil im Schulsystem selbst erzeugten und verstärkten Gerechtigkeitslücken und herkunftsbedingten Disparitäten nicht sehr grundsätzlich die Grenzen der Einlösung normativer Ansprüche an Schule in ihrer überkommenen Verfasstheit?

- *internationale Konkurrenz*: Inwieweit wird der Bildungsbereich im Zuge der Globalisierung zu einem Sektor, in dem – weil er nicht mehr nur unter Kosten-, sondern verstärkt auch unter Investitionsaspekten betrachtet wird – über die Wettbewerbsfähigkeit von Volkswirtschaften mitentschieden wird? Wenn dies so ist, welche Folgen hat dann ein auf Dauer gestelltes internationales Benchmarking (PISA, PIRLS und TIMSS) vor allem dann, wenn die Ergebnisse so ausfallen, dass an einem „return of investment" gezweifelt werden kann?
- *politisch-administrative Gestaltungsnot*: Welche Transformationen erleben die Steuerbarkeit des Bildungssektors einerseits und – eng damit verknüpft – die Steuerungsfähigkeit der Bildungsverantwortlichen in ihrer Mehrebenenstruktur andererseits? Wird die Metaphorik des Steuerns nicht immer deutlicher ihres illusionären Charakters entkleidet? Wie weit darf bzw. wie eng muss der „Erklärungsabstand" zwischen der Praxis von Politik und Administration zur Kompensation von Legitimationseinbußen auf der einen Seite und der Praxis unterrichtlicher und erzieherischer Arbeit auf der anderen aus der Perspektive der letzteren werden, sollen nicht neue Legitimationslücken entstehen?
- *technische Entwicklung*: Die operative Beherrschbarkeit von Verfahren zur Generierung von Systemwissen hat in den letzten Jahren enorme Fortschritte gemacht. Im Bereich der empirischen Bildungsforschung wird damit eine Entwicklung nachvollzogen, die aus anderen Forschungsdisziplinen bereits vertraut ist: Großtechnologien, die nur noch von international arbeitenden Forschungskonsortien gehandelt werden können, halten auch im Bildungsbereich Einzug und stellen sich in den Dienst von Politik und Verwaltung. Welches Rationalitätsversprechen ist mit dieser Entwicklung verbunden? In welchem Verhältnis steht das Paradigma empirischen Erkenntnisgewinns zu den Mustern und Verlaufsformen bildungspolitischer Entscheidungsgenerierung (Aushandlungsszenarien vs. *evidence-based policy*) einerseits und der Optimierung pädagogischer Praxis (Fallverstehen vs. „datengestütze Schul- und Unterrichtsentwicklung") andererseits?
- *Professionalisierung der Diagnostik*: Maßnahmen des Bildungsmonitorings treten auch mit dem Anspruch an, zu einer Verfeinerung operativer

Handlungsroutinen im Lehrberuf beizutragen, indem sie zum Beispiel von Einzellehrkräften nicht zu generierendes diagnostisches Wissen zu Lernständen und Lernentwicklungen bereitstellen. Als induziertes Reformangebot verlieren solche Maßnahmen aber leicht ihre wissenschaftliche Unschuld? Wird aus „Du kannst mehr wissen" nicht sehr schnell „Du sollst und musst mit Folgen für deine Praxis mehr wissen!"? Ist der Appellcharakter der Veranstaltung insofern reversibel, als die „Oberen" das inhärente Prinzip des Wissenkönnens und Wissenmüssens ebenfalls mit Handlungskonsequenzen auf ihre Steuerungspraxis anwenden?

2 Transfer als Kernproblem systemischer Innovation

Die Einführung eines umfassenden Bildungsmonitorings ist eine herausfordernde, anspruchsvolle, komplexe Neuerung. Im Folgenden greife ich diesen Innovationscharakter des Bildungsmonitorings auf und versuche, das Problem des Transfers als zentrale Herausforderung systemischer Innovation zu beschreiben[3].

Mythen und mentale Modelle

Betrachtet man die Aktivitäten insbesondere der Länder bei der Einführung von Maßnahmen des Bildungsmonitorings, fallen die meist impliziten strategischen Grundannahmen auf. Pointiert zugespitzt formuliert: Implementierung wird als „Umsetzung" von oben gedacht. Dahinter verbergen sich eine

3 Zum Innovationstransfer und zu Implementierungsstrategien im Bildungsbereich findet man im deutschsprachigen Raum kaum Bezüge zur internationalen Forschung und noch seltener Verweise auf empirisch fundierte Theorien oder relevante empirische Forschungen zur Implementierung oder Wirksamkeit von Monitoringverfahren (z. B. keine Bezüge zu wichtigen, hier exemplarisch genannten Referenzforschungen wie Borman u. a. 2002, Rogers 2003, Scheerens u. a. 2003, Matthews u. a. 2004, Hall u. a. 2005).

Reihe von Mythen bzw. mentalen Modellen, die sehr zählebiger Natur sein können. Hier einige exemplarische Beispiele:

- „One size fits all.“: Tests, Zertifizierungsverfahren, Qualitätsmodelle, Berichtsformate usw. werden – der „Not der großen Zahl“ gehorchend – in wenigen Varianten angeboten, die auf die uniforme Erfassung der „Fläche“, d.h. aller oder vieler Schulen zielen. Die Möglichkeit der Adaption von Verfahren auf lokale, schulspezifische Gegebenheiten ist eingeschränkt oder widerspricht bisweilen sogar ihrer Funktion. Systemische Innovationsangebote kommen notwendigerweise als Angebote „von der Stange“ daher; eine radikal eingeschränkte Anzahl von Konfektionsgrößen kann nicht „längere Arme“, „kürzere Beinlängen“ oder auch „breitere Bäuche“ berücksichtigen.
- „Wer einen Elefanten zerschneidet, erhält zwei Elefanten“: Innovationen, die das System als Ganzes erfassen sollen, werden in der Regel mit Hilfe dreier kombinierbarer Vorgehensweisen „umsetzbar“ gemacht: durch zeitliche Streckung des Implementierungsprozesses, durch lokal begrenzte Experimente und deren regionale Ausweitung sowie durch partielle Implementierung des Gesamtvorhabens und dessen sukzessiven Ausbau. Für alle drei strategischen Optionen sprechen viele pragmatische Gründe, nicht zuletzt auch solche der Finanzierbarkeit oder der politischen Durchsetzbarkeit. Gleichwohl gehen sie von der problematischen Prämisse aus, dass ein Teil bereits das Ganze enthalte, dass also mit der temporär, regional oder konzeptionell partialisierten Implementierung bereits hinreichend genau gewusst werde, was die Einführung des Ganzen erfordert. Dies ist meist nicht der Fall.
- Der Glaube an die „selbsttransformative Kraft“ politischer Programmatik: Systemreformen wie die Einführung des Bildungsmonitorings kommen zunächst auch als politische Programmatik daher. Sie werden auf die Agenda politischer Gremien gesetzt in der Absicht, in der Konkurrenz zu der nicht-staatlichen/nicht-administrativen „Meinungsmache“ von Presse oder Verbänden die öffentliche Debatte maßgeblich und durchschlagend zu prägen. Dieser Umstand produziert Texte mit Verlautbarungscharakter und einem deutlichen Überschuss an Wirkungsgewissheit, für die trotz des diskursiven Anschlussbemühens an eine „empirische Wende“ die empirische Evidenz notwendigerweise noch fehlen muss.

- Kopiermythen – das süße Gift von *Best-Practice*-Beispielen: Kaum etwas ist im Bildungsbereich beliebter als der Verweis auf gute Beispiele. Dieser Glaube treibt Minister und Gewerkschafter gleichermaßen auf Pilgerfahrten in die PISA-Siegerländer oder Lehrkräfte in Workshops mit Vertretern von Modellschulen. Kaum je wird bedacht, welche lokale Erfahrung und welches praxisnah generierte Wissen erfolgreiche innovative Lösungen hervorgebracht haben, inwiefern diese Erfahrung und dieses Wissen an den Entstehungsort gebunden sind und bleiben oder inwieweit historisch und kulturell geprägte Entstehungskonfigurationen der Übertragbarkeit auf andere Kontexte deutliche Grenzen setzen.

Rahmenmodell der Implementierung von Innovationen

Will man nicht einfach der oben skizzierten „Logik des Misslingens" (Dörner 2003) aufsitzen, müssen unter Rückgriff auf Ergebnisse und Einsichten der Transferforschung allgemeine Anforderungen an den Innovationstransfer beachtet werden. Versuchsweise seien einige eher exemplarisch angedeutet:

- Implementierungsbedingungen vor Ort realistisch in Rechnung stellen: Innovationsangebote werden „vor Ort" selektiv rezipiert, ins Bewährte und Immer-schon-da-Gewesene integriert, weil mit Übernahme- und Akzeptanzüberlegungen immer auch individuelle Kosten-Nutzen-Kalküle und Gewinner-Verlierer-Spiele einhergehen.
- Zeit für Veränderung von Überzeugungen und das Erlernen neuer Kompetenzen veranschlagen: Dies gilt auf allen Systemebenen. Innovationen bergen immer auch Zumutungen. Selbst bei grundsätzlicher Akzeptanz sind Frustrationserfahrungen hoch wahrscheinlich.
- Weg von Blaupausen und Rezepten – hin zu Implementierung von Innovationen als ko-konstruktiven Lernprozess: Innovative Konzepte und Maßnahmen müssen in der Praxis von allen Akteuren gleichsam „nacherfunden" werden, wenn ihr Nutzenversprechen eingelöst und im doppelten Sinne begriffen und greifbar werden soll.
- Die „Fläche" von Anfang an mitdenken: Dies gilt für die Problemdiagnose ebenso wie für die Umsetzungsplanung, die Durchführungsstrategie und

die Wirkungsevaluation; nicht zuletzt auch bei der Kostenkalkulation, an die auch die Frage zu stellen ist: Was kostet‘s, wenn man‘s nicht macht?

- Erfolg ist das Produkt aus Wollen, Können und Müssen: Nicht nur Bereitschaft muss stimuliert und erhalten werden. Hinzu kommen muss ein professionelles, häufig wissenschaftlich fundiertes Know-how in der Steuerung der Implementierung wie in der veränderten Praxis selbst; ferner eine Verbindlichkeit, die der Implementierung einen Ernstcharakter gibt, so dass Vermeidungs- oder Verweigerungshandlungen unter erhöhtem Legitimationsdruck stehen.

Schließlich ist Innovationstransfer in ein mehrdimensionales Strategiekonzept zu integrieren. Folgende Matrix stellt eine Heuristik, d. h. eine Art Suchraster bereit, mit dem Ansatzpunkte und Instrumente für ein systematisches strategisches Implementierungskonzept erschlossen werden können. Die Matrix ordnet mögliche Ansatzpunkte nach Gegenstandsbereichen der Innovation (Horizontale) und Dimensionen der Innovation (Vertikale). In jedem Feld der Matrix lassen sich nun zu bearbeitende Aspekte und Instrumente verorten, die die strategische Planung bestimmen. Exemplarisch könnte die Matrix folgendermaßen gefüllt werden:

	Inhalte	**Strukturen**	**Personen**
Normative Dimension	Einbettung in curriculare Zielvorgaben Rahmensetzungen für Schul- und Unterrichtsentwicklung	Vorgaben für Verbindlichkeitsstrukturen Dienstanweisungen für die Kooperation zwischen den Ebenen	professionelle Standards Aufgabenbeschreibungen “Pflichtenhefte”
Strategische Dimension	empirische Flächenanalysen Standardprogramme mit Variabilität Informationsoffensive	globale Ressourcenkonzepte Institutionalisierung Vernetzung Systempflege Evaluationssysteme	multiprofessionelle Kooperationsstrukturen Beratung u. Qualifizierung
Operative Dimension	Materialien, Tools, Verfahren, Instrumente	Verantwortungsstrukturen u. Handlungsrahmen Monitoringsystem technische Infrastruktur	professionelle Lerngemeinschaften Nachweis von Lernerfolgen bei Personal u. Kindern

3 Wissenwollen und Vertrauen – eine spannungsreiche Beziehung

Die Einführung eines systematischen Bildungsmonitorings geschieht im Kontext eines weitreichenden Systemumbaus. Nicht nur der Glaube an die Leistungsfähigkeit des deutschen Schulsystems ist im Gefolge von PISA erschüttert worden. Vom Ausmaß der Problemlagen nur höchst unzureichend gewusst zu haben, ist für Steuerungsinstanzen eine mindestens ebenso unverzeihliche Fehlleistung. Verlorenes Vertrauen in die Steuerfähigkeit zurückzugewinnen, darauf sind nicht wenige Maßnahmen des Systemumbaus angelegt.

Vertrauen schaffen über Wissenwollen und Transparenz ist aber eine höchst ambivalente Angelegenheit, insofern Vertrauen zwischen Individuen und Institutionen eigentlich vom Verzicht darauf lebt, alles wissen zu wollen. Luhmann hat Vertrauen einen „Mechanismus der Reduktion sozialer Komplexität" (Luhmann 2000a) genannt. Das Bildungsmonitoring stellt Einzelschulen wie Schulsysteme unter Dauerbeobachtung; es steigert potenziell die Komplexität der Wahrnehmung und des „Bildes" vom obskuren Objekt der Beobachtungsbegierde. Es tut dies unter Rekurs auf einen ausdifferenzierten Beobachtungsapparat, dessen Solidität durch wissenschaftliche Expertise gesichert werden soll. Je größer die Investition in die Rationalität der Verfahren ist, umso deutlicher kann aber die Misstrauensbotschaft gleichsam als Kehrseite des Verfahrens zu Tage treten: Wir schauen genau, weil ihr es nicht wollt oder könnt. Die Konstituierung von Beobachter-Objekt-Beziehungen im Verhältnis zu Schulen ist also hoch ambivalent. Im Hinblick auf die Steuerungsdimension seien abschließend deshalb einige Dilemmata im Spannungsfeld von Wissen und Vertrauen verdeutlicht:

- Mit dem Bildungsmonitoring kommt im Schulsektor ein Formenwandel des Regierens zum Ausdruck. Indem Schulpolitik und -verwaltung steuerungsrelevante Wissensbestände systematischer in Entscheidungsprozesse integrieren und konsequenter auf das ohnehin nur lose gekoppelte Gesamtsystem (Verwaltung, Einzelschulen, Unterstützungssysteme, Nutzer) verteilen, geraten tradierte Formen der Generierung von Systemwissen (z. B. über Schulaufsicht) tendenziell in einen Modernitätsrückstand, so sie ihre traditionellen Funktionen nicht neu ausschärfen. Andererseits erhöht das wissensbasierte Steuerungssystem die Komplexität der Akteursbeziehungen, statt sie transparenter zu machen, da Wissen potenziell jedem zusteht, die Systemverantwortung aber ungleich verteilt bleibt. Verpflichtungskapazität und Problemlösepotenzial treten in Konkurrenz zueinander: Wissen, auf dessen Reflexion sich unterschiedliche Akteure leicht gemeinsam verpflichten lassen, löst nur selten Probleme; auf Entscheidungen angesichts immer differenzierter durchdrungener Problemlagen lassen sich eigenständiger werdende Akteure aber immer schwerer diskursiv, d. h. nicht-hierarchisch verpflichten.

- Das klassische Motiv des Einsatzes von Wissenschaften ist das der Absorption von Unsicherheit (vgl. ausführlich Luhmann 2000b, S. 183ff.). Unsicherheit erwächst aus faktischem oder vermutetem Nichtwissen. Personen, soziale Systeme wollen sicherer werden, wenn sie in ihrem Kontext wissenschaftlichen Wissenserwerb systematisch vorantreiben. In dem Maße, wie ihnen dies gelingt, schwindet aber auch die Illusion, Handlungs- und Entscheidungssicherheit wüchsen mit dem Wissen. Im Gegenteil, vermutlich wachsen die Zahl konkreter Handlungsoptionen und damit die Unsicherheit, je genauer man wissenschaftlichen Aufschluss über Problembereiche erhält. Nicht zuletzt auch deshalb, weil mit dem Gewussten das Bewusstsein darüber geschärft wird, was man noch alles wissen müsste.
- Wissen ist nicht ablösbar von dem Kontext, in dem es generiert wird. Weder in Politik und Verwaltung noch in der Schule lässt sich unter den jeweiligen komplexen Handlungsbedingungen wissenschaftliches Wissen einfach anwenden, um zu Entscheidungsoptionen zu kommen. Es erfordert vielmehr einen forschenden Habitus gegenüber den Fragestellungen des eigenen Handlungsbereichs, die Integration des Wissens in ein Konglomerat von bewussten und unbewussten Theorien und die Ankoppelung an häufig fallweise erworbene Lösungsalgorithmen. Nicht selten müssen dabei schmerzhafte Ablösungsprozesse von Konzepten in Kauf genommen werden, die sich bei manchen Akteuren über Jahre axiomatisch verfestigt haben. Die Bereitstellung von wissenschaftlichem Wissen erhöht zwar potenziell die Problemlösekapazität zur Systemsteuerung, als solches bleibt es aber inaktiv, wenn es nicht gelingt, es gezielt in relevanten konkurrierenden oder nichtwissenschaftlichen Wissensbeständen gleichsam im Hegelschen Sinne aufzuheben.
- Wissen bzw. Nichtwissen sind auch unter Legitimationsgesichtspunkten durchaus ambivalent. Öffentlich Gewusstes (z. B. die konkrete, kleinräu-

mig beschreibbare Verteilung unfairer Mechanismen sozialer Selektion im Schulsystem oder die Nichteinlösung von programmatischen Reformzielen) zwingt umso stärker zum Handeln, je differenzierter es vorliegt und verbreitet wird. Wenn also das instrumentelle Gestaltungsrepertoire und die vernetzte Problemlöseaktivität von politischen, administrativen und schulischen Akteuren nicht adäquat Schritt hält mit dem Wissen, dann besteht entweder die Versuchung, die entstehende Legitimationslücke durch intentionales Nichtwissen zu schließen („Es muss ja nicht jeder alles wissen"), oder es schleicht sich ein chronischer Legitimationsnotstand mit Konsequenzen für das Vertrauen in die Überlebensfähigkeit öffentlicher Verantwortungsbereiche ein. In mehrfacher Hinsicht lässt sich also von einem Risiko des Wissenwollens sprechen.

Mit der letzten Antinomie ist die Frage der Verantwortung angesprochen. Max Weber unterscheidet bekanntlich zwischen Gesinnungs- und Verantwortungsethik (Weber 1992). Erstere misst den „sittlichen Wert" von Handlungsprogrammen – als solche könnte man auch bildungspolitische oder pädagogische Vorhaben bezeichnen – ausschließlich an Intentionen und Inhalten. Hält man an einem öffentlichen Auftrag für das Schulwesen fest, stellt sich für alle Akteure im Schulbereich unabweisbar die Frage, wie für Bedingungen und Folgen in Zukunft wirksam und nachhaltig Verantwortung zu übernehmen ist. Wissenschaftliche Erkenntnisse über Bedingungen und Wirkungen unseres Tuns machen, je differenzierter und tief gehender sie sind, das Leben keineswegs leichter, im Gegenteil. Eine Verantwortungsethik gebietet die kritische Nutzung der Wissenschaft, sie verbietet umgekehrt die bequeme Flucht durch die Tapetentür selbstverordneter Ignoranz.

Literatur

Altrichter, H., Brüsemeister, Th., Wissinger, J. (Hrsg.). (2007). *Educational Governance. Handlungskoordination und Steuerung im Bildungssystem.* Wiesbaden.

Avenarius, H., Ditton, H., Döbert, H., Klemm, K., Klieme, E., Rürüp, M., Tenorth, H.-E., Weishaupt, H., Weiß, M. (2003). *Bildungsberichterstattung für Deutschland. Konzeption.* Frankfurt.

Borman, G. D., Hewes, G. M., Overman, L. T., Brown, S. (2002). *Comprehensive school reform and student achievement – a meta-analysis. Report No. 59.* Center for Research on the Education of Students Placed at Risk.

Brüsemeister, Th., Eubel, K.-D. (Hrsg.). (2008). *Evaluation, Wissen und Nichtwissen.* Wiesbaden.

Dörner, D. (2003). *Die Logik des Misslingens. Strategisches Denken in komplexen Situationen.* Reinbek bei Hamburg.

Fitz-Gibbon, C. T. (1996). *Monitoring Education. Indicators, Quality and Effectiveness.* London.

Hall, G. E., Hord, S. M. (2005). *Implementing Change: Patterns, Principles and Potholes (2nd Edition).* Boston.

Heinrich, M. (2007). *Governance in der Schulentwicklung. Von der Autonomie zur evaluationsbasierten Steuerung.* Wiesbaden.

Hendriks, M. A. (2004). Benchmarking the Quality of Education. In: *European Educational Research Journal. 3,* N° 1.

ISB – Staatsinstitut für Schulqualität und Bildungsforschung. (2005). *Theoretisches Rahmenkonzept: Bildungsberichterstattung und Bildungsmonitoring.* München.

Klieme, E., Steinert, B., Ciompa, R., Gerecht, M. (2005). Auf dem Weg zu einem integrierten System der Qualitätssicherung für Schulen. In: Avenarius, H., Klemm, K., Klieme, E., Roitsch, J. (Hrsg.). *Bildung gestalten – erforschen – erlesen.* Neuwied, 68–91.

KMK. (2006). *Gesamtstrategie der Kultusministerkonferenz zum Bildungsmonitoring.* Bonn.

Kussau, J., Brüsemeister, Th. (2007). *Governance, Schule und Politik. Zwischen Antagonismus und Kooperation.* Wiesbaden.

Luhmann, N. (2000a). *Vertrauen. Ein Mechanismus der Reduktion sozialer Komplexität.* Stuttgart.

Luhmann, N. (2000b). *Organisation und Entscheidung.* Opladen.

Matthews, P., Sammons, P. (2004). *Improvement through inspection. An evaluation of the impact of Ofsted's work.* London.

Rogers, E. M. (2003). *Diffusion of innovations.* (5. Aufl.) New York.

Scheerens, J., Glas, C., Thomas, S. M. (2003). *Educational Evaluation, Assessment and Monitoring. A systematic Approach.* Lisse.
Weber, M. (1992). *Politik als Beruf.* Stuttgart.

Die Implementation von Bildungsstandards als Anstoß zur Qualitätsentwicklung in Schule und Unterricht

Kurt Reusser und Ueli Halbheer

1 Einführung

Der nationale Bericht der Schweiz zu PISA 2000 trug den Titel *Für das Leben gerüstet?* (Zahner et al. 2002). Die Frage spiegelt ein bestimmtes Wirksamkeitsverständnis von Schule, indem davon ausgegangen wird, dass diese ihre Absolventen für das Leben vorzubereiten habe. Dieser Sichtweise gehorchend soll das Schulsystem Lernenden eine Grundbildung respektive Kompetenzen vermitteln, welche der produktiven Bewältigung beruflicher und gesellschaftlicher Anforderungen dienen. Mit PISA verbindet sich der Anspruch, die Wirksamkeit dieser Grundbildung zu messen, wenngleich eine Wirksamkeitsannahme insofern problematisch ist, als sie dem nicht-technologischen Charakter und dem komplexen Wirkungsgefüge von Schule und Unterricht (zu) wenig Rechnung trägt. Damit vollzieht sich aber auch ein Perspektivenwechsel in der Bildungspolitik, indem als neu der „Output" als Referenzgröße der Bildungssteuerung in den Vordergrund gerückt wird anstelle der angebotsorientierten Struktur- und Prozessaspekte, wie dies traditionell der Fall gewesen ist.

Im Zuge dieser neuen, ergebnisorientierten Steuerungsphilosophie sind Begrifflichkeiten entstanden, die auf ein erweitertes Verständnis der Qualitätssicherung schulischer Bildungsprozesse verweisen: So sind vor allem „Bildungsstandards" als verbindliche und schulübergreifende, mit Kompetenz- und Leistungsmessungen verknüpfte Normen seit einigen Jahren Gegenstand einer bisweilen heftig geführten Debatte im deutschen Sprachraum. Bedeutsam dabei ist, dass das Bildungswesen Rechenschaft ablegen soll über seine *Outcomes*, was Verfahren der *Accountability* auf der Ebene des Systems (politische Akteure), auf der Ebene der Einzelschule sowie auf der Ebene jeder einzelnen Lehrperson (im Besonderen bezogen auf deren Weiterbildung) notwendig macht. Dies mit dem Zweck, aufgrund von Ergebnisrückmeldungen Qualitätsverbesserungen auf Input- und Prozessebene anstoßen zu können. Abbildung 1 verdeutlicht diesen Gedanken, wobei die vom Output ausgehenden Pfeile die beabsichtigten Wirkungen auf den anderen beiden Ebenen markieren.

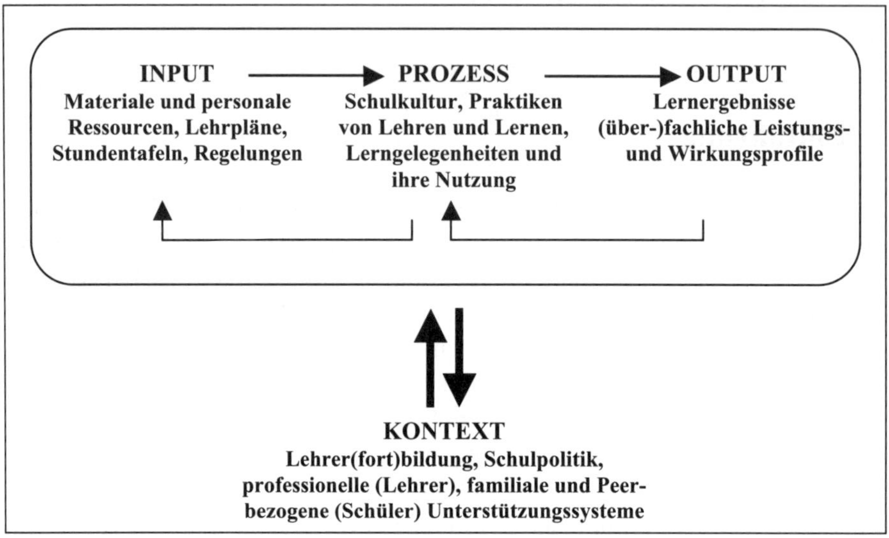

Abb. 1: Einfaches Modell der Funktionsweise von Bildungssystemen

Ausgangspunkt der folgenden Ausführungen bilden Erfahrungen mit Bildungsstandards in mehreren europäischen Ländern und in den USA. Bei allen Verschiedenheiten der Bildungssysteme der Niederlande, Schwedens, Englands und der USA lassen sich etliche Merkmale ausmachen, welche charakteristisch sind für die Implementation fachlicher Standards und die zugrunde liegende Strategie von *Educational Governance*. Insbesondere sind dies:

- der Einsatz von an Regel- oder Idealkriterien orientierten Tests und Prüfungen,
- das Vorhandensein interner Schulevaluation plus externer Inspektorate,
- die Bestrebung, die Curricula zu nationalisieren,
- die Etablierung leistungsfähiger Rückmeldesysteme und ihre Verknüpfung mit Unterrichtsentwicklungsmaßnahmen,

- die Systemverträglichkeit der Implementation und die Berücksichtigung der lokalen Ebene sowie
- die Verlässlichkeit einer kohärenten Politikstrategie.

Ohne hier der Karriere des Begriffs „Bildungsstandards" nachzugehen, bleibt festzustellen, dass Standardisierungen im allgemeinen Wortsinn immer schon prägend waren für die Entwicklung moderner Bildungssysteme. Standards bestimmen für den jeweiligen Geltungsbereich einen Erwartungshorizont und reglementieren die Praxis. Neu ist, dass erstmals flächendeckend die fachlichen Leistungen einer Schule respektive die Lernergebnisse der Schülerinnen und Schüler empirisch überprüft werden sollen.

In Deutschland und in der Schweiz wurde die Notwendigkeit einer entsprechenden Umgestaltung der Qualitätssicherungsstrategie schon vor PISA 2000 thematisiert, wenngleich die unbefriedigenden Ergebnisse vor allem in Deutschland die Debatte um die Einführung von Bildungsstandards geprägt haben. So wurden im Zuge der Expertise *Zur Entwicklung nationaler Bildungsstandards* (Klieme et al. 2003) in den vergangenen Jahren in allen Bundesländern verpflichtende Regelstandards eingeführt und das neu geschaffene Institut zur Qualitätsentwicklung im Bildungswesen (IQB) wurde beauftragt, Testaufgaben zu einem flächendeckenden Bildungsmonitoring zu entwickeln. In der Schweiz ist als Element des Konkordats über die Harmonisierung der obligatorischen Schule (HarmoS) die Einführung von Mindeststandards in den Fächern Mathematik, Standardsprache, der zweiten Landessprache, in einer weiteren Fremdsprache und in Naturwissenschaften während der obligatorischen Volksschulzeit vorgesehen (EDK 2004).

2 „Implementation" als Wechselspiel zwischen interner und externer Impulsgebung

Eine neue Steuerungsphilosophie verlangt auch nach geeigneten Verfahren. Grundsätzlich lassen sich folgende Ansätze unterscheiden:

- *Outside-In-Perspektive*: Sie ist von einem *top-down*-Verständnis geprägt. Als gouvernementale, häufig technizistisch verstandene zentrale Steuerung sieht sie als Leitidee die Übernahme fertig ausgearbeiteter Reformpakete vor und strebt die Kohärenzsicherung einer systemischen Reform über administrative Vorgaben, Zielstellungen, Regularien und Instrumente (z.B. Lehrmittel, Lehrpläne) an.

- *Inside-Out-Perspektive*: Im Einklang mit einem *bottom-up*-Verständnis von Innovationsentwicklung wird hier von einer partizipativen Steuerung im Sinne einer Philosophie von Schulentwicklung ausgegangen. Als horizontale Kontextsteuerung unter Bedingungen von (Teil-)Autonomie erlaubt sie eine regional und lokal adaptive Rekontextualisierung externer Vorgaben.

Aus wissenschaftlicher Sicht Erfolg versprechende Formen von *Educational Governance* vereinen die Potenziale der beiden skizzierten Perspektiven, indem eine Übernahme externer Ziele und Vorgaben zwar stattfinden soll, diese aber in den Mikrokontext lokaler Gegebenheiten übersetzt und eingepasst werden müssen. Dies verlangt von sämtlichen Akteuren vielfältiges und nachhaltiges Lernen. Das heißt, nicht nur von einzelnen Personen, sondern von ganzen Institutionen und Systemen müssen Lernprozesse vollzogen werden, welche auf die Veränderung tief sitzender und latenter Überzeugungen und Gewohnheiten zielen und deshalb oft träge verlaufen. Vor allem komplexe Ideen und Reformintentionen werden nur schrittweise integriert, indem verschiedene Stufen der Aneignung durchlaufen werden müssen, welche von einer Phase des unverbindlichen Gebrauchs bis zu einer Integration in die institutionelle Praxis und zu daran anschließenden Erneuerungsprozessen reichen. Anders formuliert: Qualität kann sich nur in einem Wechselspiel zwischen externer Impulsgebung und produktivem Lernen an der Systembasis entfalten. Deshalb muss die Akzeptanz der Innovation – im Sinne von erlebter *Ownership* und von *Sense Making* – bei allen Akteuren gesichert werden. Damit eine Innovation im Schulalltag „greift“, geht es jenseits einer oberflächlichen Assimilation neuer ‚Spielregeln’ von Qualitätssicherung um einstellungsbezogene Veränderungen, welche die professionelle Identität von Lehrpersonen berühren.

Als Herausforderung erweist sich dabei der Umstand, dass Bildungswesen eine Mehrebenenstruktur aufweisen. Abbildung 2 skizziert ein einfaches Modell, welches neben den Akteuren auf den verschiedenen Ebenen einige Aktivitäten und Funktionen nennt, welche bei Bildungsreformen von Bedeutung sind.

Nationale Ebene: Bund, Länder und Kantone (*Educational Governance* auf der Makro-Ebene)
Regionale Unterstützungs- und Kontrollsysteme auf intermediärer Ebene (Weiterbildung, Qualitätsentwicklung und Evaluation)
Einzelne Schulen (Meso-Ebene) (Korporative Schularbeit und Unterrichtsentwicklung)
Lehrkräfte, Schüler und Eltern (Lehr-Lernarbeit auf der Mikroebene des Unterrichts)

Abb. 2: Systemebenen der Implementation von Bildungsstandards

Top-down gedachte Transfers sind u. a. deshalb schwierig, weil die Übergänge zwischen den Ebenen immer auch Übergänge zwischen unterschiedlichen Wissensformen und Handlungslogiken darstellen. Das heißt, nicht alle Akteure interagieren in gleicher Weise miteinander. Damit eine Reformintention bei jenen ankommt, die für deren Umsetzung verantwortlich sind, müssen an den Schnittstellen des Systems vielfältige Übersetzungs- und Transformationsprozesse, hinter denen letztlich immer auch *Lernen* steht, individuell und kollektiv vollzogen werden. Abgesehen davon, dass eine umfassende und nachhaltige Qualitätsentwicklung die Mitwirkung aller Akteure auf sämtlichen Ebenen bedingt, muss sie sich auch auf die drei Säulen des Qualitätssystems beziehen können:

- auf die Outputdimension, welche über Resultate und Rückmeldungen gesteuert wird, indem Ergebnisse von Leistungstests überprüft werden,
- auf die Prozessdimension, welche über die Qualität der Lehr-Lernprozesse gesteuert wird, indem die Professionalität der Lehrpersonen gefördert wird,
- auf die Inputdimension, welche über Ziele und Ressourcen gesteuert wird, indem Lehrpläne und Standards gestaltet werden.

Ein Implementationsansatz, wie er hier vorgestellt wird, muss also sowohl sämtliche Systemebenen (*bottom-up* und *top-down*), wie auch alle Funktionsbereiche des Bildungswesens erreichen, um seiner qualitätssichernden Zielsetzung gerecht werden zu können. Die Einführung von Bildungsstandards ist ein Projekt, welches das gesamte Schulsystem betrifft und dazu veranlassen muss, über Ausbau und Entwicklung innovativer Formen der Qualitätsentwicklung nachzudenken. Damit bietet es auch die Chance, Werkzeuge und Tools zum Einsatz kommen zu lassen, welche eine nachhaltige Wirkung in punkto Verbesserung der Qualität in Schule und Unterricht entfalten können.

3 Tools zur Qualitätsentwicklung und -sicherung auf den einzelnen Ebenen[1]

Jede Profession benötigt zu ihrer Weiterentwicklung technische, kognitive, soziale und organisationale Instrumente und Verfahren. Tools repräsentieren das Handwerk von Änderungs-Prozessen in ‚materialisierter' Form. Auch wenn Bildung lediglich begrenzt technologisierbar ist, bedarf sie – und bedürfen Bildungsreformen – der Instrumentierung durch materielle und immaterielle Werkzeuge und Ressourcen. Auch die Weiterentwicklung des Unterrichtssystems als dem Kernbereich des Bildungssystems vollzieht sich nicht als autopoietischer Vorgang quasi von selbst, sondern bedarf der Impulsgebung und Unterstützung durch mannigfaltige Werkzeuge. Diese braucht es jedoch nicht nur auf der Ebene des Unterrichts, sondern auf allen Systemebenen.

Überblicksartig werden in der Folge für die verschiedenen Systemebenen einige Instrumente skizziert, welche in der Expertise *Qualität entwickeln – Standards sichern – mit Differenz umgehen* (Oelkers & Reusser 2008) näher ausgeführt werden.

Auf der Ebene des Gesamtsystems

- Auf der Ebene des Gesamtsystems stellen die *Bildungsstandards* selbst und die darauf bezogenen *Kompetenzmodelle* und *Testinstrumente* die entscheidenden Werkzeuge der gesamten Reform dar. Nur knapp und verständ-

1 Grundlage für diese Ausführungen bildet der Text folgender Expertise: Oelkers, J. & Reusser, K. (2008). *Qualität entwickeln – Standards sichern – mit Differenz umgehen*. Berlin: BMBF.

lich formulierte Standards, die sich auf begründbare und nachvollziehbare Kernbereiche und Grundkompetenzen eines Fachs beziehen, hohen fachdidaktischen und methodischen Qualitätskriterien genügen, an Beispielen und Aufgaben illustrierbar sind sowie pädagogisch wertvoll und umsetzbar erscheinen, werden eine Chance haben, von der Profession als Referenzrahmen für schulübergreifende Vergleiche auch langfristig verinnerlicht zu werden. Ebenso darf testbezogener Unterricht nicht zur Haupterfahrung schulischen Lernens werden.

- Weiter ist ein systemweites *Bildungsmonitoring*, bei dem mittels Tests sowie weiterer Indikatoren der Ist-Zustand eines Bildungswesens regelmäßig und über die Zeit erfasst wird, für die politische Rechenschaftslegung unabdingbar. Es ersetzt keineswegs pädagogische Prozesse und auch keine Individualdiagnostik. In Ergänzung dazu können weitere Informationen über regionale Lernstandserhebungen und Parallelarbeiten, wie sie in Deutschland und der Schweiz zum Teil zum Einsatz kommen, gewonnen werden. Unbedingt zu berücksichtigen ist, dass die Testergebnisse nach für die Schulleistungen bedeutsamen Kontext- oder Inputparametern statistisch bereinigt werden müssen, um faire Vergleiche zu gewährleisten. Lehrpersonen sind sodann ohne fremde Hilfe kaum in der Lage, Rückmeldungen so zu interpretieren, dass sie für die eigene Unterrichtsentwicklung fruchtbar werden können.
- Auch *Lehrpläne* sind im Zuge der Implementation von Bildungsstandards eine notwendige Ergänzung, indem sie fachliche *Essentials* benennen sowie die innere Gliederung und das Verhältnis zu anderen Fächern festlegen, während Standards auf den Kompetenzkern eines Faches hin ausgerichtet sind. Lehrpläne sind grundsätzlich angebotsorientiert, während Standards dazu dienen, den Output im Sinne messbaren Wissens und Könnens zu spezifizieren. Sinnvoll wird dieses komplementäre Verhältnis dort, wo curriculare Kerne und darauf bezogene Kompetenzbeschreibungen sowohl im Unterricht als auch in Leistungstests wiedererkennbar werden. In ähnlicher Weise müssen Lehrmittel, welche in einigen Fächern als Instrumente der Mikrosteuerung des Unterrichts dienen, relevante Lerninhalte in Bezug auf Kompetenzstandards abbilden können, ohne dass es dabei zu curricularen Verengungen kommt.
- Beachtet werden muss weiter die Rolle von *Schulaufsicht und Schulinspektion*: Rückmeldungen, welche begründ- und vergleichbare Aussagen zu

den in einer Schule erbrachten Leistungen ermöglichen, bedürfen eines entsprechend sorgfältigen Umgangs. Aufsichtsorgane müssen – wie etwa das Beispiel der Niederlande zeigt – selbstverständlicher Teil einer Schulhauskultur werden und in der Lage sein, eine produktive Evaluationskultur zu etablieren.

Auf der Ebene vernetzter Einzelschulen

- Mit Modellversuchsprogrammen wie dem von der BLK initiierten Projekt SINUS („Steigerung der Effizienz des mathematisch-naturwissenschaftlichen Unterrichts", Prenzel 2000) konnte gezeigt werden, wie mit *Netzwerken und Lerngemeinschaften* schulnahe und an bestimmten Problemlagen orientierte Unterrichtsentwicklung betrieben werden kann. Institutionalisierte kooperative Netzwerke können dabei sowohl der Erarbeitung von Interpretationen und Schlussfolgerungen aus Leistungsrückmeldungen als auch einer darauf aufbauenden, schulübergreifenden Unterrichtsentwicklung dienen.
- Im Zuge der in den Neunzigerjahren einsetzenden Tendenz, den Schulen mehr gestalterischen Freiraum zu gewähren und die Einzelschule als Ausgangspunkt von Innovation zu betrachten, rückten verschiedene Aspekte schulischer Organisation in den Blick, welche für eine Rekontextualisierung von Reformvorhaben eine bedeutsame Funktion haben. So etwa ist aus der Innovationsforschung bekannt, dass *Schulleitungen* wichtigen Einfluss darauf haben, wie positiv oder negativ sich ein Kollegium auf eine Reform einstellt (Specht & Freudenthaler 2004).
- Ebenso gehören Verfahren der *Selbst- und Fremdevaluation* als Elemente der Rechenschaftslegung zum selbstverständlichen Repertoire schulischer (Teil-)Autonomie. Dadurch, dass sie Informationen und Rückmeldungen zum Prozessgeschehen erbringen, haben sie eine wichtige und komplementäre Funktion zu den über Leistungstests gewonnenen Outputinformationen. Ergebnisse der wissenschaftlichen Evaluation des bereits erwähnten Modellversuchsprogramms SINUS zeigen zudem, dass Anreize zu verbindlicher Kooperation von Lehrpersonen wertvoll sein können, um neues allgemein- und fachdidaktisches Wissen zu streuen.

Auf der Ebene des Unterrichts

Schulische Innovation, welche nicht die Ebene des Unterrichts und damit die Lernprozesse von Schülerinnen und Schülern erreicht, ist wenig fruchtbar. Umgekehrt gilt: Keine Qualität der Produkte ohne Prozessqualität, keine standardkonformen Lernergebnisse ohne vorangegangene Lerngelegenheiten für alle Schülerinnen und Schüler. Die Mikroebene des Unterrichts erweist sich so als Lackmustest für die Implementation von Bildungsstandards. Folgerichtig muss *Schulentwicklung als Unterrichtsentwicklung* verstanden werden. Um solche betreiben zu können, sind auf dieser Ebene – mehr als auf den anderen bisher genannten – insofern *Sense Making* und hochwertige Formen der Unterstützung gefragt, als die Lehrpersonen im Kernbereich ihres professionellen Handelns angesprochen und wirksam unterstützt werden wollen und müssen. Im Folgenden werden Instrumente genannt, welche zum Teil aus jüngerer Forschung abgeleitet sind und sich auf Maßnahmen zur Entwicklung guten Unterrichts beziehen.

- Ob ein Bildungsmonitoring günstige Auswirkungen auf die konkrete Unterrichtsarbeit hat oder nicht, hängt nicht zuletzt davon ab, ob schul- und klassenbezogene *Rückmeldungen* den Lehrpersonen produktive Nutzungsmöglichkeiten bieten. In den vergangenen Jahren konnten Lehrpersonen vermehrt davon profitieren, dass abrufbare Fach- und Leistungstests entwickelt wurden, welche valide Vergleichsmöglichkeiten für die geleisteten Klassenarbeiten ermöglichen, indem die erreichten Ergebnisse denjenigen einer genügend umfangreichen und repräsentativen Stichprobe gegenübergestellt werden können. So haben sich in der Schweiz die beiden Formate „Klassencockpit“ (Klassencockpit o. J.) und „Check 5“ (Kanton Aargau, Departement Bildung, Kultur 2006) etabliert und werden von einer steigenden Anzahl Lehrpersonen zur Lernstandsmessung genutzt.
- Während bereits auf der Ebene Gesamtsystem auf die „Mächtigkeit“ der *Lehrmittel* hingewiesen wurde, ist hier auch auf die damit vermittelte *Aufgabenkultur* hinzuweisen. Die im Unterricht verwendeten Lernaufgaben sollten insgesamt dem Niveau und der Komplexität der Bildungsstandards entsprechen. TIMSS und PISA haben deutlich gemacht, dass deutsche Schülerinnen und Schüler Routineaufgaben relativ sicher lösen, aber Mühe bekunden, das Gelernte zu transferieren. Gleichzeitig nimmt die Be-

arbeitung elementarer Aufgaben den überwiegenden Teil der Lernzeit im Mathematikunterricht in Anspruch. Hier zeigt sich die Notwendigkeit, vermehrt Aufgaben zu entwickeln und im Sinne eines produktiven Lernens an Beispielen intelligent einzusetzen, welche sowohl verstehensfördernd sind als auch realistische Anwendungen betreffen und / oder mehrere Lösungswege zulassen.

- Eine zentrale Rolle wird der *Aus- und Weiterbildung von Lehrpersonen* zukommen, indem Schulungsformate entwickelt werden müssen, welche die Analyse und Reflexion eigenen Unterrichts anregen. Dazu sind in den vergangenen Jahren Werkzeuge entstanden, wie etwa fachspezifisch-pädagogisches Coaching (z. B. Staub 2004) oder Möglichkeiten videobasierter Unterrichtsentwicklung (z. B. Krammer & Reusser 2004). Obwohl aufwändig, bieten beide Verfahren Lehrpersonen die Chance, ihr professionelles Handeln unter die Lupe zu nehmen, dabei eine gemeinsame didaktische Verständigung über Lehren und Lernen zu erreichen, bisher nicht hinterfragte Annahmen darüber aufzubrechen und in der Folge Veränderungen des professionellen Handelns in Gang zu setzen. Bezüglich Lehrerbildung müssen überdies Überlegungen angestellt werden, ob auch dafür Standards zu formulieren sind. Dies auch deshalb, um einem tendenziell beliebigen Angebot eines mit spezifischen professionellen Entwicklungsmöglichkeiten entgegenzuhalten.

Diese knapp skizzierten Werkzeuge der Qualitätssicherung dürften eine kokonstruktive und kultursensible Kontextualisierung des Reformvorhabens „Bildungsstandards“ in bestehende Strukturen des Bildungssystems ermöglichen. Bildungsstandards können auf diese Weise zu einem zentralen Element der Sicherung von Qualität sowohl des Inputs, der Prozesse und des Outputs wie auch der Qualität auf allen Ebenen des Schulsystems werden.

4 Schlussfolgerungen[2]

Auf der Basis dieser Überlegungen lassen sich Schlussfolgerungen formulieren, welche sich an die mit dem Aufbau und der Einführung von Bildungsstandards beschäftigte Bildungspolitik wie auch vor allem an die Schulen und Lehrpersonen als Akteure an der Basis richten:

- Die Einführung von Bildungsstandards verlangt nach einer kohärenten Qualitätspolitik im Bildungswesen, in der Qualitätsentwicklung, Orientierung an Standards und eine Kultur der Evaluation zusammenwirken.
- Periodisch überprüfte Bildungsstandards sind innovativ und sinnvoll, weil sie die Qualität der Bildungssysteme auch am Output bemessen und weil sie das Potenzial zu einer sichtbaren Verbesserung der Schulkultur und des Unterrichts haben.
- Die Implementation von Bildungsstandards darf nicht primär auf die Etablierung einer Testkultur als Steuerungsmittel setzen, sondern soll in erster Linie der Weiterentwicklung von Schule und Unterricht dienen.
- Die Philosophie der Reform muss einem breiten, mehrdimensionalen Begriff von Bildungsstandards verpflichtet sein, der neben einem multikriterialen Verständnis von Zielen und Ergebniserwartungen auch Bildungsprozesse und den Input einschließt.
- Die Formulierung von auf Kompetenzmodellen beruhenden Bildungsstandards sowie die Entwicklung darauf bezogener Tests und Aufgabenpools benötigt wissenschaftlichen Sachverstand, eine entsprechende Infrastruktur und eine mehrjährige Entwicklungszeit.
- Die Implementation von Bildungsstandards soll hohe Ziele auf mehreren Ebenen in einem großen und weitläufigen System erreichen, was ohne eine langfristige Perspektive und ohne wirksame Maßnahmen des *Scaling-up* nicht möglich sein wird.
- Einem ertragsorientierten Bildungsmonitoring und einer externen Evaluation und Zielerreichungskontrolle auf Einzelschulebene müssen inhaltlich gefüllte und rechtlich gesicherte Formen von regionaler und lokaler Schulautonomie entsprechen. Engmaschige bürokratische Detailsteuerung und

2 vgl. für eine ausführliche Fassung Oelkers & Reusser (2008), S. 507–519.

top-down-Kontrolle, die an Kontextbedingungen vor Ort oft wenig angepasst ist, müssen zugunsten horizontaler und partizipationsbezogener Kontextsteuerung im Bildungswesen aufgegeben werden.

- Testergebnisse dürfen nicht ohne zusätzliche Informationen für die Schullaufbahnplanung genutzt und schon gar nicht mit der Mittelvergabe an Schulen oder gar mit der Beförderung von Lehrpersonen verbunden werden, weil dadurch der Nutzeffekt von Tests für die Qualitätsentwicklung und Qualitätssicherung untergraben wird. Produktiver als eine Wettbewerbsmentalität auf Schulebene, welche mit demotivierenden Sanktionen für die Lehrpersonen einhergeht, sind Entwicklungsanreize und die Kommunikation von *Best Practice* in der Profession.
- Die Lehrkräfte als wichtigste Akteure und Erfolgsgaranten der Reform müssen gewonnen werden. Dies erfordert nebst einer gemeinsam geteilten Problemwahrnehmung insbesondere ein hinreichend elaboriertes, realistisches Verständnis der Ziele der Reform und der durch Bildungsstandards und den damit verbundenen Tests zur Verfügung gestellten Information.
- Ein massiver Paradigmenwechsel wie die Änderung der Steuerungsphilosophie im Bildungswesen verlangt auch nach massiver Unterstützung durch Ressourcen und Fortbildung. Ohne zusätzliche Investitionen und ohne Bündelung der maximal verfügbaren Ressourcen für die Verwirklichung der Vision und für die Schaffung der dazu notwendigen Voraussetzungen wird die Implementation von Bildungsstandards keinen Erfolg haben.
- Nicht nur das Bildungssystem als solches, sondern auch seine Reformen brauchen Instrumente im Sinne der weiter oben aufgezeigten Möglichkeiten.
- Damit Standards ihre Wirksamkeit auf den Zielstufen entfalten, müssen auch Unterstützungssysteme und die Anbieter in der Aus- und Weiterbildung in den Transformationsprozess einbezogen werden. Ziel der Politik muss es sein, für eine möglichst kohärente Abstimmung (*Alignment*) der Arbeit der Kontextsysteme mit den Zielen der Reforminitiative zu sorgen, ohne damit die Ausrichtung der Unterstützungssysteme allein auf diese Aufgabe konzentrieren zu wollen. Was es insbesondere braucht, sind innovative Formen einer pflichtmäßigen und zielbezogenen pädagogisch-didaktischen Weiterbildung der Lehrkräfte.

- Da es sich bei der Einführung von Bildungsstandards um einen komplexen Designvorgang handelt mit dem Ziel, eine neue Steuerungsphilosophie in die bestehenden Bildungssysteme und deren Untersysteme verträglich zu integrieren, sind authentische Modelle und Beispiele auf allen Ebenen und bezüglich aller Facetten des Unternehmens notwendig. Bereits bestehende und neue Projekte zur Qualitätsentwicklung sollen in einen Zusammenhang mit der Implementation von Bildungsstandards gebracht respektive von Anfang an darauf ausgerichtet werden
- Die Politik sollte beim Unternehmen „Bildungsstandards" sowohl ihre eigenen Grenzen als auch jene der empirischen Forschung mit in Rechnung stellen. Weder lässt sich das Bildungssystem durch die Bildungspolitik beherrschen noch durch die Wissenschaft kalibrieren. Auf die Ebene des pädagogischen Handelns bezogen: Schulisches Lernen lässt sich immer nur sehr begrenzt steuern. Lehrkräfte stellen durch professionellen Unterricht und gute Lernbedingungen ein Angebot bereit; ob dieses ertragreich genutzt wird, hängt jedoch nicht allein von ihnen, sondern auch von den Lernenden und einem ganzen Kranz von Kontext- und Systemvariablen ab.
- Die Implementation von Bildungsstandards verlangt nach einer strukturell starken und von der Politik unabhängigen wissenschaftlichen Bildungsforschung, die nicht nur evaluativ und nicht nur analytisch-diagnostisch ausgerichtet, sondern auch pädagogisch-entwicklungsorientiert und überdies im Stande ist, auf fehlgehende Entwicklungen kritisch hinzuweisen.

Literatur

Kanton Aargau, Departement Bildung, Kultur. (2006). 80 Prozent aller 5. Klassen beteiligten sich am Check 5. URL: http://www.ag.ch/leistungstest/de/pub/check5/zweite_durchfuehrung.php [Stand 20. März 2006].

Klassencockpit. (o. J.). *Ein Instrument zur Qualitätssicherung in der Volksschule.* St. Gallen: Kantonaler Lehrmittelverlag St. Gallen. URL: http://www.klassencockpit.ch/informationen/unterstufe.aspx [Stand 20. März 2006].

Klieme, E., Avenarius, H., Blum, W., Döbrich, P., Gruber, H., Prenzel, M., Reiss, K., Riquarts, K., Rost, J., Tenorth, H.-E., Vollmer, H. J. (2003). *Zur*

Entwicklung nationaler Bildungsstandards. Eine Expertise. Hrsg. v. Bundesministerium für Bildung und Forschung. Bonn: BMBF.

Krammer, K. & Reusser, K. (2004). Unterrichtsvideos als Medium der Lehrerinnen- und Lehrerbildung. In: *Das Seminar. 10*, Nr. 4, 80–101.

Oelkers, J. & Reusser, K. (2008). *Expertise: Qualität entwickeln – Standards sichern – mit Differenz umgehen.* Unter Mitarbeit von Esther Berner, Ueli Halbheer und Stefanie Stolz. Berlin: BMBF.

Prenzel, M. (2000). Steigerung der Effizienz des mathematisch-naturwissenschaftlichen Unterrichts. Ein Modellversuchsprogramm von Bund und Ländern. In: *Unterrichtswissenschaft. 28*, 103–126.

Schweizerische Konferenz der kantonalen Erziehungsdirektoren (EDK). (2004). *HARMOS: Zielsetzungen und Konzeption.* Juni 2004. Bern: EDK. URL: http://www.edk.ch/PDF_Downloads/Harmos/Harmos_Weissbuch_d.pdf#search=%22edk%20harmos%20zielsetzung%20konzeption%20juni%202004%22 [Stand 21. April 2008].

Specht, W. & Freudenthaler, H. (2004). Bildungsstandards. Bedingungen ihrer Wirksamkeit. In: *Erziehung und Unterricht. 154*, 618–629.

Staub, F. C. (2004). Fachspezifisch-Pädagogisches Coaching: Ein Beispiel zur Entwicklung von Lehrerfortbildung und Unterrichtskompetenz als Kooperation. In: Lenzen, D., Baumert, J., Watermann, R. & Trautwein, U. (Hrsg.). *PISA und die Konsequenzen für die erziehungswissenschaftliche Forschung. 3. Beiheft der Zeitschrift für Erziehungswissenschaft.* Wiesbaden: VS Verlag Sozialwissenschaften, 113–142.

Zahner, C., Meyer, A. H., Moser, U., Brühwiler, C., Coradi Vellacott, M., Huber, M., Malti, T., Ramseier, E., Wolter, S. & Zutavern, M. (2002). *Für das Leben gerüstet? Die Grundkompetenzen der Jugendlichen – Nationaler Bericht der Erhebung PISA 2000.* BFS/EDK: Neuchâtel.

Konsequenzen aus Schulleistungsstudien und ihre Umsetzung im Bildungssystem – Von unserer Beziehung zum Kind aus sehen und aufs Ganze gehen

Richard Stockhammer

1 Was ist Innovation?

Menschen verstehen, mit ihnen reden und arbeiten, führt zu Neuem, in Beziehungen, in lebendigen Systemen und Organisationen, im Schulwesen.

Über die Menschen zu urteilen und zu befinden, statt *mit* ihnen zu reden und zu arbeiten, ist das Alte. Innovation sucht das Neue.

Menschen als schöpferische Subjekte konstruieren und gestalten und schaffen ihre Wirklichkeit.

Menschen in ihren Potenzialen – Lernen und Schaffenskraft – wahrzunehmen, anzusprechen, zu begleiten und zu führen, ist eine *Kunst*, die für Innovationen im Schulwesen benötigt wird. Diese Kunst ist erlernbar – zumindest als Kunsthandwerk. Dies sollten die Schulleute erlernen müssen. Dabei spielt es keine Rolle wo sie tätig sind: ob in den Klassen (Lehrerinnen und Lehrer, Schülerinnen und Schüler), in den Schulen (Leiterinnen und Leiter, Klassenvorstand, Fachlehrerinnen und -lehrer, Kustos, Koordinatorinnen und Koordinatoren), in der Forschung, in Aus-, Fort- und Weiterbildung oder als Monitore, an Verkehrs- und Verwaltungsstellen. Innovativ sein heißt handeln, in der Verbindung mit den entsprechenden Personen und Phänomenen.

Innovation in der Schule ist voller Risiken, denn es gibt viele unterschiedliche Denkmuster und Handlungsweisen. Sie beruhen auf unterschiedlichen Vorstellungen und Annahmen, die oft zu konträren Ideologien, Interessenkonflikten und Standesdenken verhärtet sind. Eindringlich formuliert dies der österreichische Bildungsforscher Bernd Schilcher (vgl. Vorwort Expertenkommission 2007).

Der innovative Prozess enthält Risiken. Wo Personen auf den ersten Blick zu Daten werden, kommt es zu Wahrnehmungen von Reduktion und Entfremdung. Es entsteht der Eindruck, dass nach einem einheitlichen und unpassenden Maß gemessen und angeordnet wird und die unterschiedlichen Menschen wie einheitliche, gesichtslose Rohlinge ohne Kontext und Geschichte und Eigenwillen reduziert werden. Die Kontexte, die Beziehungen, die Geschichten, die Biografien – also die Besonderheiten – gehen verloren. Wenn man den Kontextlosen Emotion und Sinn genommen hat, wird es schwer, sie für Innovation zu motivieren. Es wird mühsam, mittels eines Moderators den Beforschten und Objektivierten zu übersetzen, was das Forschungsergebnis (ein Stabdiagramm, eine Abweichung von einem Mittelwert, ein Vergleichswert [...]) für sie in ihrem Kontext heißen soll. Das Missverstehen entsteht im interpretativen Gerücht, in der Fremddefinition, im Reden übereinander statt miteinander, im Befehlen von oben herab und im Klagen von unten hinauf.

Lernen mit Individualisierung/individuelles Lernen überschreibt ein Entwicklungsprogramm, das zeigt, was stärker in den Vordergrund treten soll, damit die Akteure im Schulwesen sich zu einem sinnvollen Ganzen konzertieren können.

2 Annahmen, Haltungen, Strategien, Etappenziele

Ausgangspunkt für den persönlichen Bildungsprozess ist ein ganzheitliches, humanistisches und systemisches Menschen- und Gesellschaftsbild. Ich bin mir bewusst, dass meine persönlichen Paradigmen bzw. Denk- und Handlungsmuster beschränkte Erklärungskraft besitzen, und ich bemühe mich daher, eine Verbindung zu anderen Interpretations- und Handlungsmodellen herzustellen.

Der respektvolle Umgang mit den jeweiligen Annahmen und Konstrukten ist eine großartige Gelegenheit zu lernen; auch die Schule kommt ohne forschendes Lernen, ohne geistigen Austausch nicht aus. Forschende Empirie, Lehrerinnen und Lehrer und die Schulverwaltung sollten sich über diese Form des Respekts erheben. Es geht darum, das Lernen der Subjekte und der Institutionen zu fördern. Verantwortung und Verständnis für die lebendigen, eigensinnigen, einzigartigen Individuen, Gruppen, Institutionen und Systeme spielen in meinem Denken, Fühlen, Lernen und Handeln eine entscheidende Rolle. Der Mensch wächst, lernt kooperativ (vgl. Juul 2003) und kokreativ in zwischenmenschlichen Beziehungen, im interpersonalen Raum.

Der Mensch will in der Welt bestehen, seinen Beitrag zum Bestand und zur Entwicklung seiner (Um-)Welt leisten. Diese Leistung (vgl. Fauser, Prenzel, und Schratz 2007) hat eine Subjekt-Seite und eine Objekt-Seite und der Umgang mit Leistung ist beim Bildungsmonitoring die sensibelste Frage.

Für die Verbindung des Subjekts zur Welt, für die Prozessqualitäten im interpersonalen Raum, für personalisiertes Lernen sind die Älteren, Mächtigeren, die Lehrpersonen in besonderem Maß verantwortlich, was aus zwei Perspektiven, jener der Lehrperson und jener der Schülerinnen und Schüler, dargestellt wird (siehe Grafik weiter hinten). Dabei wird ein erwünschter (künftiger) Zustand, werden strategische Ziele beschrieben.

Wir arbeiten die Kernkompetenzen heraus und entdecken so das Wesen des kollaborativen Lernens.

Schülerinnen und Schüler unterschiedlicher sozialer, biografischer und kultureller Herkunft stehen auf der Bühne und zeigen sich.

Die Lehrpersonen ändern ihre Rolle. Sie schaffen Lernumgebungen, starke, inspirierende Atmosphären. Die Schülerinnen und Schüler stellen sich den Aufgaben. Sie treten in das Spiel der geteilten Verantwortung ein (vgl. Schley und Schratz 2006).

Kompetente Kinder erleben ihr eigenes Wachsen und solche, die vor Hürden stehen und sich nicht trauen, werden schneller wahrgenommen und persönlich angesprochen.

Lehrpersonen entwickeln sich zu Lerncoaches und praktizieren ein förderliches Coaching für Schülerinnen und Schüler in besonderen Lernsituationen.

Die Schulen lernen erst einmal für sich. Zugleich bereiten sie den Transfer ihrer Expertise vor. Zunehmend treten sie in einen Verbund mit anderen Schulen. Die Aufnahme anderer Konzepte anderer Schulen wird zum Anliegen.

Sie lernen die Sprache der Annahme, der Wertschätzung und praktizieren genaues Hinschauen. Allmählich wird das Streben nach permanenter Bewertung und der Einordnung in richtig oder falsch geringer. Dabei geben die Schulen durch Feedback und persönliche Beobachtungen stärkere Orientierung als zuvor.

Schließlich trennen sie Lernen vom Bewerten und Prüfen. Schülerinnen und Schüler wissen so, wo sie stehen, und können ihre Ziele selbst stecken und davon wachsen.

3 Wege zu Projekten, die neue Strukturen schaffen

Lernen ist das Gegenteil von Belehrt-Werden.

Schülerinnen und Schüler verbessern ihre Chancen, wenn sie als eigenverantwortliche kompetente Lernerinnen und Lerner angesprochen werden.

Wir nehmen die Fähigkeiten und Bedürfnisse jedes einzelnen Kindes individuell wahr und entwickeln mit ihnen Strategien für ihr eigenverantwortliches Lernen.

Auf diese Weise spielen zwei Kompetenzen zusammen: die aktive Lernkompetenz der Schülerinnen und Schüler mit der professionellen Anleitungs- und Unterstützungsfunktion der Lehrkräfte.

In den Schulen geht es um den Musterwechsel von „Ich und meine Klasse" zu „Wir und unsere Schule".

Ohne mentalen Wandel können strukturelle Änderungen an den Schulen und im Schulsystem nicht gelingen.

Für diesen mentalen und strukturellen Wandel – den Musterwechsel – schaffen wir konkrete Strukturen, Verantwortlichkeiten, Programme, Projekte und Verbindungen, die dem notwendigen Systemwandel Rückhalt geben.

4 Musterwechsel und Bildungsmonitoring – spannend oder pannungsvoll?

Die Kluft zwischen Subjekt und Objekt überwinden –
die innere Welt des Subjekts verstehen

Im Bildungsmonitoring steckt eine Annahme, ein Muster über die Kraft der Empirie als Inbegriff der Aufgeklärtheit. Dr. Werner Specht spricht dies am deutlichsten aus und beruft sich auf die OECD und ihre Vorgabe von *data-based policy* (vgl. Specht „Innovation durch Evaluation?" in diesem Band). Das ist *ein* Muster. Manchmal wird es als *das* Muster hervorgehoben, an dem das System gesunden könne. Ich bezweifle, ob mehr Technologie, mehr Daten, mehr Kameras und Monitore, mehr Berichte, mehr Leistungsstudien, mehr Objektivierung bereits eine innovative Lösungsrichtung initiieren – wie es das Bildungsmonitoring verspricht. Hans Ambühl (Leiter der Schweizer Delegation) scheint diese Zweifel zu teilen, wenn er sagt, es führt kein direkter Weg von Daten zu Entscheidung. Dr. Anton Dobart (Leiter der österreichischen Delegation) zitiert die Skepsis von Hartmut von Hentig zu Bildungsstandards.

Meine These lautet: Die Schule braucht vor allem mehr Verständnis für das Lernen als subjektiven Prozess im interpersonalen Raum. Im interpersonalen Raum erfolgt über andere Subjekte der Zusammenhang zu größeren Systemen, die ihrerseits lebendige Wesen sind. Die folgende Grafik verdeutlicht die Vorgänge im „interpersonalen Raum". Sie basiert auf dem Studium von Jesper Juul und Jelle Jensen, 2005.

Abb. 1: It needs two to see one

Verstehen als Alternative zu empirischen Vorgangsweisen

Unter Bezug auf Heidegger spricht Irvin D. Yalom aus, was viele wissenschaftliche und alltägliche Erkenntnisse und Handlungsweisen auszeichnet und als Alternative zu empirischen Vorgangsweisen hervorgehoben wird: „Die angemessene Methode, die innere Welt eines anderen Individuums zu verstehen, ist die ‚phänomenologische', die direkt zu den Phänomenen geht, um dem anderen ohne ‚standardisierte' Instrumente und Vorannahmen zu begegnen. Man muss so weit wie möglich die eigene Weltsicht ‚ausklammern' und in die Erfahrungswelt der anderen eintreten. [...] Das ist es, was mit Empathie, Präsenz, genuinem Zuhören, nicht-bewertender Akzeptanz oder einer Haltung ‚disziplinierter Naivität' [...] gemeint ist" (vgl. Yalom 2004).

Die Kluft zwischen Subjekt und Objekt, die Yalom schließen möchte, ist dem modernen Weltbild Descartes' (die Welt ist ein Uhrwerk) ebenso zu eigen wie dem Industriezeitalter. Yaloms Ansatz, der zugleich in die Vormoderne zurückgreift und postmoderne Ideen aufgreift, taucht nicht nur in der Wissenschaft vom Menschen auf, sondern auch in den Naturwissenschaften, die ihr mechanistisch-cartesianisches Weltbild zunehmend kritischer betrachten. Die existenzielle Position Yaloms fordert die traditionelle Ansicht heraus. Dieser zufolge gibt es Objekte mit einer endlichen Zahl von Eigenschaften, die man durch objektive Erforschung verstehen kann. Dagegen argumentiert Yalom: „Die existenzielle Position unterläuft diese Kluft zwischen Subjekt und Objekt und betrachtet die Person nicht als Subjekt, das unter den richtigen Bedingungen externe Realität wahrnimmt, sondern als ein Bewusstsein, das an der Konstruktion der Realität teilhat. [...] Alle Wesen mit einem standardisierten Instrument zu erforschen, als wenn sie in der gleichen objektiven Welt lebten, bedeutet, dass man einen monumentalen Irrtum in seine Beobachtung einführt" (vgl. Yalom a. a. O.).

5 Innovation im Zusammenspiel – Ausblick

Innovation erfordert ein konzertiertes, systemisches Zusammenspiel von Elementen, Gesichtspunkten und Akteuren, und zwar:

- die Lernenden treten in ihrer Gestaltungskraft und Eigenverantwortung in den Vordergrund,
- das Zusammenspiel der Kräfte im System bewusst vorwärts treiben – Verantwortung für Prozesse übernehmen die Älteren und Mächtigeren (vgl. Schein 2003),
- Partnerschaften und kleine Netzwerke betreiben, in denen der Einzelne gibt und nimmt und dadurch wächst,

- Menschen in Verbindung, die ein Ganzes bilden, die einander Resonanz und Verständnis geben, die Daten und Überblick so ermitteln und vermitteln, dass der Sinn, der Kontext und die subjektive Bedeutung für die Beteiligten sichtbar wird,
- die Beteiligten inszenieren unter kompetenter Führung (vgl. Senge et al. 2005) der Älteren und Mächtigeren kollaborative Lernerlebnisse, sie gestalten sich und ihre Umwelt, erleben ihre besondere Leistung.

Literatur

Expertenkommission. (2007). *Zukunft der Schule. Erster Zwischenbericht vom 14. 11.2007.*

Fauser, P., Prenzel, M. & Schratz, M. (2007). *Was für Schulen! Gute Schulen in Deutschland.* Klett/Kallmeyer, 9 ff.

Juul, J. & Jensen, H. (2005). *Vom Gehorsam zur Verantwortung. Für eine neue Erziehungskultur.* Weinheim / Basel: Beltz.

Juul, J. (2003). *Das kompetente Kind.* Reinbek: Rowohlt.

Schein, E. H. (2003). *Prozessberatung für die Organisation der Zukunft. Der Aufbau einer helfenden Beziehung.* Lavis (Trento): Legoprint.

Schley, W. & Schratz, M. (2006). Leadership – eine vernachlässigte Dimension in der Führungsdebatte. In: *Journal für Schulentwicklung, 1*, 86–96.

Senge, P. et al. (2005). *Presence. Exploring Profound Change in People, Organization, and Society.* London: Nicholas Brealey Publishing.

Yalom, I. D. (2004). *Liebe, Hoffnung, Psychotherapie.* München: btb, 250 ff.

Konsequenzen aus Schulleistungsstudien und ihre Umsetzung auf Schulebene

Hans-Günter Rolff

Seit etwa 20 Jahren arbeiten Schulen in Deutschland mit empirischen Daten mit der Idee, daraus Schulentwicklung werden zu lassen.

Bis vor kurzer Zeit stammten die Daten aus Selbstevaluationsaktivitäten von Schulen, beruhten sie auf Freiwilligkeit und enthielten sie keine Schülerleistungsdaten.

Für die Zukunft der Schulentwicklung sind indes neuere Erhebungsinstrumente bedeutsam, die sich auf Schülerleistungs-Daten konzentrieren, und die extern, meist im Auftrag von Behörden, konzipiert sind, auch extern gerechnet und in einem extern bestimmten Rückmeldeformat an die Schulen gegeben werden.

Angesichts der flächendeckenden Einführung dieses Typs von testförmigen Vergleichsarbeiten, an dem alle (entsprechenden) Jahrgangsklassen aller Schulen eines Bundeslandes teilnehmen, verblasst die Bedeutung der Datenrückmeldung aus den großen internationalen Schülerleistungs-Vergleichsstudien (*Largescale Assessments* (LSAs) wie TIMSS, PISA und IGLU. Dafür sind im Wesentlichen zwei Gründe zu nennen. Zum einen handelt es sich bei den LSAs durchweg um Stichprobenuntersuchungen, bei denen nur ca. 220 Schulen jeweils aus ganz Deutschland, Österreich und der Schweiz teilnehmen (wobei bei PISA bei allen Bundesländern und einigen Kantonen Zusatzstichproben gezogen wurden); es ist also nur ein verhältnismäßig kleiner Teil aller Schulen einbezogen. Zum anderen sind die Vertraulichkeitsvereinbarungen zwischen den Veranstaltern der LSAs und den auftraggebenden Behörden derart penibel, ja überzogen, dass nur die betroffenen Lehrpersonen und nicht die Schulleitungen die Ergebnisse rückgemeldet bekommen – und dies auch noch an die Privatadresse! Für dateninduzierte Schulentwicklung (DIS) lässt dieses Vorgehen kaum Aktivitäten, geschweige denn Wirkungen erhoffen.

Data Rich – Information Poor?

Seit der Mitte dieses Jahrzehnts kommt noch eine weitere Datenquelle hinzu, von der indes mächtige Wirkungen zu erwarten sind: Nach und nach werden in fast allen Bundesländern unterschiedliche Varianten von Schulinspektion etabliert, die allesamt nicht nur die vorhandenen Daten nutzt und interpretiert, sondern auch selbst Daten erhebt, vor allem durch Unterrichtsbesuche, und diese den Schulen mit Bewertungen versehen zurückspiegelt.

Hinzu kommen noch Daten aus weniger innovativen Quellen:

- Ergebnisse aus breit angelegten Sprachstandserhebungen vor oder bei der Einschulung
- Ergebnisse zentraler Prüfungen für alle Bildungsgänge (Hauptschulabschluss, Mittlerer Schulabschluss, Abitur, Abschlüsse im berufsbildenden Schulwesen, z. B. Abschlüsse der Kammerprüfungen)
- Ergebnisse verbindlicher Schulprogrammentwicklung, schulinterner Evaluationen und Dokumentationen zum Qualitätsmanagement.

Die Schulen stehen häufig hilflos vor diesen Datenbergen, die Behörden vielfach auch, wenngleich sie sich zunehmend Expertise verschaffen, indem sie Bildungsforscherinnen und -forscher einstellen. In den USA, wo diese Entwicklung schon viel früher eingesetzt hat, geht inzwischen das Schlagwort DRIP um: Data Rich, Information Poor.

Wenn man sich fragt, wie aus einer reichen Datenbasis ebenso reichhaltige Schulentwicklung wird, kann man in der Tat nicht von einem Automatismus ausgehen. Es stellt sich vielmehr eine Grundsatzfrage und darüber hinaus eine Fülle von praktischen Problemen.

Grundsatzfrage

Zunächst ist anzumerken, dass die Interpretation von Daten durch die Schulen nicht nur ein technisches Problem ist (z. B. Was ist eine Standardabweichung?), sondern auch Wertfragen aufwirft. Ob eine Schule ein Datum positiv sieht, negativ oder gar als belanglos einschätzt, hängt wesentlich vom Wertsystem der Beteiligten ab, das auf unterschiedlichen Vorstellungen und mentalen Modellen von Lernen beruht. Solche Wertunterschiede können vermutlich über Leitbilder und Schulprogramme ein Stück weit expliziert und ein gemeinsamer Grund kann gefunden werden, so minimal er auch sein mag.

Das Grundsatzproblem liegt noch etwas tiefer, weil es das ungeklärte Problem von Diagnose und Therapie oder Wissen und Handlung betrifft.

Exkurs: Was extern als Steuerungwissen gilt, wird intern als Intervention gedeutet

Die Frage nach dem Verhältnis von wissenschaftlichem Wissen und praktischem Handeln stellt sich vor allem auf der Ebene von Einzelschulen: Was bewirken die Rückmeldungen der Ergebnisse großflächiger Schülerleistungsmessungen für die Entwicklung einer konkreten Schule? Um sie beantworten zu können, muss zunächst bedacht werden: Was extern, also auf der Systemebene der Politik und Behörden als Steuerungswissen gilt, wird (schul-)intern als Intervention gedeutet. Diese Antwort ist eine These. Sie ist allerdings plausibel durch das Interventionsverständnis der beiden dominierenden sozialwissenschaftlichen Theorien zu begründen, der Systemtheorie und der Handlungstheorie.

a) Intervention aus Sicht der Systemtheorie

Die Systemtheorie behandelt Wissen als universales Steuerungsmedium. Dies ist ein zentraler Aspekt für die Rückmeldung der Ergebnisse von Leistungsuntersuchungen, ist es doch verheißungsvoll, durch außerschulisch aufbereitetes Wissen innerschulische Entwicklungen in Gang zu setzen – und dies auch noch in eine Richtung zu steuern, wie sie von der Systemebene gewünscht wird.

Dass sich dies umstandslos realisieren ließe, beruht allerdings auf einer *Steuerungs-Illusion.* Denn jede *Rückgabe* von Wissen an die Schulen ist *Eingabe* von externem Wissen in die Schule. Wichtiger noch, jede Rückgabe wird innerschulisch als *Intervention* verstanden, und solche Interventionen sind prinzipiell prekär.

Wir verdanken der Systemtheorie wichtige Erkenntnisse darüber,

> „wie voraussetzungsvoll die gezielte Beeinflussung komplexer Systeme und wie unwahrscheinlich gelingende Intervention ist" (Willke 1994, S. VII). Dies ist plausibel, weil
> Schulen komplexe, d. h. nicht-triviale Systeme, sind, in denen Interventionen als selbst-erzeugte Irritationen angesehen werden können und System und Einzelschule sich aufeinander in Form einer ganz eigentümlichen „strukturellen" Kopplung beziehen. (a. a. O. 122).

Diese Kopplung ist nicht-linear. Sie ist kontingent. Vieles, fast alles kann der Fall sein: Die Intervention wird nicht verstanden oder sie wird verstanden, aber nicht befolgt, sondern abgewehrt; möglichst, dass die Intervention verstanden und befolgt (aber meistens nur teilweise) wird.

Es kann sogar passieren, dass die Intervention nicht verstanden, aber trotzdem befolgt wird.

Alle Zwischenformen und Brechungen sind möglich. Denn:

> *Das System, in das interveniert wird, entscheidet (zum Großteil) selbst, wie es (und ob es) die Intervention verarbeitet.*

Das liegt u. a. daran, dass

> „Systeme ... nicht planvoll interne Realitäten (konstruieren), sondern sie evolutionär und inkremental in Serien von Experimenten „aufbauen" (a.a.O. 16). Nicht-lineare Dynamik und Unvorhersehbarkeit, Emergenz genannt, sind kennzeichnend für Prozesse dieser Art.

b) Intervention aus Sicht der Handlungstheorie

Von den Handlungstheorien ist insbesondere die Version von Argyris (1997) interessant, weil sie Interventionshandeln ausdrücklich thematisiert. Sie geht von einer Handlungsfolge von (Leit-) Werten, Aktionsstrategien und Konsequenzen aus, die von zwei grundlegend unterschiedlichen Handlungsmodellen bestimmt wird (vgl. Abb. 1):

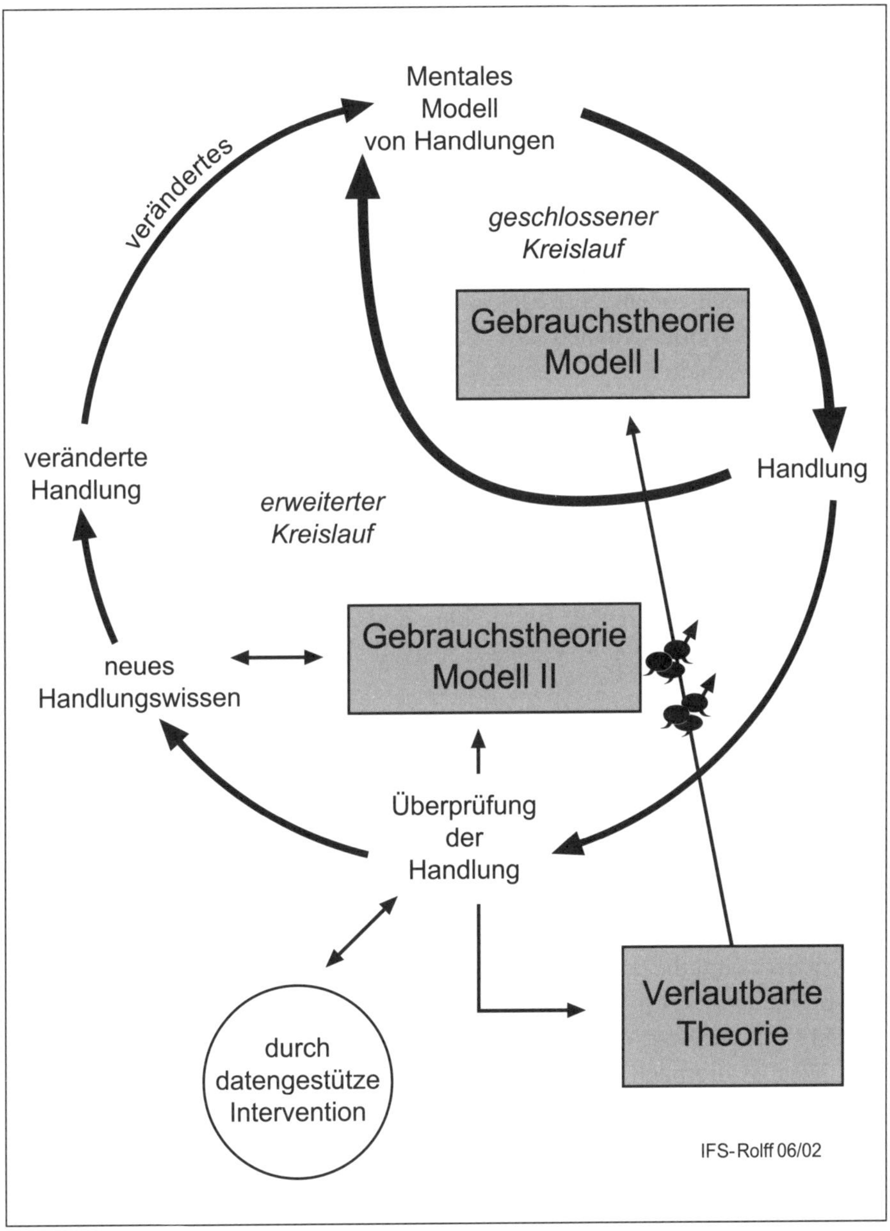

Abb. 1: Handlungs-Kreislauf

Bestimmend ist zunächst eine sog. *Theory-in-use, Modell I*, die das allgemein gebräuchliche Handlungsmodell darstellt; davon sind alle Akteure auch entgegen ihrer Selbsteinschätzung durch Sozialisation und kulturell-organisatorische Gegebenheiten beherrscht. Die Leitwerte dieses Modells sind auf Abschottung und Durchsetzung der jeweils eigenen Handlungsrationalität gerichtet. Die darauf aufbauenden Handlungsstrategien der Akteure sehen vor, die Verteidigung der eigenen Position, die Beurteilung der Gedanken und Aktionen anderer, die Zuschreibung von Ursachen stets auf eine Weise so vorzunehmen, dass sie von anderen Menschen nicht untersucht und nicht ohne Weiteres getestet werden können. Die Konsequenzen sind „defensive Routinen" wie Abwehrverhalten/Vertuschen mikropolitischer Zusammenhänge/Verteidigungsverhalten oder Prozesse, die sich selbst verriegeln.

Anspruchsvolles individuelles und organisatorisches Handeln erfordert demgegenüber das Erlernen eines anderen Handlungsmodells: Der *Theory-in-use, Modell II*. Gegenüber Modell I ist dieses gekennzeichnet durch die Leitwerte relevanter Information und freier und informierter Entscheidung, damit *Fehler entdeckt* und korrigiert werden. Aus diesen Leitwerten folgen Aktionsstrategien, die Verteidigung, Beurteilung und Zuschreibung so anlegen, dass *Andere überprüfen können*, wie diese zustande kommen. Damit wird Abwehrverhalten reduziert.

Während defensive organisationale Routinen nach Modell I in einem sich selbst verstärkenden Prozess Strategien des „Überspielens" hervorbringen, ist es das Ziel von *Interventionen*, diese Systematik von Lernblockaden zu dechiffrieren und zu überwinden. Die für Modell II erforderlichen Fähigkeiten können allerdings nur durch eine langfristige Praxis organisationalen Lernens erworben werden, – eben weil die stets noch wirksame Modell-I-Orientierung dies beständig verhindert.

Argyris nennt diese handlungsleitenden Theorien „mentale Modelle".

Von der *Theory-in-use* (Gebrauchstheorie), die das tatsächliche Handeln „steuert", ist die sog. *Espoused theory* (verlautbarte Theorie) zu unterscheiden. Dies ist die nach außen geäußerte Theorie des Handelns, die Handeln plausibilisieren soll. Sie ist häufig Alltagsideologie, die Handeln eher legitimiert als aufklärt. Sie bewegt sich aus gesellschaftlich erwünschten Gründen gern auf der Ebene des Modells II („Lernende Organisation"), auch wenn das konkrete Handeln auf der Ebene des Modells I verharrt.

Es ist damit zu rechnen, dass *Daten-Rückmeldungen* auf Schulen treffen, die auf der Ebene des Modells I agieren, die Gespräche über Datenrückmeldungen jedoch auf Ebene des Modells II hieven und in die aufgesetzte *Espoused-theory* integrieren, ohne dass das tatsächliche Handeln davon berührt wird. *Interventionen* müssten Lernblockaden erst einmal dechiffrieren und dann überwinden, was möglich, aber mühselig und zeitraubend ist – und vermutlich aus eigener Kraft und im eigenen Saft nicht allzu häufig gelingt.

Interventionen kommen nur im erweiterten Handlungskreislauf vor. Sie sind als „Überprüfung der Handlung, auch durch andere" zu verstehen, welche neues Handlungswissen anbietet und eventuell auch verändertes tatsächliches Handeln zu stimulieren vermag. Interventionen sind in diesem Modell immer datengestützt und insofern für Datenrückmeldungen prädestiniert. Es bleibt allerdings auch hier die Frage offen, wie und auf welche Weise die Daten vom Handlungssystem verarbeitet werden. Diese Frage stellt sich sowohl für Daten, die im Handlungssystem selbst als auch für solche, die extern erhoben und verarbeitet werden.

Fazit: Rückmeldungen und Nutzung sind zweierlei Welten

Rückmeldungen von Daten und politische wie innerschulische Nutzung sind zweierlei Welten, die jeweils eigenen Regeln gehorchen. Die Daten stammen aus der Welt der Wissenschaft, die Nutzung passiert in der Welt der politischen und pädagogischen Praxis. Die Handelnden in der erstgenannten Welt wissen mehr als sie können, die Handelnden in der letztgenannten können mehr als sie wissen. Und zumeist stammen die Gebrauchstheorien der Bildungsforscher und der Bildungspolitiker aus einer anderen Welt als die Gebrauchstheorien der Lehrpersonen.

Beim Verhältnis von Datenrückmeldungen und Nutzung handelt es sich um ein *Juxtapositionsverhältnis*, also um eine Nebeneinanderstellung und nicht um ein unmittelbares Ineinandergreifen (vgl. Abb. 1). Ein solches Juxtapositionsverhältnis betrifft nicht nur die Bildungs- und Sozialwissenschaften, sondern die Umsetzung wissenschaftlichen Wissens generell.

Eine unmittelbare Umsetzung von Daten ist also im Schulbereich schon allein deshalb nicht möglich, weil die Rückmeldedaten zunächst wissenschaftliches und nicht Handlungswissen darstellen. Wissenschaftliches Wissen muss in einem komplizierten Prozess erst in Handlungswissen für die Praxis („Wissen in Aktion") übersetzt werden. Die Wirksamkeit wissenschaftlichen Wissens hängt nicht nur von den Ergebnissen und der Präsentation, sondern auch vom Handlungskontext ab, d. h. ob es sich um einen Modell I- oder -II-Kontext nach Argyris handelt.

Beispielsweise weiß man inzwischen viel über das Bedingungsgefüge effektiver Schulen, aber nicht, wie man es in Handeln über- oder umsetzt.

Datenrückmeldungen treffen vermutlich auf die „verlautbarten Theorien" der Lehrpersonen, die das Handeln eben nicht steuern, sondern eher legitimieren. Schulen werden indes mehr von praktischem Handlungswissen bestimmt, von der „Gebrauchstheorie". Nicht wissenschaftliche Theorien, sondern mentale Modelle oder Alltagstheorien von Lehrern auf der Ebene der Gebrauchstheorie, Modell I, leiten in der Regel das Handeln.

Zudem ist wissenschaftliches Wissen über Unterricht nach wie vor ziemlich rar. Wissenschaftliches Wissen über Schülerleistungen ist wohl vorhanden. Jedoch steht praktisches Wissen oder Handlungswissen über die *Verbesserung* der Schülerleistungen kaum zur Verfügung.

Dennoch kann man die beiden Welten der Daten-Rückmeldung und der Daten-Nutzung verkoppeln, wenngleich nur verhältnismäßig lose: durch Kontextsteuerung (nach Willke) und durch Schulentwicklung. Wenn man sich dabei an der Handlungstheorie von Argyris orientiert, dann sind Interventionen nicht nur als Störungen anzusehen. Sie geben auch Handlungsimpulse und sind darüber hinaus geeignet, den geschlossenen Kreislauf der (häufig) defensiven Routinen gezielt zu durchtrennen und zum erweiterten Kreislauf zu öffnen. Das kann durch datenerzeugte Selbstaufklärung der Betroffenen geschehen, durch interne oder öffentliche Provokation anhand von Datenvergleichen und durch interne oder externe Beratung anhand und auf der Grundlage der Daten. Dann trägt die Rückmeldung herausfordernder und richtungsweisender Daten dazu bei, die Unzulänglichkeiten und Verzerrungen der Gebrauchstheorie, Modell I, zu erkennen und Lösungen auf der Ebene des Modells II zu versuchen.

Auswertungsdidaktik

Es ist noch nicht klar, wie angesichts des komplizierten Juxtapositionsverhältnisses die Schulen die Daten am produktivsten nutzen. Es bietet sich vermutlich ein Dreischritt an:

1. Gemeinsame Analyse der Daten (in Fach- oder Jahrgangskonferenzen bei Fachleistungsdaten, in Stufen- oder gesamtschulischen Konferenzen und den übrigen)
2. Gemeinsame Bestimmung eines Entwicklungsschwerpunktes
3. Umsetzung durch Schulentwicklungsprojekte.

Für die gemeinsame Datenanalyse mögen die folgenden Hinweise nützlich sein:

- Was überrascht?
- Wo sind die größten Diskrepanzen zwischen
- Ist/Soll und
- Angaben von Schülerinnen und Schülern, Lehrerinnen und Lehrern und vielleicht Eltern und was bedeuten sie?
- Welches sind die drei oder vier bedeutsamsten Ergebnisse?

Praktische Probleme: Leitfragen

Für das Grundsatzproblem der Juxtaposition gibt es offenbar keine grundsätzliche Lösung. Was jedoch aussichtsreich erscheint, sind praktische Lösungen, von denen es im Schulentwicklungskonzept eine Vielfalt gibt. Es ist Angelegenheit der Schulen, sich praktische Folgerungen angesichts der Datenlage einfallen zu lassen und sie auszuprobieren. Es gibt nicht nur eine Lösung, sondern mehrere. Und deshalb ist es Aufgabe der Wissenschaft, diese Lösungen zu untersuchen und mit den Schulen zusammen zu reflektieren. Dann wird sich die Spreu vom Weizen trennen und es können Erfolg versprechende Lösungen von Sackgassen unterschieden werden.

Im Augenblick lassen sich mindestens zehn (offene) Probleme unterscheiden, die sich anhand von Leitfragen formulieren lassen:

Wer erhält welche Daten rückgemeldet?

Dies ist vielleicht die entscheidende, weil angstbesetzte Frage. Werden die Ergebnisse der einzelnen Klassen an die Schulöffentlichkeit gehen und vielleicht sogar in der Zeitung stehen? Öffentlichkeit, auch breite, wäre kein Problem, wenn sichergestellt werden kann, dass ein Klassenergebnis nicht einem Lehrer verursachend zugeschrieben wird. Aber kann das sichergestellt werden? Plausibel begründbar ist, dass Daten den Fachlehrern, Klassenlehrern und der Schulleitung rückgemeldet werden. Nur dann ist zu erwarten, dass sie gewissenhaft besprochen werden und versucht wird, vor diesem Hintergrund Ideen zu Schulentwicklung zu generieren.

Sollten Daten individualdiagnostisch verwendet werden?

Fraglich ist, ob die Ergebnisse von Schulleistungstests auf Schülerebene ausgewertet und zur Diagnose der Lernleistung oder gar der Leistungsfähigkeit (Stärken und Schwächen) von individuellen Schülerinnen und Schülern verwendet werden sollen. Expertinnen und Experten warnen davor, indem sie betonen, dass die hier genannten Tests nicht für diagnostische Zwecke konstruiert wurden und dass die Fehlerwahrscheinlichkeit (der „Schätzfehler“) auf individueller Ebene vor allem an den „Rändern“ viel zu groß ist. Individualdaten sind nicht „robust“, wie man gern sagt. Schulen sind auf der sicheren Seite, wenn sie die Schulleistungsdaten zu Schul- oder auch zur Klassendiagnose benutzen, nicht aber zur Individualdiagnose.

Sollten Individualdaten an die Eltern weitergeleitet werden?

Die Antwort ergibt sich aus der Antwort zur zweiten Leitfrage: Die Eltern sollten keine nicht-robusten Individualdaten erhalten, wohl aber Klassendaten und in den Mitbestimmungsorganen auch Schuldaten. Es kann auch interessante Anregungen für Schulentwicklung geben (und auch Unterstützung dazu), wenn die Eltern die Daten intensiv diskutieren und interpretieren.

Was bewirken Datenrückmeldungen für das Lehrer-Eltern-Verhältnis?

Wir wissen keine erfahrungsgestützte Antwort. Datenrückmeldungen sind sehr neu für Eltern, zum Großteil noch unbekannt. Aber es scheint eine ambivalente Angelegenheit zu sein, die es verdient, empirisch genauer untersucht zu werden. Daten könnten eine objektivierende Grundlage für eine engere Zusammenarbeit und Anlass für mehr Elternbeteiligung sein. Daten könnten aber auch Anlass für engen Egoismus werden („Kümmern Sie sich gefälligst mehr um mein Kind") und für amateurhaftes Hineinreden in professionelle Angelegenheiten der Lehrperson.

Wie häufig sollten Daten erhoben und rückgemeldet werden?

Bis vor kurzem wurden Leistungsdaten an deutschsprachigen Schulen gar nicht erhoben und jetzt scheint das jedes Jahr zu passieren. Das hat vielfach zur Folge, dass die Daten aus dem letzten Jahr noch gar nicht verdaut sind und schon wieder neue Daten aus diesem Jahr den Schulen über den Zaun geworfen werden. Schulen müssen erst lernen, mit Daten produktiv umzugehen und die entsprechenden Lernerfahrungen wären systematisch auszuwerten, was Zeit kostet. Damit Schulen nicht in Daten ersticken und bloß Abwehrstrategien entwickeln scheint ein zweijähriger Turnus angemessener zu sein als ein einjähriger.

Welches ist die Rolle von Fachkonferenzen?

Fachkonferenzen sind der geeignete, ja der zentrale Ort für die Umsetzung von Schülerleistungsdaten in fachbezogene Unterrichtsentwicklung. Auch wenn jeweils nur die Fachlehrer einer Jahrgangsgruppe (3. bzw. 4. Klassen und 8. bzw. 9. Klassen) von Datenerhebungen bzw. Rückmeldungen „betroffen" sind, ist es sinnvoll, sie in den Fachkonferenzen mit allen Fachlehrern zu analysieren und Ideen zur Weiterentwicklung des Unterrichts zu entwickeln. Denn erstens sind im Laufe der Jahre alle Lehrpersonen „dran", und zweitens gilt es über Vorbereitungen in den unteren Jahrgängen ebenso nachzudenken wie über Fortsetzungen in den oberen.

Welches ist die Rolle der Schulleitungen?

In vielen, vielleicht in den meisten Schulen wird DIS gar nicht stattfinden, wenn nicht eine Leitungsperson dafür sorgt. Daten werden gern beiseite gelegt oder durch Schmuseinterpretationen verharmlost.

Deshalb sind die Schulleitungen gefordert, die datenerhaltenden Fachlehrpersonen aufzufordern, sich zur Dateninterpretation zusammenzusetzen und die drei weiter oben genannten Auswertungsschritte zu gehen. Diese Fachlehrerinnen und -lehrer sollten der Schulleitung und den betroffenen Fachlehrpersonen berichten.

Welches ist die Rolle der Steuergruppe?

Die Steuergruppe ist für schulweite Entwicklungsprozesse zuständig, also in erster Linie für gesamtschulische Daten. Sie könnte eine Auswertungskonferenz mit allen Lehrpersonen entlang der genannten drei Auswertungsschritte organisieren und die Ergebnissicherung bzw. Auswertung vornehmen. Sie könnte darüber hinaus versuchen, die gesamtschulische DIS mit der fachbezogenen DIS systematisch zu verknüpfen, – wer sollte dies sonst bewerkstelligen?

Die Steuergruppe sollte die Möglichkeit haben, externe Begleiter anzufordern, die sie auf dem neuen Gebiet der Datenanalyse praxisnah schulen und bei der Umsetzung in Schulentwicklung (mit dem Schwerpunkt Unterrichtsentwicklung) beraten könnten.

Welches ist die Rolle der Schulaufsicht?

Dies ist eine schwierige Frage. In allen bisher bekannten Praxen der DIS erhält die Schulaufsicht die Daten. Bei Daten, die die Schulen selber erhoben haben, gilt Personenschutz, bei extern erhobenen Daten ist dieser nicht unbedingt gegeben.

Aber was soll die Schulaufsicht mit den Daten anstellen? Das ist eine offene Frage. Die Schulen durch Zielvereinbarungen zu Umsetzungsmaßnahmen bringen? DIS-Konferenzen mit der Schule veranstalten? DIS-Dialoge mit der Schulleitung führen? Oder die Daten nur zur Kenntnis nehmen und die

Nutzung der neu entstehenden Schulinspektion und den Schulberatungsdiensten überlassen?

Welches ist die Rolle der Wissenschaft?

Es gibt zur *next practice* der DIS offenbar viele Fragen, aber nur wenig gesicherte Antworten. Deshalb ist hier die Schulforschung gefragt, wie wohl auf kaum einem anderen Gebiet der Schulentwicklung. Die Wissenschaft hätte zu klären, welche Variante sich unter welcher Bedingung variiert und welche nicht.

Schluss

DIS wird kommen, ist in den meisten Ländern schon da. Was sie bewirkt, steht allerdings noch in den Sternen. Aber dass darin ein positives Potenzial steht, ist nicht zu übersehen:

Denn datengestützt über die eigene Praxis zu reflektieren, ist der Kern von professionellen Lernprozessen. Das gilt für Lehrpersonen wie für Schulleitungen. Deshalb könnte aus DIS der Königsweg zur lernenden Schule werden.

Literatur

Argyris, Ch. (1997). *Wissen in Aktion.* Stuttgart: Klett-Cotta.
Willke, H. (1994). *Systemtheorie II (Interventionstheorie).* Stuttgart: Enke.

Transitionen und Bildungsmonitoring – Offene Fragen am Beispiel des Übergangs vom Kindergarten in die Grundschule

Dietmar Sturzbecher

Zusammenfassung

Der folgende Beitrag befasst sich mit der Gestaltung von Übergängen bzw. „Transitionen" zwischen Bildungsinstitutionen am Beispiel des Übergangs zwischen Kindergarten und Grundschule. Da im Verlauf der ersten Grundschuljahre bei vielen Schülerinnen und Schülern eine kontinuierliche Abnahme der Lernmotivation beobachtbar ist, wird die Frage aufgegriffen, inwiefern dies mit einem nicht gelungenen Übergang in Zusammenhang steht. Es werden Faktoren erläutert, die beim Gelingen oder Misslingen von Übergängen eine Rolle spielen. Vor diesem Hintergrund wird einerseits diskutiert, wie Übergänge so gestaltet werden können, dass die natürliche Lernfreude und Lernmotivation von Kindern erhalten bleiben und zusätzlich gefördert werden. Andererseits werden Fragen aufgeworfen, wie Bildungsmonitoring die dazu notwendigen Prozesse erhellen und flankieren könnte[1].

Die Ergebnisse international vergleichender Schulleistungsstudien weisen auf die große Bedeutung hin, die Schlüsselqualifikationen wie das selbstregulierte Lernen und eine damit einhergehende anhaltend hohe Lernmotivation für den Schulerfolg haben. Ziel des selbstregulierten Lernens ist das lebenslange Lernen, d. h. die Fähigkeit, das eigene Lernen individuell oder in Gruppen zu organisieren und zu regulieren. Wie bei vielen anderen erworbenen Fähigkeiten, so haben auch beim selbstregulierten Lernen insbesondere frühkindliche Erfahrungen einen entscheidenden Einfluss auf die weitere Entwicklung dieser

1 Dieser Beitrag entstand unter Mitarbeit von Herrn Kai Breitling (IFK an der Universität Potsdam). Ihm sei an dieser Stelle herzlich dafür gedankt.

Kompetenz im Lebensverlauf. Eine wichtige Erfahrung in diesem Zusammenhang stellt der Übergang zwischen Bildungsinstitutionen dar, und dies gilt in besonderem Maße für den ersten Übergang des Kindes im öffentlichen Bildungssystem vom Kindergarten zur Grundschule. Hier hat sich gezeigt, dass der Übergang umso besser gemeistert wird, je besser Kinder bereits zu Schulbeginn mit Lernkompetenzen ausgestattet sind: Das „Lernen des Lernens" sollte also bereits im Vorschulalter beginnen.

Obwohl die Forschung zu Übergängen bzw. „Transitionen" im Bildungssystem sicher noch Lücken aufweist, kann als gesichert gelten, dass Übergänge für das Individuum immer Herausforderungen darstellen und somit sowohl Chancen eröffnen als auch Risiken bergen. Dies geht auch aus der Definition von Wöez (2004) hervor: „Als Transitionen werden komplexe, ineinander übergehende und sich überblendende Wandlungsprozesse bezeichnet, wenn Lebenszusammenhänge eine massive Umstrukturierung erfahren [...]. Charakteristisch dabei ist, dass das Individuum dabei Phasen beschleunigter Veränderungen und eine besonders lernintensive Zeit durchmacht." Dies gilt auch für Transitionen zwischen den Bildungsinstitutionen.

Risiken für den Verlust an Lernmotivation beim Übergang zwischen Bildungsinstitutionen resultieren aus der Wechselwirkung zwischen den Anforderungen des Wandels der Lern- und Lebensbedingungen beim Übergang einerseits und der Verarbeitung des Wandels durch das Individuum andererseits. Diese Verarbeitung, die sowohl von den psychischen und sozialen Ressourcen der Betroffenen als auch ihrer individuellen Entwicklungsdynamik abhängt, wird durch fünf Prinzipien moderiert (Elder & Caspi 1991):

- *Kontrollzyklen*: Wandel stört die individuelle Balance von Ansprüchen und Ressourcen und führt oft zu Kontrollverlust; Kompetenzerwartungen und Versagensängste wechseln sich dabei zyklisch ab.
- *Situative Gebote*: Wandel schafft neue, oft belastende Anforderungen an die Alltagsorganisation. Nicht nur die großen Herausforderungen, sondern auch die kleinen Zwänge und Notwendigkeiten wollen bewältigt werden. Mit Schuleintritt wird man beispielsweise einem strengeren Zeitregime unterworfen und muss Hausaufgaben anfertigen.
- *Selektive Akzentuierung von Dispositionen*: Die Anpassung an den Wandel erfolgt durch die Herausstellung und Ausformung vorhandener Persönlich-

keitseigenschaften entsprechend ihrer situativen Nützlichkeit. Auch gravierender Wandel führt zu keiner grundlegenden Persönlichkeitsänderung.
- *Soziale Interdependenz*: Die (erfolgreiche) Bewältigung des Wandels hängt von der sozialen Responsivität des sozialen Umfeldes ab. So ist beispielsweise bedeutsam, ob die Familienangehörigen im Falle von (Schul-)Versagen mit Unterstützung, Ignoranz oder Spott reagieren.
- *Entwicklungsstufenprinzip*: Die (erfolgreiche) Bewältigung wandlungsbedingter Entwicklungsaufgaben hängt vom erreichten Entwicklungsstand ab. Förderorientierte Entwicklungsdiagnostik vor und während eines Übergangs im Bildungssystem begünstigt beispielsweise den Entwicklungserfolg, da auf diese Weise der Entwicklungsstand bei der pädagogischen Gestaltung von Entwicklungsbedingungen berücksichtigt wird.

Besonders gut zeigt sich der Zusammenhang zwischen Bildungsübergängen und der Entwicklung von Lernmotivation am Beispiel des Übergangs vom Kindergarten zur Grundschule. Die möglichen Folgen eines (nicht) gelungenen Transitionsprozesses sind weitreichend. So hat die Bewältigung des Schulübergangs und von Misserfolgen in den ersten Schuljahren einen maßgeblichen Einfluss auf die weitere Schulkarriere. Unterschiede in der individuellen Schulleistung bleiben nach den ersten Schuljahren relativ stabil. Zudem stärkt ein gelungener Übergang das positive Selbstbild und die Lernmotivation des Kindes sowie sein Interesse am lebenslangen Lernen. Ein problematischer Übergang wird hingegen zu einem bedeutenden Stress- und Risikofaktor (Alexander & Entwisle 1988; Crapp & Mandl 1973).

Insbesondere die Abnahme der Lernmotivation kann als Indikator für Schwierigkeiten beim Übergang gewertet werden. Dies konnten Landua & Sturzbecher (2008) im Rahmen einer standardisierten Schülerbefragung zum Thema „Soziale Schulqualität“ illustrieren. 1145 Kinder der ersten bis vierten Klassen wurden unter anderem zu ihrer Schulmotivation befragt. Die Ergebnisse zeigen: Der Anteil von Kindern mit hoher Lernmotivation halbiert sich in den ersten vier Schuljahren sowohl bei Jungen als auch bei Mädchen, wobei der Wert bei den Mädchen generell immer etwas höher liegt als bei den Jungen (siehe Abb. 1 und 2).

Zur Aufklärung von möglichen Ursachen für diese Motivationsverluste bzw. zur Gewinnung diesbezüglicher Hypothesen ebenso wie zur Ableitung

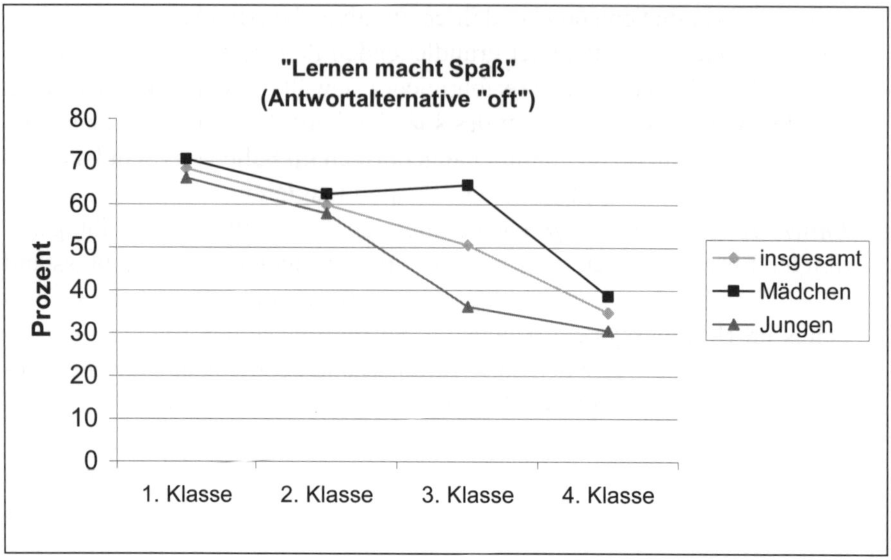

Abb. 1: „Lernen macht Spaß"

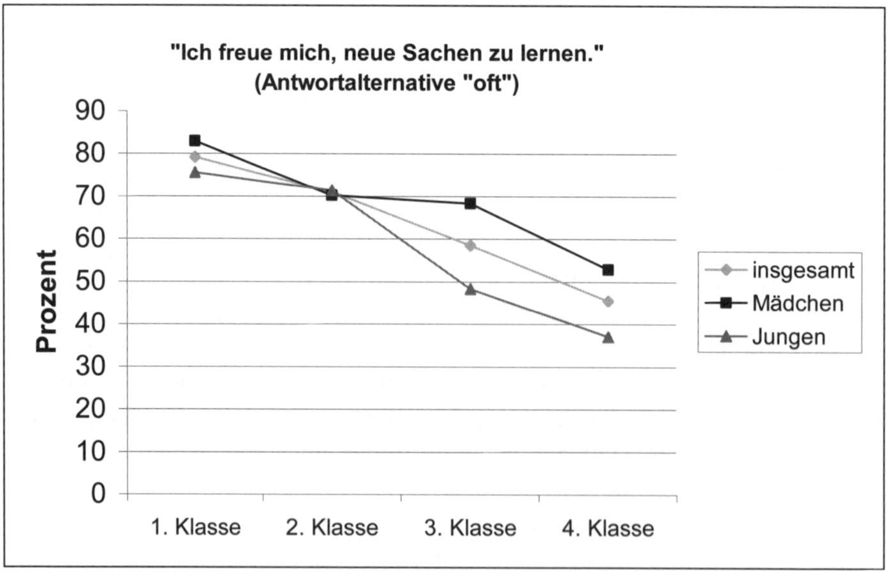

Abb. 2: „Ich freue mich, neue Sachen zu lernen"

von Schlussfolgerungen für das Bildungsmonitoring kann auf die o. g. fünf Wirkprinzipien von Elder & Caspi (1991) zurückgegriffen werden:

- *Kontrollzyklen*: Übergänge verunsichern den Einzelnen; er schwankt zwischen Hoffnungen und Ängsten und wird verletzlich. Kennen wir die individuellen Ansprüche und Ressourcen der Kinder beim Übergang vom Kindergarten in die Grundschule ausreichend? Tauschen sich die Eltern, die Erzieherinnen und Erzieher und die künftigen Unterstufenlehrerinnen und -lehrer der Kinder über diese Themen aus oder werden die Ansprüche und Ressourcen der Kinder wie auch ihr subjektives Kontroll- und Belastungserleben nur punktuell und erst im Falle von Lernschwierigkeiten wahrgenommen und thematisiert? Brauchen wir vielleicht im Rahmen des Bildungsmonitoring mehr kindzentrierte Diagnostik auch im Hinblick auf das kindliche Erleben der Bildungskultur in den verschiedenen Bildungsinstitutionen, zwischen denen es wechselt?
- *Situative Gebote*: Es ist davon auszugehen, dass sich die Alltagsanforderungen an die Kinder beim Übergang vom Kindergarten in die Schule abrupt und schwerwiegend verändern. Damit sind nicht nur das pünktliche morgendliche Aufstehen und ein verbindlicher Tagesplan gemeint. Den Schulübergang assoziieren Kinder mit anstrengender Arbeit, anerkennender Leistungsbewertung und daraus resultierend auch mit dem Erwerb von Freizeit- und Erholungsansprüchen: Es wird in der Schule eben nicht mehr „nur gespielt" wie im Kindergarten. Damit sich diese kindlichen Erwartungen erfüllen können, muss aber eine Reihe von Voraussetzungen geschaffen werden, zu denen das Vorhandensein von Arbeitsmöglichkeiten und von Zeit für ungestörtes Arbeiten beispielsweise für die Hausaufgaben genauso gehören wie eine „dosierte Hilfe" bei Arbeitsproblemen. Es erscheint nicht ausgeschlossen, dass diese Voraussetzungen und Anforderungen bei Übergängen vom sozialen Umfeld unterschätzt werden, weil sie im jeweiligen neuen Kontext die Normalität darstellen und mit dem bisherigen Kontext nicht verglichen und koordiniert werden. Muss man Kindern (und Eltern, s. u.) die künftige Normalität (z. B. die Anfertigung von Hausaufgaben) vielleicht langfristiger, instruktiver und damit schonender vermitteln, als dies bei Übergängen bislang geschieht?
- *Selektive Akzentuierung von Dispositionen*: Menschen ändern sich bei Übergängen nur punktuell und selten nachhaltig; jede und jeder bleibt auch

unter dem Eindruck neuartiger Anforderungen mit unterschiedlichen Spielräumen „die oder der Alte“ und stellt heraus, was in ihr oder ihm steckt und gerade nützt. Neugier und Lernfreude werden genauso wie Verhaltensauffälligkeiten und Konzentrationsschwierigkeiten auf diese Weise teilweise beim Übergang zwischen den Bildungsinstitutionen „transportiert“. Inwieweit erscheint es wünschenswert, dass das „institutionelle Wissen“ über die Arbeits- und Persönlichkeitseigenschaften von Kindern ebenfalls zwischen den Bildungsinstitutionen transportiert wird? Wäre dies eine hilfreiche Voraussetzung für eine frühzeitige und angemessene Förderung oder würde dies zu einer „sozialen Etikettierung“ führen, die die möglichen Chancen des Übergangs für das einzelne Kind eher verschüttet als erschließt?
- *Soziale Interdependenz*: Kein Lebensereignis ist gut oder schlecht an sich, sondern es gewinnt seine Bedeutung erst durch die Interpretationen und Reaktionen des sozialen Umfelds und vor allem der Familie. Die Familien der Kinder verbinden mit dem Übergang vom Kindergarten in die Schule in der Regel hohe Erwartungen an die Schulanfänger: Ganz selbstverständlich wird davon ausgegangen, dass sich der Übergang problemlos vollzieht oder im Falle von Problemen doch zumindest alles Notwendige zu ihrer Bewältigung von der Schule veranlasst wird. Wäre es nicht angemessener, mehr oder minder große „Übergangsprobleme“ als Normalität anzusehen, deren Bewältigung man durch ein vorbeugendes und abgestimmtes Unterstützungssystem von Schule und Elternhaus fördern muss? Was wissen wir über die familiären Unterstützungsleistungen beim Übergang von Kindern vom Kindergarten zur Grundschule? Wie können wir diese Unterstützungsleistungen im Einzelfall erfassen und optimieren?
- *Entwicklungsstufenprinzip*: Die Gefahr liegt nahe, Kinder beim Übergang vom Kindergarten zur Grundschule zu über- oder unterfordern. Wie viel Eingangs- bzw. Eignungsdiagnostik erscheint wünschenswert, um diese Gefahr zu mindern? Oder lässt sich diese Gefahr durch Binnendifferenzierung und eine förderorientierte Diagnostik ausreichend kontrollieren?

Aus dieser Auflistung offener Fragen und möglicher Probleme wird deutlich, dass Übergänge zwischen Bildungsinstitutionen eine umfassende Adaptionsleistung des Kindes und seiner Umwelt erfordern. Die Hürden beim Übergang wachsen, wenn sich Lernkulturen mit dem Wechsel der Bildungsinstitutionen drastisch verändern und der Übergang zur „Schwelle“ wird. Unter „Lernkultur“ wird dabei die Gesamtheit der für eine bestimmte Zeit typischen Lernformen und Lehrstile sowie die ihnen zugrunde liegenden anthropologischen, psychologischen, gesellschaftlichen und pädagogischen Orientierungen verstanden. Ein wichtiger Bestandteil der Lernkultur ist die Sanktionierungskultur. Durch sie wird bestimmt, auf welche Anlässe und in welcher Form Lob oder Tadel erfolgen. Die Partizipationskultur hingegen bezieht sich auf die Einbindung des Lernenden in die Organisation des Lernens. Charakteristisch für den Übergang vom Kindergarten zur Grundschule ist in diesem Zusammenhang ein Wechsel von spielbasierten auf instruktive Lernformen. Um Brüche im Selbstwirksamkeitserleben und eine Abnahme der Lernmotivation zu vermeiden, muss das Ziel sein, Übergänge auch zwischen den Sanktionierungs- und Partizipationskulturen „sanfter“ zu gestalten.

Wie kann man solche „sanften Übergänge“ erreichen? Mögliche Ansätze dazu stellen eine Angleichung der Lernziele, eine frühe Förderung von Schlüsselqualifikationen (z. B. selbstreguliertes Lernen) sowie eine verstärkte Kooperation von Bildungsinstitutionen dar (Sturzbecher & Waltz 2003). Bei einer Annäherung der pädagogischen Konzepte von Kindergarten und Grundschule sollte unbedingt darauf geachtet werden, dass der spielerische Charakter der Lernumgebungen im Kindergarten übergangsweise bewahrt und eine Verschulung vermieden wird; das experimentierende Lernen und das Lernen im Spiel müssen erhalten bleiben, um den Gegensatz zwischen Spiel und instruktivem Lernen abzubauen. Eine stärkere individuelle Förderung beim Übergang kann durch die Ausdifferenzierung von Bildungsangeboten und Fördermöglichkeiten erreicht werden. Dies setzt jedoch eine adäquate flexible Personalausstattung voraus, wie sie in skandinavischen Ländern bereits gängige Praxis ist. Ein günstigerer Personalschlüssel müsste zudem mit einer verstärkten Fort- und Weiterbildung der Lehrkräfte einhergehen. Insbesondere Coaching-Modelle für Lehrerinnen und Lehrer zur individualisierten Entwicklungsförderung bei Übergängen erscheinen hier sinnvoll.

Voraussetzung für die Umsetzung solcher und weiterer Maßnahmen ist jedoch zunächst eine vergleichende Erfassung bestehender Lernkulturen in unterschiedlichen Bildungsinstitutionen. Hier kommt dem Bildungsmonitoring eine neuartige und wichtige Aufgabe zu, nämlich die empirisch gestützte Gewinnung von Indikatoren für Bildungsqualität, die beispielsweise sowohl im Kindergarten als auch in der Grundschule verwendbar sind. Während im Bereich der Schulleistungsforschung bereits recht umfangreich erprobte Instrumente existieren, bleibt bei der Entwicklung einer Methodik des Bildungsmonitoring im Bereich der Lernkulturen noch einiges zu tun. Eine Teilaufgabe besteht in diesem Zusammenhang beispielsweise darin, die Qualität von Kindergärten und Schulen hinsichtlich ihrer Anerkennungs- und Partizipationskulturen aus Schülersicht zu erfassen. Dafür müssen Kriterien entwickelt werden, anhand derer sich die Bildungskulturen vergleichend beschreiben lassen: Um die „Schwellenhöhe" beim Übergang vom Kindergarten zur Grundschule praxisdienlich zu bestimmen, ist ein einheitlicher Maßstab eine unverzichtbare Voraussetzung.

Literatur

Alexander, K. L. & Entwisle, D. R. (1988). Achievement in the first two years of school: patterns and processes. Monographs of the Society for Research. *Child Development 55* (2), 1–140.

Elder, G. & Caspi, A. (1991). Lebensläufe im sozialen Wandel. In: Engfer, A., Minsel, B. & Walper, S. (Hrsg.). *Zeit für Kinder!* Weinheim: Beltz.

Krapp, A. & Mandl, H. (1973). *Bedingungen des Schulerfolgs*. München: Urban & Schwarzenberg.

Landua, D. & Sturzbecher, D. (2008). *Externe Evaluation als Instrument der Schulentwicklung an Grundschulen. Abschlussbericht zum Projekt „Unsere Schule"*. Potsdam: IFK Vehlefanz an der Universität Potsdam

Sturzbecher, D. & Waltz, C. (2003). Kooperation und soziale Partizipation als Bedürfnis und Entwicklungsaufgabe von Kindern. In: Sturzbecher, D. & Großmann, H. (Hrsg.). *Soziale Partizipation im Vor- und Grundschulalter. Grundlagen*. München: Ernst Reinhardt, 13–44.

Wöez, T. (2004). Transitionen. Theoretische Grundlagen und Modell. In: Griebel, W. & Niesel, R. (Hrsg.). *Transitionen*. Weinheim: Beltz.

Konsequenzen aus Schulleistungsstudien und ihre Umsetzung in der Lehreraus-, -fort- und -weiterbildung

Willi Stadelmann

Die Arbeitsgruppe befasste sich mit den Zielen, Aufgaben und Möglichkeiten der Lehreraus-,-fort- und -weiterbildung (tertiäre Lehrerbildung) im Rahmen des Tagungsthemas „Entstehung und Umsetzung von Innovationen im Bildungssystem als Konsequenz aus Bildungsmonitoring, Bildungsberichterstattung und vergleichenden Schulleistungsstudien". Was tragen tertiäre Lehrerbildungsinstitutionen zur Steuerung des Bildungswesens bei? Welche Rolle spielen sie im Bildungsmonitoring?

Die wichtigsten Inputs des Leitenden der Arbeitsgruppe und Schlüsse aus den Diskussionen sind im Folgenden kurz zusammengefasst.

1 Allgemeine Bemerkungen zum Themenbereich der Arbeitsgruppe

An Institutionen der Lehrerinnen- und Lehrerbildung wird der Steuerungsthematik noch mit großer ***Skepsis*** begegnet. Vielerorts herrscht die Meinung vor, Bildung entziehe sich der Steuerung und Steuerung bedeute Manipulation der Bildung. Bildung und ihre Produkte seien *per definitionem* nicht messbar und damit auch nicht steuerbar, denn die Unmessbarkeit lasse die Gewinnung von Steuerungswissen nicht zu. Politische Steuerung sei auch ein Schlag gegen die Lehr- und Methodenfreiheit an Bildungsinstitutionen, lasse also Lehrende zu Marionetten werden. Verschiedene Autoren weisen darauf hin, dass Steuerung von Bildung und Bildungsinstitutionen sehr schwierig sei und bis jetzt keine eigentlichen Erfolge von politischen Steuerungsversuchen nachweisbar seien. „Alle bewusste Veränderung hechelt hinter der unbewusst längst vollzogenen hinterher, oder: Fortschritt ist immer nur die Verbesserung des Alten? Die Veränderung von Schule geht wohl ohnedies anders vor als die anderer Institutionen: erstens weil Menschen sich sehr viel langsamer verändern als die Verhältnisse und zweitens weil erst die Kinder, die eine veränderte Schule erlebt haben, sie als Erwachsene mit Selbstverständlichkeit verändert betreiben können – wenn schon wieder neue Veränderungen anstehen.“ (von Hentig 1987). Als Analyse der bewussten Gestaltung von Bildung und Bildungsinstitutionen bemerkt Dieckmann: „Bildungspraxis wird unter diesen Bedingungen zur Zeit nicht bewusst gestaltet oder aufs neue bedacht, sondern repariert und bestenfalls gemanagt.“ (Dieckmann und Schachtsieck (Hrsg.) 1998). Und Prof. Kurt Reusser zeigte in seinem Vortrag auf dieser Tagung auf, dass Personen, Institutionen und Systeme der Bildung „träge Lernende“ seien, „geprägt von tief sitzenden und nicht leicht zu ändernden (latenten) Überzeugungen und Gewohnheiten.“ Steuerung auf Grund von Steuerungswissen, eben als „Konsequenz aus Bildungsmonitoring, Bildungsberichterstattung und vergleichenden Schulleistungsstudien“ (Titel des OECD- Regionalseminars) scheint also ein schwieriges Geschäft zu sein. Insbesondere wohl auch, weil sich Bildungsinstitutionen gerne (mit Hinweis auf ihre Autonomie) der Steuerung von außen entziehen möchten. Und auch weil in Bildungskreisen ein Abwehrreflex gegen die „Ökonomisierung“ von Bildung weit verbreitet ist.

Trotz allem: Ich erachte Bildungsmonitoring, Bildungsberichterstattung und vergleichende Schulleistungsstudien als ausgezeichnete Instrumente, die „Steuerungswissen“ erzeugen und zu (gewünschten, begründeten und nicht zufälligen) Innovationen bzw. Konsolidierungen im Bildungswesen führen können. ***Steuerung ist nötig und wichtig für die Entwicklung und Optimierung von Bildungsinstitutionen.*** Steuern heißt hier: „[…] in einem sozialwissenschaftlichen Kontext Handlungen zu setzen und Entscheidungen zu treffen, die weitere Handlungen und Entscheidungen relevanter Akteure *in bestimmter Richtung* beeinflussen.“ In dieser Definition ist impliziert, dass Steuerungshandlungen nicht gleichsam ‚automatisch’ ohne individuelle und soziale Vermittlungsschritte ablaufen. Steuernde und Gesteuerte müssen innerhalb einer klaren Strategie mit klaren Zielen eng zusammenarbeiten. Versucht wird durch Steuerung, „die Zufälligkeit oder Beliebigkeit von Folgehandlungen einzuschränken.“ (Büeler, Buholzer, Roos (Hrsg.) 2005).

Bildung ist wichtiger Teil der Gesellschaft, der Kultur und damit ein Politikfeld, das professionell und demokratisch abgestützt geführt und gesteuert werden *muss*. Es ist also durchaus richtig, wenn zuständige politische

Instanzen gegründet auf Bildungsmonitoring Leistungsaufträge erteilen, „Bestellungen“ an die Bildungsinstitutionen abgeben, mit dem Ziel, Steuerungswirkung zu erzielen.

Mögliche Steuerungsziele sind: bildungspolitische Früherkennung („Frühwarnsystem“), Attraktivitätssteigerung von Ausbildung und Lehrerberuf, optimale Abstimmung von Ausbildung und Lehrerbedarf, optimaler Berufseinstieg („Praxisschock“ vermindern), Qualitätssteigerung, z. B. Erreichen definierter Standards, Effizienzsteigerung der Ausbildung (Ressourcen- Optimierung), Erhöhung der Kostentransparenz (nach: Lehmann et al. 2007),

Noch ist einiges an Entwicklungsarbeit zu leisten im Rahmen des Aufbaus und Ausbaus von Bildungsmonitoring, Bildungsberichterstattung und vergleichenden Schulleistungsstudien mit Steuerungswirkung. Praktische Erfahrungen müssen gesammelt werden. So haben wir noch kaum gesicherte Erfahrungen, welche der durch Bildungsmonitoring, Evaluation usw. erhobenen Daten wirklich als ***„Steuerungswissen“*** dienen können und welche nicht. Und auch wie „Steuerungswissen“ in der Praxis *wirklich* steuernd und entwickelnd auf (Hoch)-Schulen wirkt, und wer wie damit steuert, ist noch nicht abschließend geklärt und kommuniziert. Der OECD/CERI-Bericht *National Review of Educational R&D Switzerland* (2007) kritisiert den Mangel an Erfahrung und Forschung auf dem Gebiet der Steuerung zu Recht: In der Schweiz sei eine ungenügende Behandlung von Systemforschung, Effektivitäts- und Effizienzanalysen festzustellen und der geringe Impact der Forschungs- Ergebnisse auf Politik und Verwaltung sei auffallend. Zu bemerken ist dazu, dass der Impact auf die Bildungsinstitutionen dann noch viel geringer ist als auf Politik und Verwaltung. Viele Lehrpersonen verhalten sich immer noch sehr resistent gegenüber Resultaten aus der Bildungsforschung.

2. Die Rolle der Lehreraus- und -weiterbildung im Rahmen des Bildungsmonitorings

Kurt Reusser hat in seinem Vortrag auf dieser Tagung aufgezeigt, dass die Implementation von Bildungsstandards als Mittel zur Steuerung schwierig ist und viel ***Kommunikations- und Überzeugungsarbeit*** erfordert. Wichtig sei die „Sichtbarkeit einer Langzeitstrategie und Verlässlichkeit der politischen

Unterstützung bei der Umsetzung. Mit der erfolgreichen Einführung nationaler Bildungsstandards kann nur gerechnet werden, wenn die *politischen und pädagogischen Ziele* in einer *Langzeitstrategie* sichtbar werden und die politische Unterstützung nicht nur auf der rhetorischen Ebene, sondern auch auf der Ebene der Bereitstellung von Ressourcen gegeben ist." Den Akteuren in der Bildungspraxis müssen also die politischen und strategischen Ziele und die gesamte Langzeitstrategie nahegebracht werden, zusammen mit den jeweils beschlossenen Steuerungsentscheiden. Ich werde im Folgenden beschreiben, dass dabei die tertiären Lehrerbildungsinstitutionen eine wichtige Rolle spielen werden und müssen.

Bildungmonitoring steht und fällt mit der Verzahnung zwischen Wissenschaft (Forschung, Evaluation, Statistik), Bildungspolitik (und Bildungsplanung) und letztlich Bildungspraxis. Die Aufgabe der Wissenschaft und der Statistik besteht in Datenerhebung, Datensammlung, Datenanalyse/Datensynthese und dem Ziehen von Schlussfolgerungen aus den Daten (Generierung von „Steuerungswissen") mit dem Ziel, einen Bildungsbericht für die politischen Behörden zu verfassen. Die Bildungsplanung hat dann die Aufgabe, auf den Bildungsbericht abgestützte, relevante Steuer-Entscheide zuhanden der Bildungspolitik vorzubereiten. Die Bildungspolitik fällt und kommuniziert Steuer-Entscheide (Fördermaßnahmen, rechtliche Erlasse, Leistungsaufträge, finanzielle Maßnahmen usw.), sorgt für Unterstützung derer Umsetzung und gibt der Forschung/Evaluation den Auftrag, die Umsetzung der Steuer-Entscheide zu evaluieren und zu dokumentieren. Sie legt die weiteren Steuerungsziele fest. Damit kommt wieder die Wissenschaft ins Spiel. (vgl. Regelkreismodell für das Bildungsmonitoring in der Schweiz: EDK 2003).

In diesem Kreislauf spielen die Pädagogischen Hochschulen (oder allgemein die tertiären Lehrerbildungs- Institutionen) eine dreifache Rolle: (1) (Mit-)Erarbeiten von relevanten Daten, aus welchen „Steuerungswissen" gewonnen werden kann, durch wissenschaftliche Arbeiten in eigener Regie oder im Auftrag politischer Behörden; (2) Zusammenarbeit mit der Bildungsplanung für die Vorbereitung von Steuer-Entscheiden zuhanden der Politik; (3) Umsetzen von Steuerungsentscheiden in der eigenen Institution und Förderung der Umsetzung von Steuerungsentscheiden in den Schulen, z. B. durch das Angebot von Aus- und Weiterbildungen für Lehrpersonen, Coaches, Mitarbeiterinnen und Mitarbeiter von Bildungsverwaltungen usw.

Aus- und Weiterbildungen können einen bedeutenden Beitrag zur Kommunikation des Sinns und der (pädagogischen) Bedeutung von Steuerungsentscheiden und ihren angestrebten Wirkungen vermitteln. Im Sinne von *making sense*: "*Making policy* bedeutet *making sense*" (Norbert Maritzen auf dieser Tagung).

Tertiäre Lehrerbildungs-Institutionen haben also eine große Bedeutung als eigentliche ***Drehscheiben innerhalb des Bildungsmonitorings*** und der Umsetzung der Steuerungs-Entscheide. Auf diese Tatsache wurde in der Arbeitsgruppe immer wieder hingewiesen. Um die oben genannte Drehscheiben-Funktion auszuüben, müssen aber die tertiären Lehrerbildungsinstitutionen kompetente Personen qualifizieren, die in der Lage sind, entsprechende Aufgaben zu übernehmen. Wer hat denn heute in Verwaltungen und Hochschulen die Kompetenz, um wissenschaftliche Resultate in politische bzw. pädagogische Maßnahmen umzusetzen? Die Forschung ist nicht in der Lage, diese „Mediation" selbst zu leisten, und Personen mit Mediations-Kompetenzen in Verwaltung, Politik und Hochschulen fehlen weitgehend. Es gehört klar zur Aufgabe der Hochschulen, solche Personen aus- und weiterzubilden.

Bildungs-Standards, wie sie im Rahmen von HarmoS Schweiz entwickelt werden, sind ein aktuelles Beispiel für Steuerungs-Größen, die, da bin ich überzeugt, Wirkung auf die Qualität der Schweizer Schulen haben werden. Pädagogische Hochschulen sind an der Erarbeitung von Standards beteiligt und sie werden eine bedeutende Rolle für ihre erfolgreiche Anwendung spielen müssen: Schweizer Lehrpersonen sind bis heute schlecht informiert darüber, was Standards sind und was sie für eine Bedeutung für den Unterricht haben. Sie sind nicht darauf vorbereitet und kaum in der Lage, mit Standards umzugehen (was ist „standard-basierter" Unterricht?) und kaum imstande, Resultate aus Bildungsmonitoring, Bildungsberichterstattung, Schulevaluation und vergleichenden Schulleistungsstudien in der eigenen Schule und im eigenen Unterricht umzusetzen. Eine umfassende ***Weiterbildungsoffensive*** ist für die Umsetzung von HarmoS unabdingbar. Hier sind die Pädagogischen Hochschulen gefordert.

Die Lehreraus- und -weiterbildung hat ***Vorbildfunktion*** für den Umgang mit Bildungsmonitoring und „Steuerungswissen". Zukünftige Lehrpersonen müssen in der theoretischen und praktischen Ausbildung lernen, was Steuerung von Bildungsinstitutionen bedeutet, wie durch Forschung und Evaluation „Steuerungswissen" generiert werden kann und wie politische Steuerungs-

Entscheide in den Schulen bis hinunter auf die Ebene Lehrperson/Klasse wirken können. Dies insbesondere im Zusammenhang mit Qualitätssicherung und Qualitätsentwicklung an den tertiären Lehrerbildungs-Institutionen selbst: Qualitätssicherungsmaßnahmen sind Steuerungsmaßnahmen. ***Qualitätsverhalten an der Lehrerbildungs-Institution hat Vorbildungsfunktion für die Schulpraxis.*** Was künftige Lehrpersonen diesbezüglich mitbekommen – so die Hoffnung – werden sie dann in der Schulpraxis anwenden. Wir sprechen vom „Pädagogischen Doppeldecker“ in der Lehrerbildung: „Mit dem Doppeldeckerprinzip ist die Doppelung von Lehr- und Lernprozessen gemeint, in denen das Medium gleichzeitig die Botschaft ist, d. h. im Kurs, Seminar oder in der Unterrichtsstunde geschieht genau das, worüber reflektiert wird.“ Bezogen auf Qualitätsmaßnahmen (Steuermaßnahmen) bedeutet dies, „dass sie nicht nur Informationen zur Verbesserung bei der Entwicklung für angehende Lehrpersonen generieren, sondern sie auch als Modell dienen sollen, wie Qualitätssicherung in der Arbeit mit Schülerinnen und Schülern angelegt und genutzt werden kann.“ (Fuchs 2005) Zukünftige Lehrpersonen lernen so verschiedene institutionelle Ebenen, die es bei der Generierung und Umsetzung von Steuerungswissen zu berücksichtigen gilt, „aus einer doppelten Perspektive kennen: als betroffene Lernende und als künftige Lehrende.“ (ebd. S. 31).

Darum spielt die Lehrerbildung eine so große Rolle im Regelkreismodell für das Bildungsmonitoring: Was in der Lehreraus- und -weiterbildung nachhaltig weitergegeben und eingeübt wird, wirkt sich in der (Schul-)Praxis aus. Die tertiäre Lehrerbildung trägt einen wichtigen Teil Verantwortung für den Erfolg des Regelkreismodells und damit der Steuerung des Bildungswesens.

Literatur

Büeler, X., Buholzer, A., Roos, M. (Hrsg.). (2005). *Schulen mit Profil*. Innsbruck, Wien, Bozen: Studien Verlag, 126.

Dieckmann, H. & Schachtsieck, B. (Hrsg.). (1998). *Lernkonzepte im Wandel*. Stuttgart: Klett-Cotta, 6.

EDK. (2003c) *EDUCATION CH. Bildungsmonitoring Schweiz: Definition und Ziele. No 5*, Dez. 2003.

Fuchs, M. & Zutavern, M. (2005). Pädagogischer Doppeldecker und Qualitätssicherung – eine Lerngelegenheit für Dozierende und Studierende. In: *journal für lehrerInnenbildung*, 5. Jahrgang 3/2005, 30–31.

Hentig, H. von. (1987). *„Humanisierung" eine verschämte Rückkehr zur Pädagogik.* Stuttgart: Klett-Cotta, 20.

Lehmann, L., Criblez, L., Guldimann, T., Fuchs, W., Périsset Bagnoud, D. (2007). *Lehrerinnen- und Lehrerbildung in der Schweiz. Schwerpunktthema der Bildungsberichterstattung 2006.* Aarau: Schweizerische Koordinationsstelle für Bildungsforschung,116/117.

OECD/CERI. (2007). „National Review of Educational R&D Switzerland". URL: http://www.oecd.org/dataoecd/11/2/38011677.pdf [Stand 24.4.2008].

Bildungspolitik und Bildungsforschung – wie gut funktioniert die Zusammenarbeit? Podiumsdiskussion

Jeanne Rubner

Jahrzehntelang war die CSU bekanntlich die Partei Deutschlands, welche Familienwerte besonders hochhielt. Dazu gehörte auch die Ablehnung von Kinderkrippen und Ganztagsschulen, standen sie doch im Verdacht, die Erziehungsarbeit der Mütter überflüssig zu machen und damit die Familien zu zerstören. Doch seit einigen Jahren hat sich die Einstellung der CSU zur außerfamiliären Kinderbetreuung gewandelt. Prominentestes Beispiel dafür ist der frühere Ministerpräsident Edmund Stoiber. Als seine gut ausgebildeten Töchter Kinder bekamen, musste Stoiber erkennen, wie schwierig es für Mütter ist, im Beruf zu bleiben. Seitdem gilt Stoiber als Befürworter eines sanften Ausbaus von Krippen und Ganztagsschulen.

Die Bildungsforschung dagegen weiß schon lange um die Notwendigkeit von Ganztagsbetreuung für Kinder. Doch die Botschaften der Wissenschaftler kommen bei der Politik nicht immer an. So einfach wie im Fall Stoiber scheint es selten zu funktionieren. Während die Bildungsforschung viele Jahre braucht, um Studien zu konzipieren und durchzuführen, ist bei der Politik die Versuchung groß, schnelle Reformen einzuleiten. Damit wächst wiederum auch in der Wissenschaft der Druck, schnelle Ergebnisse zu liefern, welche die Reformen rechtfertigen.

Wie gut also ist der Austausch zwischen Bildungspolitik und -forschung? Wie werden die meist theoretischen Ergebnisse von Bildungsstudien in konkrete politische Reformen umgesetzt? Funktioniert der Austausch in anderen Ländern anders oder besser als in Deutschland? Über diese Fragen diskutierten im Rahmen einer Podiumsdiskussion die Staatssekretäre aus Berlin beziehungsweise Brandenburg, Dr. Hans-Gerhard Husung und Burkhard Jungkamp; der Abteilungsleiter für Lebenslanges Lernen aus dem Bundesbildungsministerium, Dr. Stefan Luther, die Erziehungswissenschaftlerin der Universität Hamburg und frühere Präsidentin der Deutschen Gesellschaft für

Erziehungswissenschaften, Prof. Dr. Ingrid Gogolin, sowie der Erziehungsdirektor des Kantons St. Gallen, Hans Ulrich Stöckling, und der bildungspolitische Sprecher der SPÖ, Erwin Niederwieser.

Tatsächlich sei die Politik häufig töchtergeleitet, sagte Ingrid Gogolin – Bildungspolitiker folgten nicht den wissenschaftlichen Ergebnissen, sondern der persönlichen Lebenserfahrung. Das zeige sich auch an der derzeitigen Schulstrukturdebatte. Über zwei- oder dreigliedriges Schulsystem werde jetzt wieder diskutiert, nicht aber, weil Studien das frühe Aufteilen der Kinder negativ bewerteten, sondern weil es immer weniger Kinder gebe, was die Zusammenlegung von Schulen notwendig mache, so Gogolin. Prinzipiell sei der Dialog zwischen Politik und Wissenschaft schwierig, weil Politik schnell handeln müsse und Forschung dagegen Zeit brauche. Deshalb hörten die Politiker auch nur dann auf die Forscher, wenn diese ihre Ergebnisse skandalisierten. Dem stimmte Erwin Niederwieser zu: Nichts sei so alt wie eine zwei Monate alte Studie, sagte er – und wollte damit ausdrücken: Viele Ergebnisse aus der Bildungsforschung sind schnell wieder vergessen. Es sei eben nicht die beste wissenschaftliche Arbeit, die Aufmerksamkeit erheische, sondern jene, deren Ergebnisse am lautesten verkündet würden. Gogolin zieht aus diesem „nachvollziehbaren, aber wissenschaftlich nicht rationalen“ Mechanismus den Schluss, dass die Forscher darauf achten müssten, Abhängigkeiten zu vermeiden und integer zu bleiben: „Wir müssen unsere normativen Prämissen aufrechterhalten“.

Etwas positiver intonierten die anderen Podiumsteilnehmer das Verhältnis von Politik und Forschung. Wenn die jeweiligen Grenzen erkannt würden – dass eben Politik nicht alles umsetzen könne, was Forschung produziere und dass sie ihrerseits anerkennen müsse, dass Wissenschaft selbständig sei –, dann könne ein durchaus produktives Verhältnis entstehen, war Stefan Luther überzeugt. Dafür brauche es nur etwas Geduld. Auch Hans-Gerhard Husung warnte vor gegenseitiger Überforderung, wobei der Berliner Staatssekretär den schwarzen Peter nicht nur bei der Politik sehen wollte: „Auch Bildungsforschung ist nicht wertfrei“. Im Übrigen sei es gar nicht erstrebenswert, dass es einen direkten Weg von der Forschung in die Politik gebe. Wer das glaube, hänge einer Illusion der siebziger Jahre nach, in denen die Planungseuphorie ausgeprägt war, so Husung.

Sowohl Husung als auch sein brandenburgischer Kollege Burkhard Jungkamp hoben hervor, dass Politik und Forschung in den letzten zehn Jahren

Fortschritte gemacht hätten. Die Bildungsforschung in Deutschland habe sich gewandelt, indem sie empirischer geworden sei. Es gebe inzwischen sehr gute Bildungsforscher. Und die Kultusministerkonferenz habe einiges auf den Weg gebracht, wie das Berliner Institut zur Qualitätsentwicklung im Bildungswesen (IQB), das gemeinsame Standards erarbeite. „Wir haben die richtigen Schritte eingeleitet, die für eine solide Analyse notwendig sind", sagte Jungkamp. Und Husung stimmte ein, dass es angesichts der vielfältigen Fortschritte die Skandalisierung von Studienergebnissen gar nicht mehr brauche, um die Politik wachzurütteln. Das war dem Schweizer Bildungspolitiker Hans Ulrich Stöckling schon wieder zu harmonisch. Zwar sah auch er Forschung und Politik auf dem richtigen Weg, doch er mahnte an, die Basis nicht zu vergessen: Solange die Lehrer nicht einbezogen würden, drohten viele Reformen hinter den geschlossenen Klassenzimmertüren zu scheitern, so Stöckling.

An der Frage, wie hilfreich oder notwendig die Skandalisierung von Ergebnissen ist, entzündete sich eine Diskussion zwischen den Potsdamer Podiumsteilnehmern. Konkret ging es auch um die wenige Tage zuvor veröffentlichte OECD-Studie, die Deutschland wieder einmal eine zu geringe Akademikerquote bescheinigte, während andere Länder wie Australien ihre Quote an höheren Abschlüssen in den vergangenen zehn Jahren sogar verdoppeln konnte. Ist das ein Beispiel dafür, dass die Bildungsforschung auch unter Druck steht, schnelle, griffige Ergebnisse zu liefern?

Dem widersprach Olaf Köller, Leiter des IQB. Die OECD-Studien würden nicht von seriösen Bildungsforschern gemacht, insofern müsse man nicht jedes Ergebnis ernst nehmen. Er bescheinigte außerdem den Beamten in den Kultusministerien eine hohe Expertise, mit dem sie solche marktschreierischen Ergebnisse richtig einordnen könnten. Köller sieht Deutschland an einem Punkt angelangt, an dem das Verhältnis von empirischer Bildungsforschung und Politik neu definiert wird. Einerseits unterwerfe sich die Forschung internationalen Qualitätsstandards, indem sie ihre Ergebnisse in Fachjournalen publiziere. Andererseits erlaube die Professionalisierung der Politik eine gezielte Steuerung. „Unterschätzen Sie nicht die Kompetenz der Ministerien", warnte auch Hans-Gerhard Husung. Die dortigen Beamten wüssten sehr genau, wie das plakative OECD-Ergebnis der Akademikerquote in Australien einzuordnen sei, wo eben auch sehr kurze Studiengänge als akademische Ausbildung gerechnet werden. Im Übrigen würde er mit dem Zuwachs an Studienplätzen in Berlin kontern. „Wir brauchen Australien nicht".

Auch Erwin Niederwieser widersprach dem Eindruck, dass die Politik nur Interesse an Skandalen à la PISA habe. Seine Partei etwa mache sich viele Gedanken über die Sprachentwicklung in der Vorschule – da sei es bedauerlich, wenn in der Öffentlichkeit immer nur über Rankings diskutiert würde. Politik funktioniere auf vielen unterschiedlichen Ebenen, und auch in den parlamentarischen Ausschüssen gebe es viel Sachverstand. Sachverstand und Dialogbereitschaft bescheinigte auch Ingrid Gogolin der Politik. Allerdings mahnte sie an, im Reformeifer den Schulen nicht zu viel aufzubürden. Es würden zu viele Projekte beschlossen, von denen viele unkoordiniert seien.

Im Prinzip waren sich die Podiumsteilnehmer einig, dass der Dialog zwischen Politik und Forschung weitgehend funktioniert, und dass der eine oder andere Skandal sogar hilfreich sein kann. Eine wichtige Frage allerdings bleibt: Welche Handlungsspielräume hat die Politik angesichts unterschiedlicher Zeitskalen? Bis eine Studie konzipiert und durchgeführt ist und die Ergebnisse analysiert sind, vergehen meist viele Jahre. Reformen dagegen müssen in der Regel während einer Wahlperiode abgeschlossen sein. Überdies besteht die Gefahr, dass Politiker sich aus den bildungspolitischen Studien nur jene Ergebnisse herauspicken, die ihnen passen. In Bayern etwa betont man gerne die guten PISA-Ergebnisse, in Brandenburg wiederum die soziale Gerechtigkeit.

Diesem Eindruck widersprachen die anwesenden Politiker. Es liege in der Logik der Politik, sagte Hans-Gerhard Husung, dass sie bestimmte Ergebnisse herausgreife und andere ignoriere. Die Politik müsse die Definitionsmacht behalten, das sei schließlich ihre Rolle. Burkhard Jungkamp bestritt überdies, dass man in Brandenburg nicht auf Leistung setze, man sei sich gewisser Defizite durchaus bewusst. Was den Handlungsdruck betrifft, beschrieb der Brandenburger Staatssekretär die Aufgabe als „Balance zwischen zwei Polen“. Schulpolitik brauche Kontinuität und Verlässlichkeit, sie müsse sich die Zeit nehmen, Ergebnisse vernünftig zu analysieren. Im Zweifel müssten Politiker auch so mutig sein zu sagen, diese oder jene Reform brauche mehr Zeit, so Jungkamp. Das Schlimmste aber sei, warnte Hans Ulrich Stöckling, nicht zu reagieren. Er warnte zwar davor, Rangfolgen überzuinterpretieren, dabei würden doch viele statistische Fehler gemacht. Doch zugleich müsse die Politik positive Ergebnisse verkaufen. Und vor allem müsse sie reagieren: „Wir können nicht nichts tun.“ Das geschehe manchmal zu dem Preis, dass nicht mehr darauf geachtet werde, ob die Reformen auch tatsächlich in den Klassenzimmern ankämen. Manche Bildungspolitiker stünden als große Reformer da, obwohl sie gar nicht dafür gesorgt hätten, die Änderungen auch konsequent umzusetzen.

Wer kümmert sich – angesichts dieses Handlungs- und Zeitdrucks – um die richtige Umsetzung der Reformen? Wird ausreichend auf das Monitoring geachtet? In jedem Fall werde Evaluation heute ernster als früher genommen, sagte Ingrid Gogolin. Monitoring habe es schon immer gegeben, aber vor zehn, zwanzig Jahren sei es weniger stringent gewesen. Damals habe es oft gereicht, eine Zusammenfassung der Thesen vorzulegen. Heute werde viel in die Überprüfung sowie in die öffentliche Darstellung der Ergebnisse investiert. Gogolin erinnerte daran, dass die erste internationale Lesestudie 1990 den Zeitungen nur kleine Meldungen wert gewesen sei, während sie zehn Jahre später der PISA-Studie ganze Sonderseiten widmeten. Das liege auch daran, dass die Wissenschaftler sich bemühten, ihre Forschungsergebnisse für die Öffentlichkeit zu übersetzen.

Fortschritte bei der Evaluation sah auch Burkhard Jungkamp. Die bundesweiten Bildungsstandards, gekoppelt mit Vergleichsarbeiten zeigten doch, dass die Politik es ernst meine, auch wenn es in den unterschiedlichen Bundesländern verschiedene Instrumente wie Schulvisitation und -inspektion gebe. Als Defizit sah Jungkamp, ebenso wie der Schweizer Stöckling, die Umsetzung von Reformen in den Klassenzimmern. Individuelle Förderung der Kinder verlange von den Pädagogen diagnostische Fähigkeiten. „Haben wir die richtige Lehrerausbildung?“, fragte deshalb Jungkamp.

Bei der Diskussion mit dem Plenum erwies sich vor allem die Frage nach der zweisprachigen Erziehung als brisantes Thema – das darüber hinaus wegen der Diskussion um türkische Schulen in Deutschland besonders aktuell ist. Sollen türkischstämmige Kinder erst einmal Türkisch oder lieber Deutsch lernen? Ingrid Gogolin, Expertin für Spracherziehung, machte deutlich, dass es innerhalb der Wissenschaft keinen Dissens mehr gebe. Forscher seien sich einig, dass kleine Kinder gute Sprachenlerner sind. Die Erwerbsmechanismen sind gleich, egal wie viele Sprachen ein Kind lernt – vorausgesetzt, es lernt sie vor Beginn der kognitiven Phase im 5. bis 6. Lebensjahr. Wenn Kinder in einer Umgebung mit zwei Sprachen aufwachsen, sollten sie deshalb beide Sprachen lernen. Richtig Deutsch zu können sei jedenfalls kein Widerspruch zu einer Zweisprachigkeit, so Gogolin.

In einer Schlussrunde äußerten sich die Podiumsteilnehmer weitgehend positiv zum Verhältnis zwischen Politik und Wissenschaft. Dieses sei auch deshalb gut, weil die Zeit der Grabenkämpfe innerhalb der Politik vorbei sei, meinten zumindest die beiden Staatssekretäre. Die länderübergreifende Diskussion verlaufe weitgehend sachlich, viele Politiker hätten sich akribisch in die wichtigen Themen eingearbeitet. Ob freilich Modellprojekte immer erfolgreich sind, bezweifelte der Vertreter des Bundes, Stefan Luther. Das Bundesbildungsministerium hätte sich bei den Bund-Länder-Versuchen mehr Transfer zwischen den Ländern gewünscht. Zugleich kündigte Luther mehr Einsatz für Bildungsforschung an, das BMBF wolle demnächst ein neues Rahmenprogramm auflegen.

Bei der Zusammenarbeit zwischen Politik und Wissenschaft skizzierte Erwin Niederwieser den Idealfall: Die Wissenschaftler sollten erforschen, was sie für sinnvoll hielten. Bei der Interpretation der Ergebnisse jedoch sollten Politiker und Forscher stärker als bisher zusammenarbeiten, auch wenn die Resultate der Politik nicht immer passten. „Lieber einen Dämpfer als jahrelang auf dem falschen Weg“, fasste Niederwieser das Bedürfnis der Politik nach fachlicher Beratung zusammen.

Spiegel der Entwicklungsprobleme im Bildungssystem: 30 Jahre OECD/CERI-Regionalseminare der Bundesrepublik Deutschland, Österreichs und der Schweiz 1977–2007

Jan Hofmann

Die Idee, in Europa ungehindert grenzübergreifend forschen, lernen und studieren zu können, erschien während des ersten OECD/CERI-Seminars, 1977 in Dillingen an der Donau, noch recht abwegig. Innerdeutsche Grenze, Frontstaat BRD/DDR am Eisernen Vorhang, die ungeliebte staatliche Gemeinschaft der Tschechen und Slowaken sowie der zwangsweise geeinte Vielvölkerstaat Jugoslawien unter Marschall Tito verhinderten, was später, politisch wie auch im Bildungssektor, im geeinten Europa schließlich möglich sein würde. Europas Gesicht hat sich gewandelt.

Betrachten wir die Bildungspolitik, sehen auf den deutschsprachigen Raum: Deutschland, Österreich und (weite Teile der, bzw.) die Schweiz, so gilt: Neben der gesellschaftlichen Entwicklung waren auch die Bildungssysteme und -inhalte dieser drei Staaten großem Wandel unterworfen, wie auch die methodischen Grundlagen und Fragestellungen der Bildungsforschung sich nachhaltig verändert haben.

Die bis zum Jahr 2007 insgesamt 16 abgehaltenen Seminare begleiteten diese Entwicklungen kritisch, zum Teil waren sie selbst Auslöser diverser Entwicklungen. Bei den ersten 15 Seminaren standen immer drei aufeinanderfolgende unter einem Hauptthema, das von Land zu Land unterschiedlich bearbeitet und mit Schwerpunkten versehen wurde: *Evaluation schulischer Neuerungen* (1977/1979/1981), *Innere Reform des Schulwesens* (1983/1985/1987), *Schule vor neuen Entwicklungen und Aufgaben* (1989/1991/1993), *Lernen in einer dynamischen und offenen Gesellschaft* (1995/1997/1999), sowie *Lernen in der Wissensgesellschaft* (2001/2003/ 2005).

Das 2007 in Potsdam durchgeführte Seminar (zum Thema *Entstehung und Umsetzung von Innovationen im Bildungssystem als Konsequenz aus Bildungsmonitoring, Bildungsberichterstattung und vergleichenden Schulleistungsstudien – Möglichkeiten und Grenzen*) steht für sich allein. Es steht für eine Zäsur, nicht zuletzt nach der deutschen Föderalismusreform, deren Opfer die gesamte Seminarreihe – finanziell gesehen – zu werden drohte. Es ist als Moment, in dem Bilanz gezogen wird, als Brückenschlag von der bisherigen zur Arbeit der kommenden Jahre zu sehen. Endpunkt und Neubeginn gleichermaßen.

Das erste Seminar 1977 lässt sich heute sicherlich als eine Reaktion auf die Krise der steuerungsorientierten Bildungspolitik der Jahre 1965 bis 1977 deuten. In den 60er Jahren verband sich das von John F. Kennedy praktizierte und gerne aufgegriffene Modell der wissenschaftlichen Beratung von politischen Entscheidungsträgern mit dem Unbehagen über die herrschenden gesellschaftlichen Verhältnisse. Die studentische Protestbewegung artikulierte sich nunmehr laut vernehmlich und in den drei Ländern hatte dies unterschiedlich intensive Folgen. In Deutschland gar eskalierte die Entwicklung und trieb einige der protestierenden Studenten weg vom demokratischen Boden, hinein in den Untergrund (erste Generation der RAF, Bewegung 2. Juni, etc.). Von dort aus bescherten sie, exakt im Jahr des ersten Seminars, der alten Bundesrepublik, ihrer sozial-liberalen Regierung unter dem SPD-Kanzler Helmut Schmidt und der Bevölkerung den so genannten ‚Heißen Herbst' und einige ermordete Repräsentanten des Systems.

Allgemein wurde ‚Reformstau' konstatiert und vermittels empirischer Forschung und Mitteln von Planung und Steuerung sollten die Probleme des Bildungssystems aus der Welt geschafft werden. Es gab – auch angesichts einer damals noch allzu positiven Einschätzung von Wirtschaft und Finanzlage des Landes – keinen Mangel, der nicht ausfindig gemacht, kein Problem, das unter den richtigen, von der Politik geschaffenen Rahmenbedingungen nicht zu beheben sein würde. Dies schlägt sich auch nieder in den Themen der Seminare von 1979 in Neusiedl/See (Österreich), welches sich mit der *Bedeutung der Schulversuche* befasste und 1981 bei Basel (CH), wo die Frage nach der *‚Guten Schule'* und den ihr innewohnenden *Arbeitsmöglichkeiten* auf dem Plan standen.

Ein Jahrzehnt später schon hatte sich aber erste Ernüchterung breitgemacht. Man nutzte die Gunst einer grenzübergreifenden *lingua franca*, um einen Blick über den Schlagbaum zu werfen. Waren die Kirschen in Nachbars Garten vielleicht wirklich saftiger? Die Probleme größer oder die Diskussionen noch nicht so fest gefahren?

Wer in den Sammelbänden zu den verschiedenen Seminaren blättert, wird immer wieder zwischen den Zeilen Erleichterung darüber herauslesen können, dass auch „die anderen“ keine Überflieger sind, Bildungsreformen allerorten einen sehr langen Atem brauchen und *schnelle* Lösungen und *einfache* Konzepte, die gegebenenfalls auf einen Bierdeckel passen, etwas für überhitzte Mediendebatten und besonders geeignet als Säbelgerassel in Wahlkampfzeiten sind.

Gerade die differierende Auslegung des Begriffes *Föderalismus* war es, die in wohlwollender Kenntnis vom jeweils anderen Nachbarn in Deutschland, der Schweiz und Österreich bewirkte, dass, manchmal einer Utopie gleichend, zahlreiche Möglichkeiten aufschienen, dennoch oder gerade voneinander zu lernen und gemeinsame Ziele und Wünsche in Sachen Bildungspolitik zu formulieren.

So nimmt es denn nicht wunder, dass der gesamte zweite Seminar-Zyklus (die Jahre 1983 bis 1987) unter dem Oberthema *Gestaltung der Bildungswege, Erneuerung der Inhalte und Methoden des Unterrichts* und *Qualität von Abschlüssen* zusammenzufassen ist. Hier neue Gedanken zu formulieren war, ob des aufkommenden *Wind of Change* in Europa, der im Bruch des Eisernen Vorhanges 1989 und der deutschen Wiedervereinigung 1990 gipfeln sollte, aus heutiger Sicht durchaus angemessen und ging auch einher mit einem Politikwechsel in [damals noch West-]Deutschland, das zwischen Oktober 1982 und September 1998 [auch nach der Wiedervereinigung am 3.10.1990] christlich-liberal regiert wurde.

Klare, auch schon damals logische Folge aus alledem war, dass der dritte Zyklus der Seminare (1989, 1991 und 1993) unter dem Stern der sich stark verändernden Rahmenbedingungen stehen würde.

Es war das ‚Jahrzehnt der Eigeninitiativen' auf dem Bildungssektor, auch benannt mit dem Begriff *Schulreformen vor Ort* (nach Rainer Brockmeyer in: *Innovationen im Bildungswesen als überregionale Aufgabe: Die OECD/CERI-Seminare der BRD, Österreichs und der Schweiz 1977–1993*, Köllen Verlag, 1995, S. 16.).

Allgemeine Entwicklung war, zuvörderst wohl sichtbar nach dem Beitritt der DDR zur BRD nach GG Art. 23, dass die Jugendlichen nun wiederum ganz andere Voraussetzungen mitbrachten. Lobbyisten, Wirtschaft, Technik und Allgemeinbildung forderten ihren Tribut. Es ging in dieser Phase der Seminarreihe um Neuorientierung, Sortieren, Filtern. Die Frage, wie die Schule sich den neuen Entwicklungen öffnen könne, wurde deshalb zum Rahmenthema des vierten Seminar-Zyklus.

1989 in Bremen stand vor allem die Frage im Vordergrund, die stark veränderte Bildungssituation zu klären, Methoden und Zeiträume für diese Veränderungen auszuloten und Stützungs- und Fortbildungsmaßnahmen für das lehrende Personal zu generieren.

Zwei Jahre später, 1991 in Geras (Österreich), befassten sich die Teilnehmer des Seminars – auch im Hinblick sicherlich auf die geographisch immer weiter wachsende EU – mit den Erfordernissen interkultureller Erziehung und dem Problem neuer Qualifikationen angesichts einer immer stärker zunehmenden Internationalisierung der Bildung.

1993 schließlich, in Einsiedeln (CH), befasste man sich mit der Rolle der zentralen Vorgaben und Instanzen, die im Zusammenhang mit den Entwicklungsaufgaben, die die einzelne Schule zu bewältigen hatte, neu zu definieren war.

Die folgenden sechs Seminare in den 14 Jahren bis 2007 befassten sich unter anderem mit den Themen *Lernen in einer dynamischen und offenen Gesellschaft – Die Rolle der offenen Schule* (Dresden, 1995), sie fragten nach *Schulleitung und Schulaufsicht – Neue Rollen und Aufgaben im Schulwesen einer dynamischen und offenen Gesellschaft* (Innsbruck, 1997), forderten *Die Vielfalt orchestrieren – Steuerungsaufgaben der zentralen Instanz bei größerer Selbständigkeit der Einzelschulen* (Rheinfelden, 1999), debattierten über das *Lernen in der Wissensgesellschaft* (Esslingen, 2001), über *Lebenslanges Lernen in der Wissensgesellschaft* (Graz, 2003), widmeten sich schließlich der Frage der *Heterogenität, Gerechtigkeit und Exzellenz – Lebenslanges Lernen in der Wissensgesellschaft* (Nottwil, 2005).

Und heute?

Heute ist schon wieder Krise, oder immer noch, das kommt auf die Perspektive des Betrachters an. Vor allem die Deutschen sind durch den „PISA-Schock" im Jahr 2000 aufgerüttelt. Bildung ist zum ‚Thema Nummer 1' avanciert, vom Bauarbeiter bis zum Top-Manager. Eine Folge hiervon ist, dass immer mehr politische Entscheidungsträger im Lande akzeptiert haben, dass kontinuierliche Bildungsforschung – also nicht nur projektbezogenes, sondern auf Jahrzehnte ausgelegtes wissenschaftliches Arbeiten – wesentliche Voraussetzung für bessere Bildungsangebote liefern kann.

Es geht nicht mehr um das *ob*, sondern um das *wie* und das *wie viel* der Bildungsforschung. Zugleich hat sich eine gewisse Reserviertheit gegenüber nackten Zahlen entwickelt, die ohne den Hintergrund ihrer Entstehung und das Wissen um die nationalen Besonderheiten missdeutet und missbraucht werden können. Auch die Grenzen des Erforschbaren sind stärker Gegenstand der Diskussion und die Forschung selbst steht unter der Notwendigkeit der Evaluierung. Zudem sieht sich die politiknahe Wissenschaft dem Vorwurf ausgesetzt, ihre Unabhängigkeit und Kritikfähigkeit preiszugeben. Diese Konstellation zeigt, dass mit der Lösung eines Problems alsbald ein neues entsteht und dass ständige Wachsamkeit gefragt ist. Das sich selbst steuernde Gleichgewicht, das als *politisches Perpetuum mobile* reibungsfrei Spitzenergebnisse generiert, wird es nicht geben, vor allem nicht im Bereich der schulischen Bildung.

Der alte Nürnberger Trichter versprach, jedem Kind endlos viel Wissen einflößen zu können. Heute hat man ob überfrachteter Lehrpläne, Flex-Klassen und GOST-8-Laufbahn manchmal das Gefühl, das Gerät wird nunmehr der Institution Schule in den Hals eingeführt und zur Zwangsernährung missbraucht, die Schulen müssen es schlucken. Die immer noch wichtigste und prägendste Bildungsinstitution wird mittlerweile beinahe routinemäßig herangezogen, wenn es darum geht, einen gesellschaftlichen Auftrag zu erfüllen. Ob Umweltbewusstsein, Europabewusstsein, Antiaggressionstraining: Die Schule – oder sagen wir besser: Ein hoch ausdifferenziertes System verschiedener Schultypen – soll es richten. Und die Grundlagen für zukünftige Nobelpreisträger soll sie nebenbei auch schaffen und kein Kind aus bildungsfernen Schichten dabei zurücklassen.

Diese Anforderungen treffen aber in der Realität auf Institutionen, denen es, nicht zuletzt dank desolater Staatsfinanzen, häufig nicht einmal mehr gelingt, ihre Kernaufgabe zu erfüllen, die da wäre: Jedem Kind die Möglichkeit zu geben, das Lernen für sich als Möglichkeit der Entwicklung zu entdecken, sich in dieser Möglichkeit zu entwickeln und zugleich individuelle Fähigkeit zur Höchstleistung zu fördern. Welche Aufgabe man den Schulen auch zuweisen möchte, eine stärkere Einbindung des Lehrpersonals, eine größtmögliche Transparenz des Instrumentariums von Standards, ihrer Implementierung, dem Monitoring und der Evaluierung rückt immer stärker in den Vordergrund.

Die Suche nach innovativen Bildungskonzepten ist ein fragiler hermeneutischer Zirkel des Möglichen. Wissenschaftlerinnen und Wissenschaftler untersuchen einen kleinen Ausschnitt schulischer Wirklichkeit und machen Vorschläge, welche Schritte eventuell Abhilfe bei ausgemachten Defiziten schaffen könnten. Hier sind wir wieder bei den anfangs angedeuteten, aus der Ideenvielfalt unter Umständen entstehenden Utopien.

Die politische Ebene kann auf dieser Grundlage unter Berücksichtigung von Lobbyinteressen und Partei- oder Koalitionsräson Rahmenbedingungen schaffen. Diese Vorgaben werden umgesetzt, je nachdem, wie die einzelne Institution und die beteiligten Lehrer sich engagieren. Eine gute Evaluierung kann die Praxis verbessern und neue Fragen für die Wissenschaft aufwerfen. Wenn man nicht alle Akteure mit ins Boot nimmt, bleibt es bei den Möglichkeiten.

Die Teilnehmerinnen und Teilnehmer an den OECD/CERI-Regionalseminaren sind erfahrene Praktiker und Pragmatiker in ihren jeweiligen Berufsfeldern, und trotzdem: Sie wissen den Freiraum dieses Forums zu schätzen. Mit den Seminaren wurde ein Ort implementiert (sic!), der es möglich macht, auch einmal einen halbfertigen Gedanken mit einem Fachpublikum zu diskutieren, Ideen zu formulieren, Wünsche zu äußern.

Es hat sich bewährt, in diesem Rahmen im Ton höflich und in der Sache Klartext zu reden. Anders gesagt: Mit diesen Nachbarn ist gut Kirschen essen, man trifft sich wieder, im Jahre 2009.

30 Jahre OECD/CERI-Regionalseminare der deutschsprachigen Länder

Jahr	Stadt	Thema	Publikation
Evaluation schulischer Neuerungen			
1977	Dillingen (D)	„Evaluation schulischer Neuerungen“	*Evaluation schulischer Neuerungen*, OECD/CERI-Seminar, Dillingen (Deutschland), 1977, Verlag Klett-Cotta, Stuttgart, 249 S.
1979	Neusiedl am See (A)	„Dimensionen und Grenzen der Evaluation schulischer Neuerungen“	*Dimensionen und Grenzen der Evaluation schulischer Neuerungen*, OECD/CERI-Seminar, Neusiedl am See (Österreich), 1979, Österreichischer Bundesverlag, Wien, 262 S.
1981	Muttenz bei Basel (CH)	„Evaluation von Innovationen im Bereich der Grundschule/Primarschule“	*Evaluation von Innovationen im Bereich der Grundschule / Primarschule*, OECD/CERI-Seminar, Muttenz bei Basel (Schweiz), 1981, Verlag Paul Haupt, Bern, 465 S.
Art, Umfang und Methoden der inneren Reform des Schulwesen			
1983	Berlin (D)	„Lehrplanentwicklung und Schulpraxis in Deutschland, Österreich und der Schweiz“	*Lehrplanentwicklung und Schulpraxis in Deutschland, Österreich und der Schweiz*, OECD/CERI-Seminar, Berlin (Deutschland), 1983, Köllen Verlag, Bonn-Oedekoven, 308 S.
1985	Salzburg (A)	„Der Übergang von der Pflichtschule in das Berufsleben“	*Der Übergang von der Pflichtschule in das Berufsleben*, OECD/CERI-Seminar, Salzburg, 1985, Köllen Verlag, Bonn-Oedekoven, 181 S.
1987	Luzern (CH)	„Lernbereitschaft und Lernfähigkeit zwischen Schule und Beruf“	*Lernbereitschaft und Lernfähigkeit zwischen Schule und Beruf*, OECD/CERI-Seminar, Luzern, 1987, Köllen Verlag, Bonn-Oedekoven, 186 S.
Wie kann sich Schule neuen Entwicklungen und Aufgaben öffnen?			
1989	Bremerhaven (D)	„Wie öffnet sich die Schule neuen Entwicklungen und Aufgaben?“	*Wie öffnet sich die Schule neuen Entwicklungen und Aufgaben?*, OECD/CERI-Seminar, Bremerhaven, 1989, Köllen Verlag, Bonn-Oedekoven, 234 S.
1991	Stift Geras (A)	„Lernen für Europa, Neue Lebens- und Lernformen in der Schule.“	*Lernen für Europa, Neue Lebens- und Lernformen in der Schule*, OECD/CERI-Seminar, Stift Geras (Österreich), 1991, Köllen Verlag, Bonn-Oedekoven, 102 S.
1993	Einsiedeln (CH)	„Was können Schulen für die Schulentwicklung leisten?“	*Was können Schulen für die Schulentwicklung leisten?*, OECD/CERI-Seminar, Einsiedeln, 1993, Köllen Verlag, Bonn-Buschdorf, 347 S.

Lernen in einer dynamischen und offenen Gesellschaft			
1995	Dresden (D)	„Lernen in einer dynamischen und offenen Gesellschaft - die Rolle der Schule“	*Lernen in einer dynamischen und offenen Gesellschaft - die Rolle der Schule*, OECD/CERI-Seminar, Dresden (Deutschland), 1995, Köllen Verlag, Bonn-Buschdorf, 303 S.
1997	Innsbruck (A)	„Schulleitung und Schulaufsicht. Neue Rollen und Aufgaben im Schulwesen einer dynamischen und offenen Gesellschaft.“	*Schulleitung und Schulaufsicht - Neue Rollen und Aufgaben im Schulwesen einer dynamischen und offenen Gesellschaft,* OECD/CERI-Seminar 1997, Innsbruck (Österreich), 1998, Studien Verlag, Innsbruck, 339 S.
1999	Rheinfelden (CH)	„Die Vielfalt orchestrieren - Steuerungsaufgaben der zentralen Instanz bei größerer Selbstständigkeit der Einzelschulen.“	*Die Vielfalt orchestrieren - Steuerungsaufgaben der zentralen Instanz bei grösserer Selbständigkeit der Einzelschule*, OECD/CERI-Seminar 1999, Rheinfelden (Schweiz), 2000, Studien Verlag, Innsbruck, 254 S.
Lernen in der Wissensgesellschaft			
2001	Esslingen (D)	„Lernen in der Wissensgesellschaft“	*Lernen in der Wissensgesellschaft*, OECD/CERI-Seminar Esslingen (Deutschland), 2001, Studien Verlag, Innsbruck, 400 S.
2003	Graz (A)	„Lebenslanges Lernen in der Wissensgesellschaft. Vorraussetzungen und Rahmenbedingungen.“	*Lebenslanges Lernen in der Wissensgesellschaft. Voraussetzungen und Rahmenbedingunge,.* OECD/CERI-Seminar, Graz (Österreich) 2003, Studien Verlag, Innsbruck, 242 S.
2005	Nottwil (CH)	„Heterogenität, Gerechtigkeit und Exzellenz. Lebenslanges Lernen in der Wissensgesellschaft.“	*Heterogenität, Gerechtigkeit und Exzellenz. Lebenslanges Lernen in der Wissensgesellschaft*, OECD/CERI-Seminar Nottwil (Schweiz), 2005, StudienVerlag Innsbruck, 260 S.
Einzelseminar			
2007	Potsdam (D)	„Entstehung und Umsetzung von Innovationen im Bildungssystem als Konsequenz aus Bildungsmonitoring, Bildungsberichterstattung und vergleichenden Schulleistungsstudien - Möglichkeiten und Grenzen.“	*Bildungsmonitoring, Vergleichsstudien und Innovation*, OECD/CERI-Seminar Potsdam (Deutschland), 2007, Berliner Wissenschafts-Verlag Berlin, 206 S.

Praxisbesuche

Über die theoretische Behandlung eines Themas hinaus sorgen die jeweiligen Ausrichter der Regionalseminare ebenfalls dafür, dass die Teilnehmerinnen und Teilnehmer einen Einblick in die Praxis erhalten. So werden in der Regel Schulen, Weiterbildungsstätten, Institutionen oder kulturelle Einrichtungen besucht, die mit dem behandelten Thema zu tun haben.

Während des Seminars von 2007 konnten die Teilnehmerinnen und Teilnehmer Institutionen besuchen, die sich mit Bildungsmonitoring beschäftigen. Ziel der Praxisbesuche vom 26. September 2007 war, die Übersetzung von Ergebnissen des Systemmonitorings in Innovationen zu reflektieren. Zu hinterfragen waren u. a.

- die Befunde des Monitorings selbst
- die abgeleiteten Schlussfolgerungen aus den Befunden
- notwendige Rahmenbedingungen für die Innovationsimplementation
- die Zielerreichung und unerwünschte Effekte

Folgende Einrichtungen konnten besucht werden:

Institut zur Qualitätsentwicklung im Bildungswesen (IQB) (Berlin-Mitte)

Sitz
Luisenstr. 56
10117 Berlin
Tel. 030 / 20 93-53 35
Fax: 030 / 20 93-53 36
E-Mail: IQBoffice@IQB.hu-berlin.de
http://www.iqb.hu-berlin.de/

Postanschrift
Humboldt-Universität zu Berlin
Institut zur Qualitätsentwicklung
im Bildungswesen
Unter den Linden 6,
10099 Berlin

Das IQB hat das **Ziel**, länderübergreifende Bildungsstandards weiterzuentwickeln, sie zu normieren, ihre Erreichung zu überprüfen und ihre Implementation wissenschaftlich zu begleiten. Dies ist ein komplexer Prozess mit folgenden Teilbereichen:

- Generierung von großen Aufgabensammlungen zur Operationalisierung der Standards
- Formulierung von Kompetenzmodellen
- Formulierung von Vergleichsaufgaben
- Erarbeitung von computergestützten Test-, Auswertungs- und Rückmeldesystemen

Organisation in fünf **Arbeitsbereiche**:

1. Testentwicklung; 2. Kompetenzerwerb und Kompetenzentwicklung; 3. Implementation und Evaluation im Schulsystem; 4. Bildungsmonitoring; 5. Forschungsdatenzentrum.

Nach einer generellen Einführung in die Grundlagen und die Arbeit des Instituts durch den Leiter lag **der Fokus des Praxisbesuchs** auf zwei Bereichen:

a) Testentwicklung: Hier hatten die Seminarteilnehmer Gelegenheit, Aufgaben für den Sekundarbereich I in Englisch und Mathematik selbst zu bearbeiten und gemeinsam zu reflektieren.
b) Implementation der Bildungsstandards im Zusammenspiel von IQB, Landesinstitut für Schule und Medien Berlin-Brandenburg und Schulpraxis, wie sie in einem seit Februar 2007 laufenden Projekt unternommen wird.

Institut für Schulqualität der Länder Berlin und Brandenburg (ISQ)
(Berlin-Dahlem)

Otto-von-Simson-Str. 15
14195 Berlin
Tel. 030 / 844 166 8-0
Fax: 030 / 844 166 8-10
E-Mail: info@isq-bb.de
http://www.isq-bb.de/

Auftrag: Erfassung und Aufbereitung von Daten und Befunden zum Berliner und Brandenburger Schulwesen mit dem Ziel, daraus begründete Empfehlungen zur Qualitätssicherung in den Schulen der Länder Berlin und Brandenburg abzuleiten.

Arbeitsbereiche: 1. Diagnostische Tests und Vergleichsarbeiten; 2. Unterstützung schulischer Selbst- und Fremdevaluation/Online-Befragungen; 3. Bildungsmonitoring und Bildungsberichterstattung; 4. Koordination der Durchführung internationaler, nationaler und regionaler Schulleistungsuntersuchungen; 5. Überprüfung des Umsetzungsgrades der KMK Bildungsstandards.

Nach der Vorstellung des Arbeitsgeschehens am ISQ durch den Leiter lag der **Fokus des Praxisbesuchs** auf dem System der Vergleichsarbeiten in Klasse 2 und 4 (zukünftig auch Klasse 8): Ziele, Distribution, Vorbereitung der Lehrerinnen und Lehrer, Funktion und Aufbau des Web-Portals. Reflektiert wurden die Konsequenzen der Vergleichsarbeiten (Befürchtungen und Nutzungserwartungen der Lehrerinnen und Lehrer, Manipulationsmöglichkeiten) sowie das Rückmeldeverfahren.

Ein **weiterer Fokus** waren Aspekte der Reliabilität und Validität von Schulinspektion in Berlin, die Dr. Holger Gärtner (ISQ) zur Diskussion stellte.

Es wurde außerdem noch der gerade erst begonnene Aufbau der regionalen Bildungsberichterstattung in Berlin und Brandenburg skizziert und diskutiert.

Deutsche Kinder- und Jugendstiftung (DKJS) (Berlin-Kreuzberg)

Tempelhofer Ufer 11
10963 Berlin
Tel. 030 / 25 76 76–0
Fax: 030 / 25 76 76–10
E-Mail: info@dkjs.de
www.dkjs.de und www.ganztaegig-lernen.de

Arbeitsbereiche: Die Stiftung fördert seit 1994 Programme zur Stärkung von Kindern und Jugendlichen. Sie regt dabei Partnerschaften zwischen privaten und öffentlichen Akteuren an. Während sie in den ersten Jahren vorwiegend in den neuen Bundesländern tätig war, arbeitet die Stiftung heute deutschlandweit mit Regionalpartnern in 15 Bundesländern zusammen. Sie konzentriert sich aktuell auf vier Themenfelder: *Früh anfangen*, *Lernen leben* mit ihrem größten Projekt „Ideen für mehr! Ganztägig lernen", *Demokratie gestalten* und *Berufliche Chancen eröffnen*. In der Stiftung liegt ein beachtlicher Erfahrungsschatz vor, wie Innovationen in Schule in Zusammenarbeit mit Partnern in den Schulverwaltungen gelingen und was die Stolpersteine sind.

Ziele: Kinder und Jugendliche zu stärken und zu ermutigen, ihren Platz in der Gesellschaft selbst zu gestalten und ihr Leben in die eigenen Hände zu nehmen. (Dafür u. a. Arbeit an der pädagogischen Haltung von Erwachsenen).

Fokus des Praxisbesuchs:
Am Beispiel ausgewählter Programme der Stiftung aus den letzten Jahren sollte darüber berichtet werden, wie in Zeiten des Umbruchs im Bereich bildungspolitischer Strategien (Output-Orientierung, externe Evaluationen etc.) und der Föderalismusreform versucht wird, Innovationsspielräume für einzelne Schulen in Kooperation mit Verwaltungen (und z. T. im Widerstreit mit ihnen) zu vergrößern. Standards und Monitoring-Ergebnisse begegnen der Stiftung dabei vor allem als abgeleitete Problemaufrisse und Handlungsaufgaben, denen sie sich gemeinsam mit der öffentlichen Hand stellt.

Landesinstitut für Schule und Medien Berlin-Brandenburg (LISUM)

Struveweg
14974 Ludwigsfelde-Struveshof
Tel. 0 33 78 / 209-0
Fax: 0 33 78 / 209-198
www.lisum.berlin-brandenburg.de und
www.lisum.brandenburg.de/berlin/institutsvorstellung-bln-bbg.html

Arbeitsbereiche: Das LISUM ist seit dem 1. Januar 2007 eine Einrichtung des Landes Brandenburg für die Bildungsregion Berlin-Brandenburg. Grundlage ist ein Staatsvertrag, den das Berliner Abgeordnetenhaus und der brandenburgische Landtag beschlossen haben.

Die Aufgaben des LISUM sind insbesondere:

- Förderung von Unterrichtsentwicklung in den Fächern, Lernbereichen und Bildungsgängen einschließlich der Rahmenlehrpläne und der zentralen Prüfungen,
- Qualifizierung von Schulleitungspersonal und Zielgruppen der Schulbehörden, soweit nicht durch die regionale Fortbildung wahrgenommen,
- Qualifizierung der regionalen Fortbildnerinnen und Fortbildner,
- Schul- und Modellversuche sowie Durchführung von Schul- und Schülerwettbewerben,
- Medienpädagogik, Medienarbeit und multimediale netzbasierte Unterstützungssysteme in den Bereichen Schule und Weiterbildung/Erwachsenenbildung,
- Qualifizierung des Fachpersonals im Bereich der Weiterbildung/Erwachsenenbildung.

Fokus des Praxisbesuches:
Ausgehend von den im Februar 2002 verabschiedeten Handlungsfeldern der KMK sowie unter Beachtung der für die Länder Berlin und Brandenburg tätigen Institutionen ergeben sich für das Landesinstitut für Schule und Medien Berlin-Brandenburg spezifische Arbeitsgebiete sowohl im Bereich der Qualitätsentwicklung als auch in dem der Qualitätssicherung.

Während des Praxisbesuches am Landesinstitut wurden diese Arbeitsgebiete anhand zweier Beispiele detailliert vorgestellt und diskutiert. Für den Bereich der Qualitätsentwicklung war ein Einblick in die Arbeit in den SINUS-Projekten möglich. Im Land Brandenburg in Entwicklung befindliche Arbeitsformen wie das Videocoaching von Lehrkräften im Projekt SINUS-Transfer Grundschule erlaubten einen konkreten Einblick in die Arbeit mit Gruppen von Lehrerinnen und Lehrern.

Ein umfangreiches Arbeitsfeld des Landesinstitutes im Bereich der Qualitätssicherung ist das der zentralen Prüfungen für die Länder Berlin und Brandenburg. Hier wurden Arbeitsformen zur Entwicklung von Prüfungsaufgaben sowie zur logistischen Bewältigung der verschiedenen zentralen Prüfungen ebenso vorgestellt wie ausgewählte Ergebnisse der Aufgabenevaluation. Perspektiven zu gemeinsamen Prüfungen in beiden Ländern wurden diskutiert.

Max-Planck-Institut für Bildungsforschung (Berlin)

Max-Planck-Institut für Bildungsforschung
Königin-Luise-Straße 5
14195 Berlin
Tel. 030 / 8 24 06-0
Fax: 030 / 8 24 99 39
www.mpib-berlin.mpg.de/de/forschung/eub/index.htm

Der **Fokus des Praxisbesuchs** lag auf der Präsentation und Diskussion des Benchmarkvergleichs für den Leistungsstand am Ende der Sekundarstufe II in Mathematik, Englisch und den Naturwissenschaften zwischen Hamburg und Baden-Württemberg („Aspekte der Lernausgangslage und Lernentwicklung – Klassenstufe 13", kurz: LAU 13 sowie „Transformation des Sekundarschulsystems und akademische Karrieren", kurz TOSCA). Die erreichten Schülerleistungen wurden anhand von theoretisch und empirisch bewährten Kompetenzstufenmodellen verortet.

Zwei Mitautoren des jüngst erschienenen Bandes *Schulleistungen von Abiturienten – Regionale, schulformbezogene und soziale Disparitäten*, PD Dr. Ulrich Trautwein sowie Marko Neumann, M.A., stellten das MPI und seine Arbeitsschwerpunkte vor und stellten anschließend die o. g. Studie, an deren Auswertung sie als Wissenschaftler am MPI mitgewirkt haben, zur Diskussion. Behandelt wurde auch die Frage der Zusammenarbeit bzw. Abgrenzung zwischen Bildungsforschung und Bildungspolitik.

Autorinnen und Autoren

Hans Ambühl; Generalsekretär der Schweizerischen Konferenz der kantonalen Erziehungsdirektoren (EDK)

Haus der Kantone
Speichergasse 6
Postfach 660
CH-3000 Bern 7
Tel.: +41 31 309 51 11
Fax: +41 31 309 51 50
www.edk.ch

Dr. Anton Dobart; Sektionschef, Leiter der Sektion I (Allgemein bildendes Schulwesen, Bildungsplanung, internationale Angelegenheiten), Koordinator der EU-Angelegenheiten für den Bildungsbereich. Bundesministerium für Unterricht, Kunst und Kultur, Österreich

Bundesministerium für Unterricht, Kunst und Kultur
Sektion I
Minoritenplatz 5
A-1014 Wien
E-Mail: anton.dobart@bmukk.gv.at

Prof. Dr. Hans Döbert; Deutsches Institut für Internationale Pädagogische Forschung (DIPF), Arbeitseinheit Steuerung und Finanzierung des Bildungswesens, Koordinator der nationalen Bildungsberichterstattung in Deutschland, Leiter der Projektgruppe „Bildungsberichterstattung" am DIPF, Professor an der Universität Erfurt

Deutsches Institut für Internationale Pädagogische Forschung
Warschauer Str. 34–38
D-10243 Berlin
Tel:. +49 (0)30 29 33 60-14
E-Mail: doebert@bbf.dipf.de

Ueli Halbheer, lic. phil.; Wissenschaftlicher Assistent am Pädagogischen Institut der Universität Zürich, Fachbereich Pädagogische Psychologie und Allgemeine Didaktik. Aktuelle Arbeitsschwerpunkte: Bildungsstandards und Schulentwicklung.

Universität Zürich
Pädagogisches Institut
Freiestrasse 36
CH-8032 Zürich
Tel.: +41 44 634 27 -53 oder -61
www.didac.unizh.ch

Dr. Jan Hofmann; Direktor des Landesinstituts für Schule und Medien Berlin-Brandenburg, Vertreter des Landes Brandenburg in der Steuerungsgruppe „Gemeinsame Projekte der Kultusministerkonferenz", von der ehemaligen Projektgruppe „Innovationen im Bildungswesen" der Bund-Länder-Kommission für Bildungsplanung und Forschungsförderung mit der Vorbereitung des OECD/CERI-Regionalseminars 2007 der deutschsprachigen Länder beauftragt.

Landesinstitut für Schule und Medien Berlin-Brandenburg (LISUM)
D-14974 Ludwigsfelde-Struveshof
Tel.: +49 (0)3378 209-100
E-Mail: jan.hofmann@lisum.berlin-brandenburg.de

Prof. Dr. Olaf Köller; Als Direktor des Institutes zur Qualitätsentwicklung im Bildungswesen leitet Prof. Dr. Olaf Köller die Entwicklung von Aufgabensammlungen und deren Implementierung. Er wurde im Dezember 2004 zum Professor an der Humboldt-Universität zu Berlin ernannt.

Institut zur Qualitätsentwicklung im Bildungswesen
-Wissenschaftliche Einrichtung der Länder-
Humboldt-Universität zu Berlin
Sitz: Luisenstraße 56, D-10117 Berlin

Anschrift: Unter den Linden 6, D-10099 Berlin
Tel.: +49 (0)30 20 93-5335
Fax: +49 (0)30 20 93-5336
E-Mail: IQBoffice@iqb.hu-berlin.de
www.IQB.hu-berlin.de

Norbert Maritzen; Direktor des Instituts für Bildungsmonitoring (IfBM) der Freien und Hansestadt Hamburg.

Beltgens Garten 25
D-20537 Hamburg
Tel.: +49 (0)40 42 88 51-321
Fax: +49 (0)40 42 79 67-157
E-Mail: Norbert.Maritzen@bbs.hamburg.de
Web: www.bildungsmonitoring.hamburg.de

Prof. Dr. Kurt Reusser; Ordinarius für Pädagogik mit Schwerpunkt Pädagogische Psychologie und Allgemeine Didaktik an der Universität Zürich. Arbeits- und Forschungsschwerpunkte: Pädagogische Kognitionspsychologie und empirische Bildungsforschung, Didaktik und videobasierte Unterrichtsforschung (Mathematik, Geschichte), Lehrerinnen- und Lehrerbildung, Lehren und Lernen mit Video.

Universität Zürich
Pädagogisches Institut
Freiestrasse 36
CH-8032 Zürich
Tel.: +41 44 634 27 -53 oder -61
www.didac.unizh.ch

Dr. Hans-Günter Rolff; Em. Professor am „Institut für Schulentwicklungsforschung" der Technischen Universität Dortmund und wiss. Leiter der Dortmunder Akademie für pädagogische Führungskräfte (DAPF).

Institut für Schulentwicklungsforschung
TU Dortmund
D-44221 Dortmund
Tel.:+49 (0)231 755-5511
E-Mail: rolff@ifs.uni-dortmund.de

Dr. Jeanne Rubner; Außenpolitische Redakteurin der Süddeutschen Zeitung mit Schwerpunkt Europapolitik. Von 2000 bis 2005 bildungspolitische Redakteurin der SZ.

Süddeutsche Zeitung, Außenpolitik
Sendlingerstr. 8
D-80331 München
Tel: +49 (0)89 21 83-702
E-Mail: jeanne.rubner@sueddeutsche.de

Mag. Dr. Werner Specht; Leiter des Zentrums für Bildungsforschung und Evaluation am bifie (Graz), Honorarprofessor für Schulqualitätsforschung an der Universität Salzburg, zuletzt Mitglied der Zukunftskommission für die Reform des Schulwesens.
Arbeitsschwerpunkte: Qualitätsentwicklung im Bildungswesen, Steuerungsfragen des Schulwesens, Bildungsstandards, Entwicklungsarbeiten zur Integration und Sonderpädagogik. Zahlreiche Publikationen zu diesen Themenfeldern.

bifie – Bundesinstitut für Bildungsforschung,
Innovation und Entwicklung des österreichischen Schulwesens
Zentrum für Evaluation und Schulforschung
Hans-Sachs-Gasse 3/II
A-8010 Graz

Tel.: +43 316 82 87 33-206
Fax: +43 316 82 87 33-6
E-Mail: w.specht@bifie.at

Prof. Dr. Willi Stadelmann; Direktor der Pädagogischen Hochschule Zentralschweiz, Luzern,Präsident der Schweizerischen Konferenz der Rektorinnen und Rektoren der Pädagogischen Hochschulen (COHEP).

Pädagogische Hochschule Zentralschweiz PHZ
Zentralstrasse 18
CH-6003 Luzern
Tel.: +41 41 227 30 02
E-Mail: willi.stadelmann@phz.ch

Prof. Dr. Petra Stanat; Professorin für Empirische Bildungsforschung an der Freien Universität Berlin, Mitglied des Vorstands des Instituts für Schulqualität Berlin-Brandenburg, Mitglied des deutschen PISA-Konsortiums, Mitglied im Herausgeberkollegium der *Zeitschrift für Pädagogik*, Mitglied des Rats für Sozial- und Wirtschaftsdaten.

Freie Universität Berlin
Fachbereich Erziehungswissenschaft und Psychologie
Arbeitsbereich Empirische Bildungsforschung
Habelschwerdter Allee 45
D-14195 Berlin
Tel: +49 (0)30 838-55999 /-55981
E-Mail: petra.stanat@fu-berlin.de

Mag. Richard Stockhammer; Leiter der Abteilung für pädagogische Angelegenheiten der Hauptschule im Bundesministerium für Unterricht Kunst und Kultur in Wien, Auftraggeber der Projekte des bm:ukk „Innovative Schulen im Verbund“ sowie des „Innovationsprogrammes net-1“, ausführlich dokumentiert auf den Internetseiten http://www.gemeinsamlernen.at sowie http://net-1-gemeinsamlernen.bmukk.gv.at.

Tel.: +43 664 610 92 46
E-Mail: richard.stockhammer@bmukk.gv.at

Prof. Dr. Dietmar Sturzbecher; Apl. Professur für Familien-, Jugend- und Bildungssoziologie an der Wirtschafts- und Sozialwissenschaftlichen Fakultät der Universität Potsdam, Direktor des Instituts für angewandte Familien-, Kindheits- und Jugendforschung e.V. an der Universität Potsdam.

IFK Vehlefanz
Burgwall 15
D-16727 Oberkrämer
Tel.: +49 (0)3304 39 70 10
E-Mail: dietmar@sturzbecher.de

Prof. Dr. Stefan C. Wolter; Direktor der Schweizerischen Koordinationsstelle für Bildungsforschung (SKBF) in Aarau, Professor für Bildungsökonomie an der Universität Bern und Vertreter der Schweiz im Governing Board des CERI (OECD) und im Education Policy Committee, Projektleiter des Pilotes zur Bildungsberichterstattung in der Schweiz.

Schweizerische Koordinationsstelle für Bildungsforschung (SKBF)
Entfelderstrasse 61
CH-5000 Aarau
Tel.: +41 62 835 23 90
E-Mail: stefan.wolter@skbf-csre.ch

Stichwortverzeichnis

U

W

Z